国家社会科学基金项目
"非道德主义社会思潮对大学生思想和行为影响研究"
（14XKS032）研究成果

西北大学马克思主义学院重点学科建设基金资助

李建森 著

非道德主义社会思潮及其影响研究

中国社会科学出版社

图书在版编目（CIP）数据

非道德主义社会思潮及其影响研究 / 李建森著 . —北京：中国社会科学出版社，2017.3
ISBN 978-7-5203-1188-5

Ⅰ.①非… Ⅱ.①李… Ⅲ.①伦理学—研究 Ⅳ.①B82

中国版本图书馆 CIP 数据核字（2017）第 249860 号

出 版 人	赵剑英
责任编辑	郭 鹏
责任校对	张艳萍
责任印制	李寡寡

出 版	中国社会科学出版社
社 址	北京鼓楼西大街甲 158 号
邮 编	100720
网 址	http://www.csspw.cn
发 行 部	010-84083685
门 市 部	010-84029450
经 销	新华书店及其他书店
印 刷	北京明恒达印务有限公司
装 订	廊坊市广阳区广增装订厂
版 次	2017 年 3 月第 1 版
印 次	2017 年 3 月第 1 次印刷
开 本	710×1000 1/16
印 张	21
字 数	301 千字
定 价	89.00 元

凡购买中国社会科学出版社图书，如有质量问题请与本社营销中心联系调换
电话：010-84083683
版权所有　侵权必究

序

　　李建森的博士论文，经过多次修改就要出版了，我对此感到由衷的高兴！不仅仅是因为这部著作是作者几年来刻苦钻研学术和对相关学术问题认真思考的结晶，更重要的还在于这项研究所开启的话题、所提出的问题能激发更深层次的思考。

　　"非道德主义"是一种否定道德事实和道德价值的客观性，否定道德认识和道德真理的可能性，否定道德原则、道德规范、道德要求和道德范畴能动性的伦理理论、思想以及思维方式或行为模式。其最基本的理论形态有道德绝对主义、道德相对主义和道德虚无主义等，它的理论性质是唯心史观或"庸俗唯物主义"。

　　当代中国正处在社会转型时期，社会伦理关系和道德风貌正在发生深刻的变化。社会道德在取得巨大进步的同时，也在一定范围出现了较为突出的问题，这就为非道德主义在一定范围流行提供了土壤。当代中国非道德主义社会思潮是对社会伦理转型问题的集中反映，其道德价值取向是非社会主义道德体系的；其思维方式是绝对主义、相对主义或怀疑主义；其理论品质是消极颓废主义。可以说，非道德主义社会思潮对当代中国道德生活的影响是消极性的、否定性的甚至破坏性的。认清非道德主义的本质和危害，找到克服非道德主义的理路和对策，已经成为一项亟待解决的重要课题。

　　我大致赞同作者对非道德主义社会思潮的分析和判断。风行于庙堂之上和市井之中的非道德主义社会思潮夸大了道德规范所具有的"强制性""前提性"的相对性特征，并因此而陷入了非确定主义、非普遍主义和非整体主义及其必然导致的逻辑和价值论上的自我反对、自我消解的逻辑困境和精神梦魇。实践唯物主义道德哲学是一条可以克服并超越这些困境的合理路径。实践唯物论和实践辩证法及其所凝结的辩证否定的实践理性，能够避免和克服非道德主义社会思潮的逻各斯困境和价值虚无论迷雾。

让我感到十分欣慰的是，李建森的博士论文以充实的论据资料、严密的论证逻辑和所展现的学术新意，在盲审和答辩中得到了相关专家的高度肯定。作者以扎实的学术积累和长于思辨的功力，在理论上进行了有意义的探索。第一，把发生于当代中国的非道德主义作为一种独立社会思潮从相关社会思潮中剥离出来，在当代中国社会思潮研究和道德教育论域，明确地提出"当代中国非道德主义社会思潮"这一问题和概念。对"当代中国非道德主义社会思潮"的内涵和外延、特质和表现、基础和根源、危害及克服理路等具体问题进行了深入而全面的实证研究和形上分析。我认为，只有将它作为一股独立的社会思潮加以研究，有了明确的研究对象和论域，才可能形成独立的研究范式和语言，才可能克服在以往研究中的经验性和片面性。第二，以实践唯物主义为理论背景，以辩证否定的实践理性作为分析、超越和克服非道德主义社会思潮的基本方法和逻辑出路，初步建构了一个相对自洽的非道德主义社会思潮分析框架。这一框架就是道德事实的"感性世界"分析、道德认识的"反映/主体性"分析、道德价值的"实践智慧"分析和道德规范的"历史决定"分析等四重要素分析结构，即，辩证否定的实践理性分析框架。只有在这一分析框架下，才能深入揭示非道德主义的本体基础、认知结构和价值诉求；才能甄别各种非道德主义社会思潮及其学理病症；才能真正确立关照当代中国非道德主义思潮的概念体系、分析范式和论域边界；才能较好地克服非道德主义批判领域的道德机械论和经济决定论的弊端；才能辩证地看待和解决道德现象所包含的一系列内在矛盾并避免非道德主义陷阱。除此之外，作者在实证研究方面所得到的大量数据和结论，也应该给予充分肯定，这对于当代思政道德教育具有重要的参考价值。

当然，这部学术著作还只是为继续深入研究该问题而奠定了一个相对扎实的基础，还只是一个阶段性研究成果，它所存在的一些不足和问题，也是明显的。将其放到学术史的角度看，会发现一些形式性限制因素所导致的问题。如，谱系史的线和范畴史的点以及两者之间的结合，似乎都还有很多细微工作需要去做。再如，非道德主义和道德主义的关系，甚至道德主义的非道德主义宿命，道德文化相对主义、道德虚无主义和非道德主义之间的分野和勾连，实践唯物主义如何在道德形而上学领域扬弃康德和费希特，并避免非道德主义陷阱，等等。这些问题中的每一个，都可以成为作者下一步深入研究的重大课题。在此，希望李建森在已有研究的基础上，从学理和应用两个方向，继续深化和拓展对非道德主义社会思潮的研究，并不断取得新的成果。

李建森在高校工作多年，教学、科研已具备了相当好的基础，在学术上，认真、踏实、愿意投入，有着不断学习进步的冲劲。这在当下浮燥的社会风气中是非常可贵的学术品质，相信他以后在学术方面能够走得更远，取得更多的成绩。

是为序。

秦　燕

2017 年 3 月于西安

目　　录

绪论　实践唯物主义视域下的非道德主义社会思潮 ……………（1）
　　一　社会伦理转型与道德问题 ………………………………（2）
　　二　成为理论热点的非道德主义社会思潮 …………………（12）
　　三　非道德主义社会思潮与实践唯物主义 …………………（19）
　　四　探寻非道德主义社会思潮的实践唯物主义分析
　　　　框架 ……………………………………………………（31）

第一章　非道德主义社会思潮的表现和根源 …………………（39）
　第一节　非道德主义社会思潮的主要表现 ……………………（39）
　　一　非道德主义社会思潮的意识形式 ………………………（40）
　　二　非道德主义社会思潮的感性现象 ………………………（55）
　第二节　非道德主义社会思潮的社会根源 ……………………（74）
　　一　市场化及其伦理问题 ……………………………………（75）
　　二　工业化及其伦理问题 ……………………………………（79）
　　三　城市化及其伦理问题 ……………………………………（84）
　　四　全球化及其伦理问题 ……………………………………（88）
　第三节　非道德主义社会思潮的思想根源 ……………………（93）
　　一　社会达尔文主义和激进自由主义 ………………………（94）
　　二　非理性主义 ……………………………………………（100）
　　三　无政府主义和民粹主义 ………………………………（106）
　　四　后现代主义 ……………………………………………（109）

第二章 非道德主义社会思潮的理论主张及其错误 (114)
第一节 非道德主义社会思潮的理论主张 (114)
一 一般理论主张 (115)
二 具体理论主张 (120)
第二节 非道德主义社会思潮的非实在论 (124)
一 道德事实、道德关系主观性的僭越 (125)
二 道德语言和逻辑的"可普遍化" (128)
第三节 非道德主义社会思潮的道德不可知论 (136)
一 道德认识论的基本关系 (137)
二 道德真理的伦理相对主义取向 (139)
三 实践知识的实用主义视域 (147)
第四节 非道德主义社会思潮的道德价值虚无论 (150)
一 通常的道德价值理论 (150)
二 道德价值结构性虚无主义 (152)
三 道德价值功能性虚无主义 (155)

第三章 实践唯物主义对非道德主义社会思潮的超越 (159)
第一节 道德规范的"非道德性"限度 (160)
一 道德规范"强制性"的合理性问题 (161)
二 道德规范"前提性"的合法性问题 (165)
第二节 非道德主义社会思潮的逻辑思维困境 (169)
一 道德规范非确定主义的逻辑困境 (170)
二 道德规范非普遍主义的逻辑困境 (174)
三 道德规范非整体主义的逻辑困境 (178)
第三节 非道德主义社会思潮的价值思维困境 (182)
一 道德价值虚无主义矛盾 (182)
二 道德价值论个人主义困局 (187)
第四节 对非道德主义社会思潮的逻辑和价值论超越 (190)
一 作为"感性世界"观照的道德事实论 (191)
二 作为"实践智慧"的道德价值论 (195)

三 作为"历史现象"的道德规范论…………………………（198）

第四章 非道德主义社会思潮的消极影响
　　　　——以大学生为例……………………………………（200）
　第一节 非道德主义社会思潮对当代中国大学生影响的
　　　　表现…………………………………………………（201）
　　一 工具论非道德主义………………………………………（202）
　　二 个体论非道德主义………………………………………（208）
　　三 利己论非道德主义………………………………………（213）
　第二节 非道德主义社会思潮对当代中国大学生影响的
　　　　途径和原因…………………………………………（219）
　　一 发生影响的途径…………………………………………（220）
　　二 发生影响的原因…………………………………………（225）
　第三节 非道德主义社会思潮对当代中国大学生影响的
　　　　特点…………………………………………………（234）
　　一 社会分层论视域：背景…………………………………（234）
　　二 人类学视域：性别………………………………………（246）
　　三 教育社会学视域：学科类别……………………………（253）

第五章 克服非道德主义社会思潮消极影响的对策……………（262）
　第一节 宏观社会舆论层面：弘扬社会主义道德实践
　　　　理性…………………………………………………（263）
　　一 清醒认识非道德主义社会思潮的实质…………………（263）
　　二 加强社会主义道德观宣传教育…………………………（267）
　　三 提高人们的社会主义道德思维水平……………………（269）
　第二节 中观高等教育层面：强化社会主义道德教育
　　　　实践…………………………………………………（271）
　　一 强化学校立德树人职能…………………………………（272）
　　二 完善道德教育机制………………………………………（274）
　　三 建设良好校园道德文化环境……………………………（276）

四　提高道德教育实效性 …………………………………… (279)
第三节　微观个人发展层面:提升社会主义道德修养 ……… (281)
　　一　提高道德学习能力和水平 ……………………………… (282)
　　二　借鉴人类优秀道德修养方法 …………………………… (284)
　　三　培养积极道德情感和道德意志 ………………………… (285)

结　论 ………………………………………………………………… (287)
附录　大学生道德观念和行为调查问卷 …………………………… (293)
参考文献 ……………………………………………………………… (303)
后　记 ………………………………………………………………… (323)

绪论　实践唯物主义视域下的
非道德主义社会思潮

　　非道德主义是一种在中西道德文化史上源远流长的道德主张和道德行为趋势或取向。它具有理论意识和实践行为两种最为普遍的表现形式。非道德主义就是虚无主义和相对主义思维方式在道德领域中的具体表现。虚无主义和相对主义一旦渗透到德性问题领域，也必然将伦理道德看作是"虚无的""相对的"。所以，"道德虚无主义""道德相对主义"就是非道德主义的具体表现形式。就其最一般的内在特征而言，理论形式的非道德主义否认道德事实的客观性，否认道德真理的可能性，否认道德价值的客观普遍性。道德存在的意义被否认、抹杀或消解了。"你我都知道，正义只存在于实力相当的强者之间。至于其他人，强者可以为所欲为，弱者则必须逆来顺受。"[①] 这种非道德主义观点就是从历史经验论视角否定了"正义"的客观性。而实践形式的非道德主义则是具有明显心理倾向和品格特征的反道德活动或"前道德"（Premoral）活动。[②] 它往往无视、蔑视、仇视甚至敌视社会公认的道德规范和要求，并将这些道德思维或道德判断的结论付诸行动。有趣的是，在绝大多数条件下，非道德主义都不会公然全盘否定伦理道德的存在、价值和意义，而且还常常打着道德的旗号反

[①] 谢德风的翻译为："处于平等地位的人向他们的邻人提出要求，而把这些要求当作命令的时候，向他们屈服，就是受他们奴役，不论他们的要求是怎么大或怎么小。"参见［古希腊］修昔底德《伯罗奔尼撒战争史》第 1 卷，谢德风译，商务印书馆 1960 年版，第 100 页。

[②] ［英］伯纳德·威廉斯：《羞耻与必然性》，吴天岳译，北京大学出版社 2014 年版，第 84 页。

对"道德"。就像没有哲学家承认自己是虚无主义者一样,也没有伦理学家公然承认自己就是非道德主义者。而且,非道德主义往往都寄生于艺术、政治、历史和哲学等其他思想或思潮中。

本书以当代中国社会思潮为背景,把非道德主义从它所寄生的其他社会思潮中提取出来,并将其看作一种独立社会思潮加以研究。无论是非道德主义思潮还是非道德主义行为,都会对社会道德生活产生消极性甚至是破坏性的影响和作用。研究表明,从历史宏观层面来看,非道德主义常常流行于社会转型期。当代中国正处在社会转型的历史时期,各种社会关系都发生明显变革,所以,社会道德心理容易发生波动起伏。社会在开放、改革、转型中所滋生的局部伦理问题,也为非道德主义在一定范围内流行起来提供了土壤。非道德主义思潮已经成为最引人关注的社会思潮之一。[1] 在实践唯物主义视域,认清非道德主义的本质和危害,找到克服非道德主义的有效对策,已经成为一项重要的研究课题。

一 社会伦理转型与道德问题

从某种广义"转型"角度看,当代世界正在经历着一次深刻而普遍的社会转型,"现代性"正在发生全面蜕变。与此相关联,社会伦理关系也正在发生相应的深刻变化。而对于当代中国社会而言,除了被裹挟于上述转型过程之外,它还正在经历着从传统计划经济向社会主义市场经济的转型。这两种转型,使得当代中国伦理关系出现了并还在发展着一种前所未有的复杂性。而存在于一定层面、一定范围内的伦理道德问题,正是在这种背景中出现的。学者们认为,虽然伦理

---

[1] 人民论坛问卷调查中心于2016年1月披露,"道德相对主义"即非道德主义的表现形式之一,入选十大社会思潮。人民论坛网、人民网等网站于2015年进行了思潮关注度和影响力调查,回收有效问卷4652份。根据所获得的数据进行加权统计,测算得出每种思潮的综合得分(10分制),得分最高的前十项为2015年值得关注的中外十大思潮:民族主义(9.37)、历史虚无主义(9.06)、新自由主义(8.78)、民粹主义(8.41)、"新左派"(7.89)、普世价值论(7.32)、新儒家(6.94)、生态主义(6.75)、极端主义(6.24)、道德相对主义(5.78)。人民论坛问卷调查中心:《2015值得关注的十大思潮调查报告》,人民论坛2016年1月(下),http://www.rmlt.com.cn/2016/0118/415148.shtml。

关系和道德精神错综复杂，彼此之间博弈激烈，但是，历史走向和道德解放的洪流不会因为暂时的嘈杂喧嚣而脱离进步的大方向，形形色色的非道德主义思想和行为，从来都不会成为历史主流，更不会成为"真正的时代精神"。

（一）时代精神拒斥非道德主义社会思潮

当代中国的时代精神就是在现代经济、社会、文化和伦理等方面的转型中，通过改革开放，实现中华民族的伟大复兴，朝着公正、和谐、民主、自由的社会主义理想不断进步。它所包含的巨大动能，就是当代中国的历史走向；它所包含的道德解放意义，具有深刻的历史合理性。而当代中国的非道德主义社会思潮，是与此相悖的。因此，坚守时代精神，就必须拒斥非道德主义社会思潮的错误。

反对非道德主义社会思潮是践履社会主义核心价值观的应有之义。社会主义核心价值观是社会主义意识形态的本质内核，体现着对于社会主义社会生活的现实要求和发展理想。[1] 它既包含经济、政治、文化、社会、生态的要求和理想，同时也包含伦理、道德的要求和理想。而体现社会主义核心价值观伦理道德要求和理想的就是社会主义道德体系。社会主义道德体系的基本原则是集体主义，它的核心是为人民服务，它的基本要求是爱祖国、爱人民、爱劳动、爱科学、爱社会主义，它的着力点是高尚的社会公德、职业道德和家庭美德。[2] 严格遵守社会主义道德体系，是巩固和发展社会主义经济基础的基本要求，是社会主义意识形态的基本要求，是全面落实社会主义核心价值观的应有之义。在当代中国一定范围流行的非道德主义社会思潮的价值归宿和取向，就是反对社会主义道德体系。非道德主义奉行个人主义、拜金主义、享乐主义和利己主义，反对集体主义和为人民服务，极力鼓吹"集体主义过时论""为人民服务过时论"。曾几何时，"把自私当成'崭新的人生观'，有之；指责集体主义压制了'个人价值'，有之；疾呼'只有自我才是真实的'，有之；认为雷锋也是'自私'的，有之；总之'主观为自己，客观为别人'的口号几乎泛

---

[1] 戴木才：《社会主义核心价值观初探》，《道德与文明》2007年第1期。
[2] 中共中央印发：《〈公民道德建设实施纲要〉的通知》，中发〔2001〕15号。

滥开了。"① 近年来，一些非道德主义思想更是借着历史虚无主义、原教旨自由主义等错误思潮的衣钵，大肆污蔑、攻击集体主义道德英模人物。非道德主义不仅仅把诋毁的矛头指向雷锋、龙梅、玉荣、黄继光、邱少云、赖宁等社会主义道德先进人物，甚至把批判怀疑的锋芒朝向无产阶级领袖人物。当代中国非道德主义的这种道德批判张力，已经大有比肩当初苏联巨变之前流行于苏联、东欧社会主义国家的非道德主义思潮的态势，已经对当代中国道德意识形态的安全构成威胁。所以，深入探究因应非道德主义挑战之可行实践路径，已经成为一项非常急迫的理论任务。

抵制非道德主义社会思潮的消极影响，是建设社会主义和谐社会的需要。从某种意义上讲，现代中国的特点可以概括为"市场经济、社会转型和现代社会的初步确立"。与市场经济相关，经济主体关系已经从原来的垂直的服从关系转变为水平的平等关系，利益关系处于空前的大调整之中。"与经济领域里的转变所带来的动荡、混乱以及秩序缺失，国有资产流失等严重问题一样，道德生活秩序的转变同样带来了道德的失范、价值观念的动荡以及道德生活在某种意义上的衰败和裂变。"②"我国改革开放近40年来，伴随着经济社会的发展和民主法治的推进，文化建设有了很大的进步。同时也必须清醒地看到，当前文化建设特别是道德文化建设，同经济发展相比仍然是一条短腿……近年来相继发生'毒奶粉''瘦肉精''地沟油''染色馒头'等事件，这些恶性的食品安全事件足以表明，诚信的缺失、道德的滑坡已经到了何等严重程度。"③ 而社会转型和现代社会的初步确立，随着极端"政治化"社会色彩的逐渐淡化，主体获得了空前的自由。这种自由是伴随着"权威"的隐去而实现的，因此，它不可避免地催生了剧烈的社会阵痛。贫富差距扩大、腐败问题严重、离婚

---

① 刘书林：《社会思潮与青年教育研究》，高等教育出版社2010年版，第316页。
② 龚群：《社会伦理十讲》，中国人民大学出版社2008年版，第2页；另参阅高兆明《道德失范研究——基于制度正义视角》，商务印书馆2016年版，第31页。
③ 温家宝：《讲真话察实情——同国务院参事和中央文史研究馆馆员座谈时的讲话》，《人民日报》2011年4月18日第2版。

率畸高、毒品肆虐等社会问题已经危及社会生活的正常进行。而这一切，都有待于从端正道德思想和完善制度伦理设计两个方面出发，彻底根除非道德主义的消极影响。唯此，和谐社会、幸福社会的实现才是有可能的。

消除非道德主义社会思潮的消极影响，是实现绿色有机发展、建设生态文明的需要。不管是哪一种理论形态的非道德主义，无论是现代性的还是后现代性的，无论是人类中心主义的还是非人类中心主义的，无论是整体主义的还是个体主义的，在处理人和自然关系的问题上，都存在很大的伦理道德问题。在环境伦理学产生的半个多世纪里，山川、大地、河流、野生动物和植物仍然从未得到过真正的普遍伦理关怀。在道德主义式微的消费社会里，物质主义肆意泛滥，人和自然的关系日趋紧张。大气污染、沙漠化、气候异常、物种灭绝、资源枯竭和生态危机等，已经成为十分严重的社会问题。当代资本逻辑不仅仅结构性地催生诸如此类对于人的非道德行为，而且将这种非道德之恶也推向包括动植物在内的整个自然环境。在城市化进程中常常可以看到生态非道德主义的劣迹。像城市中的大树移植，就蕴含着非道德的不自由、强制性和伤害等伦理负面意义。在现实生活中，人的需求，尤其是经济需求导致的未经伦理审查的反季节作物培育、漠视生态相似性规律的移植、"暴力"的嫁接和杂交技术、"不当"的转基因技术等，都暴露了严重的伦理问题和道德冲突。这一切都和当代非道德主义肆虐不无关联。所以，在当代中国，树立良好的生态道德意识，贯彻"五大发展理念"，实现绿色、有机发展，显然需要对于生态非道德主义进行深入分析，把握它的学理症结和实践危害，并找到切实可行的可操作道德治理方案。

化解非道德主义社会思潮消极影响，是继承和发扬中西方传统优良道德文明的需要。确信并坚守民族优秀道德文化，是当代道德生活的一项普遍性的任务。随着世界市场的形成，黑格尔和马克思所预见的"世界历史"已经成为现实。国际经济政治的普遍规则和民族国家特殊伦理传统之间的张力，发生了朝向普遍规则一方的倾斜。民族传统道德文化的合理性、合法性受到空前的挑战。资本主义的全球化大工业生产"首次开创了世界历史，因为它使每个文明国家以及这些国家中的每一个人的需要的满足都依赖于整个世界，因为它消灭了各国以往自然形成的闭关自守的状态。"[①] 这里，不仅仅政治经济发生激烈的碰撞，道德文化也发生深度的冲突。随着世界经济一体化与政治多极化的进一步发展，国际关系新秩序与狭隘民族主义的对垒日益尖锐，全球文化趋同性与各民族文化发展多元化之间也发生了猛烈的碰撞。于是，不同类型的道德伦理体系的冲突成为必然，道德文化相对主义大有成为时代文化特质的发展趋势。一时间，似乎传统优秀道德文化的合理性、合法性都不复存在了。鼓吹"道德伦理忧思"的道德虚无主义、道德相对主义即非道德主义，成为了一种普遍社会心理倾向和情绪。道德评价随之深深陷入理性统摄和感性分裂的困境组合之中，陷入逻辑和历史的关系紧张之中。传统理性整体主义和后现代的个性主义都无法圆满解决这一问题。这也对当代中国马克思主义道德哲学提出了新问题、新挑战。所以，深入研究如何从马克思实践唯物主义的"辩证否定的实践理性"理念出发，建构一种崭新的道德评价体系和道德历史评价的标准，是摆在中国化马克思主义道德哲学面前的一项重要任务，也是在道德理论和伦理实践上克服非道德主义的可能的正确道路之一。

克服非道德主义社会思潮的消极影响，已成为思想政治理论教育的重要课题。人类当今已迈入信息时代，网络世界、虚拟世界的元素业已融入社会生活的方方面面，高等学校不再是相对闭塞的偏安一隅，它与社会的关系已经变得十分密切。毫无疑问，网络技术极大地推动了社会经济、政治、文化和道德的发展，给社会带来了深刻的变化。网络技术也有力地推动了高等学校的思想政治教育事业的发展，推动了高等学校思想政治工作模式和方法的改革，提高了思想政治教育的效率。网络技术也使得高校教师和学生的主体地位得到极大的强化，给师生提供了几乎海量的信息，使得他们能够更加直接地感触社会现实。但是，也应该看到，网络技术虽然是中性的，可是，对它的

[①] 《马克思恩格斯选集》第1卷，人民出版社2012年版，第194页。

社会应用却是非中立的,网络是一把双刃剑,它也给大学生带来了一系列的负面影响,给当代高等学校的思想政治教育工作带来了一些新挑战。经验显示,当今虚拟世界充斥着非道德社会舆论,这对于处在世界观形成阶段的大学生而言,容易造成消极影响,并抵消思想政治理论课的积极作用。因此,如何提高学生的道德水平,如何提高大学生辨别并自觉抵制非道德主义社会思潮消极影响的能力,已成为思想政治理论教育亟待解决的重要课题。

(二)建构实践唯物主义道德哲学架构,弘扬社会主义实践理性精神

以改革开放和民族复兴意识为核心的时代精神,包含着锐意进取、团结一心、与时俱进、自强不息、朝气蓬勃的道德正能量。它是中华民族实现伟大复兴的兴国之魂、强国之魄。坚持时代精神,就必须明确反对萎靡悲观、消极颓废的非道德主义社会思潮。这是因为,非道德主义对基本道德规范、原则和道德理想采取否定态度。在现代西方,非道德主义是资产阶级道德观的典型形式,它对处于文化霸权地位的"正统"道德采取无政府主义和个人主义的反抗态度。当代中国的非道德主义思潮否定社会主义道德的历史合理性意义,客观上成为了晚期资本主义在思想上影响社会道德舆论的隐蔽形式。在当代中国,非道德主义表现为否定道德进步的社会情绪,也表现为放弃同非道德现象斗争的道德冷漠和悲观主义。社会主义道德要求人们为确立崇高的道德原则而积极努力。在全球化不断深化的今天,加强对非道德主义社会思潮的深入研究,对于建设社会主义道德和社会主义道德体系,对于建构实践唯物主义道德哲学架构,弘扬社会主义实践理性精神,都有着重要的理论价值和实践应用价值。

第一,有利于在道德哲学层面建构以"实践的唯物主义"为出发点的道德形而上学叙述形态。马克思曾经明确反对"形而上学",甚至谈及"形而上学的灭亡史"。但是,笔者认为,需要我们深刻理解的是,马克思反对的形而上学显然是旧形而上学,而不是全部形而上学。在对待形而上学的态度上,马克思和康德的立场是近似的。在马克思看来,"未来的新哲学",包含新的"科学的"即反对抽象思辨

和神学而拥趸人自身的新形而上学。"除了否定神学和 17 世纪的形而上学之外,还需要有肯定的、反形而上学的体系。人们感到需要一部能够把当时的生活实践归结为一个体系并从理论上加以论证的书。这时,洛克关于人类理性的起源的著作很凑巧地在英吉利海峡那边出现了,它像一位久盼的客人一样受到了热烈的欢迎。"① 因此,马克思主义道德哲学应该有一个不同于旧道德形而上学的新道德形而上学的理论叙述形态。作为一种因为把"人"和"唯物主义"联系起来而恢复了唯物主义威信的"实践的唯物主义"②,这种新的道德形而上学,理应沿着辩证否定的实践理性,展开自己独特的道德实体论或道德实在论理论视野。它反对非道德实在论,同时也反对旧唯物主义、旧形而上学的道德实在论。而绝大部分的非道德实在论、旧唯物主义和旧形而上学道德实在论,最后都程度不同地陷入非道德主义的泥淖。既然如此,对于非道德主义所内含的道德形而上学的研究,就能够从反面,在理论和实践上为建构马克思主义的新道德形而上学叙述形态提供丰富的理论借鉴和道德事实素材。进而言之,通过对非道德主义及其经验现象的道德本体论考察,把握非道德主义的道德本体论思维方式,有助于在社会主义核心价值体系建设和高校思想政治教育学科建设中,坚持唯物史观的道德实在论路径,反对非道德实在论的认知主义、重构主义的主观主义错误。总之,反对非道德主义的道德形而上学所内含的绝对否定的破坏性道德判断和思维,有助于强化积极的道德思维模式建构的理论共识和目标。

第二,有利于在价值哲学层面建构以"实践的唯物主义"为出发点的道德价值论叙述形态。马克思曾经把人类对于"感性世界"的把握方式分为"科学的""艺术的""宗教的"和"实践理性的"等四种方式③,所谓"实践理性的"也就是道德的把握方式。作为

---

① 《马克思恩格斯全集》第 2 卷,人民出版社 1959 年版,第 162 页。
② [英] 罗素:《西方哲学史》,商务印书馆 1982 年版,第 336 页。
③ 马克思说:"整体,当它在头脑中作为思想整体而出现时,是思维着的头脑的产物,这个头脑用它所专有的方式掌握世界,而这种方式是不同于对世界的艺术的、宗教的、实践精神的掌握的。"《马克思恩格斯全集》第 46 卷,上卷,人民出版社 1979 年版,第 39 页。

"人"对于人的"感性"世界的把握方式，它肯定是"属于人的"，要体现人的价值追求，满足人的价值要求。因此，道德兼具了两种最本质的价值属性，它既是目的，又是手段；既是"价值理性"，又是"工具理性"。这就是建构马克思"实践的唯物主义"的道德价值论的最基本原则或出发点。也就是说，在实践唯物主义看来，道德价值在本质上表现为目的性价值和手段性价值两种存在形式。如果看不到道德价值的这两个方面中的任何一个，都将在道德价值论上走向片面性错误，而马克思的"实践的唯物主义"道德价值论将这两方面紧密地统一在自己的实践理性的辩证否定的运思过程的始终。如果看不到道德的内在价值，或者看不到道德的外在价值，只承认其中的一个，都是错误的。如果片面强调道德的外在价值、工具理性，那就会走向道德工具论，最后否定道德价值，走向非道德主义。通过对非道德主义及其经验现象的道德价值论考察，把握非道德主义的深层价值思维方式，避免它的理论误区和实践危害，有助于在社会主义核心价值体系建设和高校思想政治教育学科建设中，坚持马克思的道德价值论思想，建构马克思主义的科学道德价值论叙述形态，反对社会达尔文主义、极端利己主义、极端功利主义等主观道德价值论。非道德主义的一个严重错误就在于视乱世恶之所"是"为"应该"，将恶"永恒合理化"，从而导致道德价值怀疑论和悲观主义，否定道德文明发展史，并在此基础上怀疑或否定社会主义道德价值的先进性。

第三，有利于在道德学说史层面建构以"实践的唯物主义"为出发点的道德发展史叙述形态。历史证明，从来就没有抽象的道德学说历史，从来就不存在抽象的道德主义和非道德主义。在这个意义上说，任何离开具体历史情境的道德主义，本身就是不道德的。道德主义和非道德主义对立的历史，在马克思的实践唯物主义的社会分层理论和社会冲突理论看来，就是阶级斗争的历史，就是利益博弈在道德思想上的反映。在当代中国的学术话语系统里面，如果将道德主义和非道德主义斗争的历史看作是进步与反动、唯物与唯心、真理与谬误的对立，那无疑就是"日丹诺夫模式"遗毒的表现。可是，如果无视道德学说或主张背后的利益根基,那就是马克思所说的"非历史的""反历史的""非实践的"错误。① 这样的话,就会"把一切历史差别混合和融化在一般人类规律之中"。② 合理的道德发展史的叙事形态,不能离开历史的观点,不能无视实践的观点,不能没有阶级的观点。通过对非道德主义及其经验现象的历史主义考察,把握当代中国非道德主义思潮的思想来源、社会本质和政治诉求,正确回应各种错误社会思潮对主流道德理论和道德价值观的颠覆,才能彰显社会主义道德观和社会主义核心价值观的历史合理性。

第四,为把社会主义核心价值观学习和落实推向深入提供必要的理论支持。社会主义核心价值观是社会主义价值观的高度概括,它的具体内容是多方面的。社会主义道德价值观是其中的一个重要的方面,二者之间存在着整体和部分、共性和个性的辩证关系,学习和践履社会主义核心价值观包括学习和践履社会主义道德价值观。社会主义道德价值观的核心内容就是社会主义的人道主义,它的具体表现就是社会主义道德体系,就是坚持以为人民服务为核心,以集体主义为道德原则,以"五爱"为道德要求,追求崇高的社会公德、职业道德和家庭美德。因此,在道德生活方面学习和落实社会主义核心价值观并不抽象,就是坚决反对和抵制形形色色非道德主义的消极影响,自觉遵守社会主义道德价值观。只要坚决反对个人主义、利己主义、拜金主义、享乐主义,只要尊老爱幼、爱岗敬业、文明礼貌,只要热爱社会主义祖国,就是坚持了社会主义道德价值观,就是坚持了社会主义核心价值观,就是把社会主义核心价值观的践履推进到了社会道德生活的新领域。

第五,为深入批判种种非道德主义思潮提供必要的学理支撑。以实践唯物主义为背景,通过对于思想史和现实中的非道德主义流派的历史考察和理论分析,通过对于非道德主义社会思潮的理论实质、逻辑困境和价值偏向的揭示,使人们认清非道德主义的学理认知和价值追求的片面性,使人们认清当代中国非道德主义社会思潮排斥社会

---

① 《马克思恩格斯全集》第46卷,上卷,人民出版社1979年版,第9页。
② 同上书,第24页。

义道德原则和规范的政治意图。非道德主义在道德本体论上是非实在论的，是唯意志论的，是实用主义的；在道德价值论上是主观主义的，是个人主义的，是利己主义的；在道德认识论上是相对主义的，是虚无主义的，是怀疑主义的。一言以蔽之，非道德主义在理论上是错误的，在价值观上是庸俗的。当代中国的非道德主义藏身于诸如极端民族主义、历史虚无主义、新自由主义、民粹主义、"新左派"、极端主义等错误社会思潮之中，或者说上述错误社会思潮都这样那样地从不同侧面表现出非道德主义的内容、要求或特色，其道德主张的矛头无一例外地都指向社会主义道德价值观。比如，当代中国的非道德主义与历史虚无主义之间就有密切的联系，它们相互构成或包含对方的一部分。深入细致地分析这一思潮，有利于正确回应非道德主义对历史特别是对中国近现代革命道德史和领袖、英雄模范人物的革命情操的非议歪曲与错误认识，对于我们统一思想、凝聚共识具有十分重要的现实意义。

　　第六，为当代教育政策决策提供必要事实依据，有利于教育管理部门、学校和教师全面把握大学生思想实际。对于非道德主义对大学生的影响状况，笔者进行了访谈和问卷调查，并对其进行了最新SPSS软件分析，对相关内容进行了性别、出身、政治面貌、专业、生源地、经济条件等12种数据的必要交叉分析，获得了数十万字的数据分析结果；获得了大学生受中国传统非道德主义，尤其是受西方现当代非道德主义影响的范围、规模、程度、特点等方面的丰富数据；分析了非道德主义社会思潮对于社会道德状况和思想政治教育所造成的负面影响和消极作用。在此基础之上，提出了切实可行的教育对策和建议，以图提高思想政治教育的实效性和针对性。通过对非道德主义对大学生影响的具体表现的质化分析和量化研究，从宏观社会舆论、中观高等学校和微观个人道德修养等方面提出了较为系统的对策，为思想政治理论课程教学提供了有针对性的批判对象和内容，提升了大学生践履社会主义核心价值观的自觉性。只有充分认识社会主义的历史合理性，认识社会主义核心价值体系的道德合理性，才能彻底肃清对（诸如集体主义、为人民服务、"五爱"等）社会主义道德基本原则、道德规范、道德要求和主要范畴的虚无主义怀疑和否定企图，避免和克服非道德主义社会思潮的侵蚀和影响。

二　成为理论热点的非道德主义社会思潮

非道德主义思想虽然古已有之，但是，作为一股思潮，即"道德相对主义思潮"或"道德虚无主义思潮"，是兴起并发展于20世纪西方社会的。遗憾的是，近年来，这股思潮在当代中国社会也"渐成气候"。"道德相对主义社会思潮"甚至被推举为"2015年度中外十大社会思潮"之一。① 与此一致，对非道德主义的研究也成为了道德哲学、道德教育理论研究的一个热点问题。为了对该热点问题有一个比较深入、全面的把握，下面对非道德主义和非道德主义社会思潮研究，做一个较大范围的学说史梳理。

（一）国内外非道德主义社会思潮研究

哲学界、史学界、文学艺术界和教育界对非道德主义社会思潮及其消极社会影响都给予了较多关注，并取得了一些重要研究成果。国内研究成果，都或多或少地将非道德主义的根源指向了社会转型期的中国道德现实，研究的论题也较为集中地涉及到如何评价社会主义道德的历史地位，涉及到如何看待中国近代重大历史事件的伦理意义，涉及到当代中国的道德发展趋势，也涉及到如何在文艺作品中描述历史事件和历史人物的道德特质等问题。关于非道德主义社会思潮，国内外学者的观点虽然多种多样，虽然在一些重大理论问题上还存在较大的分歧，但在某些方面也达成一定共识，取得了一批重要研究成果。

（1）关于非道德主义的哲学形态和理论基础

已有成果非常关注非道德主义（Amoralism）的形而上学研究。这些成果主要集中在以下两个方面。

其一，非道德主义在本体论上是以虚无主义作为自己的理论前提的。非道德主义是以虚无主义作为理论基础的，虚无主义在本质上就

---

① http://www.rmlt.com.cn/2016/0118/415148.shtml.

是对真善美的意义和价值的否定。虚无主义有多种形式，如形而上学虚无主义、认识虚无主义、历史虚无主义、政治虚无主义和道德虚无主义等。道德虚无主义就是非道德主义。多数学者认同，虚无主义在本质上是蔑视道德的，是否定意义的。威弗瑞德·威尔（Winfried Weier）的"*Nihilismus, Geschichte, System, Kritik*"（1980）、德语《哲学历史词典》（*Historisches Worterbuch Der Philisophie*）等就是大致如此界定虚无主义："通常的'虚无主义'概念，就是指否定崇高价值而言的"，是"价值、意义的消解"。雅各比（Friedrich Heinrich Jacobi）指责康德哲学必然导致虚无主义，就深深触及到了这个"物世界"与"意义世界"的关系问题（刘森林，2013）。非道德主义在思维方法上是以怀疑论和相对主义为依托的。

其二，非道德主义在认识论上是以相对主义和怀疑论为基础的。"相对主义在一定范围是合理的，一旦超越这个范围，停留在无限的单纯否定的阴影中，即取消所有的界限和差异，实际上也就把世界推入硫酸池中，使之虚无化了"（俞吾金，1996）。相对主义必然选择伦理相对主义，也就是非道德主义或道德虚无主义。"伦理相对主义的极端化势必走向道德的完全主观随意或任意，走向道德唯我论和道德虚无主义的泥淖"（聂文军，2011）。

（2）关于非道德主义的历史形态和历史发展

关于非道德主义的历史形态和历史发展研究主要是以宏观和微观两种形式出现的。

其一，关于非道德主义的历史脉络和历史发展研究。主要集中在对于西方非道德主义历史的研究，尚未发现关于中国非道德主义历史脉络和学说史方面的研究成果。威弗瑞德·威尔（Winfried Weier）在研究虚无主义的历史过程时，较为系统地论及西方非道德主义的历史和体系（Winfried Weier，1980）。聂文军从本体论、认识论的角度比较系统地考察了作为非道德主义基本形式的西方伦理相对主义的历史形态和片面性错误（聂文军，2011）。非道德主义集中表现于西方近现代的历史哲学和道德哲学。现代意义上的非道德主义诞生于德国，西方非道德主义批判理论大多没有超越反而加剧了道德理论的颓废趋势。

其二,关于非道德主义具体思想和哲学家的个案研究。马丁·海德格尔(Martin Herdegger)的"*Nietzsche*"(1961)、约纳斯(Jonas)的"*The Gnostic Religion: The Message of the Alien God and the Beginnings of Christianity*"、列奥·施特劳斯(Leo Strauss)的"*Socrates and Aristophanes*"(1966)、哈特穆特·兰特(Hartmut Lange)的"*Positiver Nihilismus: Meine Auseinandersetzung mit Heidegger*"(2012)等也对尼采及海德格尔与非道德主义、非道德主义与现代性、非道德主义的责任伦理克服等一些非道德主义个案做出了独到的深入分析。对中国影响最大的是德国和俄国的非道德主义及其批判理论。给予较多文本关注的思想家主要有雅各比、黑格尔、施蒂纳、尼采、海德格尔、屠格涅夫、洛维特、施特劳斯、德里达、罗蒂等(邓晓芒,2008;田海平,2001)。王俊以海德格尔哲学为着力点试图勾勒"清理出虚无主义的历史和理论逻辑"(王俊,2009)。虚无主义贯穿于德国古典哲学一直到后马克思主义哲学的始终(刘森林,2013)。

(3)关于当代中国非道德主义的政治性质

相关研究成果一般将非道德主义看作是和社会主义道德体系相互对立的。在此方面,非道德主义和对于非道德主义的批判是从以下方面表现出来的。

其一,对社会主义道德原则和规范的怀疑和否定。当代中国非道德主义思潮的实质,就是否定社会主义道德和共产主义道德的合理性,其方法错误就是背离唯物史观。许多研究成果从这个角度深入分析了非道德主义的政治实质和特点。认为非道德主义诋毁中国近现代历史上的"革命道德"(周振华,2000;田居俭,2005),矮化甚至丑化公认的道德榜样、道德模范和英雄人物(罗兴萍,2011),反对集体主义道德原则(刘森林,2015),宣扬为人民服务"过时论"(刘书林,2010),散布"痞气""邪气"(李伦,2000)。

其二,与其他错误社会思潮相互渗透或结合。一些研究成果是在批判其他思潮时,涉及到了非道德主义的政治实质问题,从马克思主义思想方法入手来揭露非道德主义观点的历史观、道德观和方法论错误。当代中国非道德主义在很多情况下总是和其他错误社会思潮纠缠在一起，并从不同的侧面宣扬这样或那样的非道德主义思想。如新自由主义在道德问题上宣扬利己主义和道德达尔文主义（刘国光，杨承训，2009），极端民族主义和民粹主义对西方道德采用一种绝对否定的虚无主义（梅荣政，2008；陈尧，2011），极端功利主义片面宣扬个人主义，历史虚无主义对历史和历史道德肆意诋毁（李方祥，2010；邹诗鹏，2009），后现代主义则在道德问题上散布颓废主义（李福岩，袁浩，2015）。

（4）关于当代中国非道德主义的社会历史基础和根源

非道德主义思潮产生的社会根源和时代背景就是社会转型期及其转型问题。

其一，非道德主义产生的综合根源说。政治学的恢复、社会变革、知识群体的兴起以及知识生产、传播体系的变化，是刺激当代中国政治思潮产生的直接根源（刘建军，2009）。

其二，非道德主义产生的外源催化说。相关研究较为关注的历史时期主要是西方现代化过程、中国近现代历史转折、中国改革开放进程以及这些社会变革之间在思想意识方面的相互影响和交流。

其三，非道德主义产生的主观精神说。传统道德观念、形而上学的崩溃和主体性哲学的兴衰（王仕民，2008；樊浩，2016）、后现代非本质主义和相对主义泛滥（张之沧，2000；聂文军，2014），都成为道德理性或伦理精神虚无化的社会根据，是导致非道德主义的精神根源。当代中国的非道德主义是西方现代性情绪在现代中国的体现（王俊，2009），非道德主义是西方现代化、世俗化、后现代化的产物在当代中国的影响（杨丽婷，2012），也是中国近现代社会意识转型的思想产物[郑广怀，2007；龚云，2009；陆学艺，2010；阿拉普耳·斯特凡（Halper Stefan），2010]，同时还是当代哲学后主体性、后形而上学精神在道德哲学、伦理学和社会道德生活实践中的表现。

（5）关于非道德主义对当代中国意识形态的消极影响

对非道德主义消极影响的研究成果相对比较丰硕，主要表现在：

其一，对国家道德意识形态安全的消极影响。一些成果分析了非道德主义的政治危害性,认为非道德主义的实质就是通过否定社会主义道德体系,进而否定社会主义道德意识形态的合理性和合法性,否定马克思主义的指导地位,否定中国共产党和中国人民的奋斗历史,否定英雄人物、道德模范等道德先进人物所凝结和体现的集体主义和为人民服务的道德精神财富(龚云,2009),通过否定社会主义伦理关系进而否定社会主义生产关系,从而达到改变中国社会政治制度和思想意识形态的目的(李方祥,2010)。

其二,有损社会道德风气。非道德主义思想和行为是党员干部腐化的重要原因和表现(朱继东,2013),是导致人格扭曲和变态的主要原因之一(王伟杰,2007)。非道德主义挑战社会道德底线,给社会道德风气造成严重危害(张庆申,2010),只有批判非道德主义才能弘扬共产主义道德(金可溪,1997),弘扬道德正气(刘时工,2003)。

其三,非道德主义和其他错误思潮互相推波助澜,引起道德思想混乱。对此,相关研究成果进行了深入的研究和分析。国内学者在对历史虚无主义的批判中,比较多地涉及了非道德主义,把非道德主义看作是历史虚无主义的一个重要内容。历史虚无主义常常通过否定历史上英雄人物的道德形象,达到否定历史规律的理论目的(张晓红、梅荣政,2009),对社会主义道德造成很大危害(梁柱,2009;沙健孙,2000),等等。国外学者,尤其是俄罗斯学者,揭示了非道德主义的社会危害性及其在苏东剧变中所起到的破坏作用([俄]Д.杰柳辛,1994;陈之骅,2005;陈安杰,2013)。

(6)关于当代中国非道德主义对大学生的消极影响和对策

这方面的研究成果最为丰富,较为集中地研究了非道德主义对大学生发生影响的具体表现、成因、传播途径、特点和克服对策(佘双好,2012)。从内容上来看,涉及到道德信仰信念、道德意识、道德行为等一般问题(杨深,1995),也涉及到责任、诚信、感恩、道德心理和发展、爱国主义、网络伦理和道德、社会公德、家庭道德、恋爱道德等道德条目和范畴(杨金华,2013;王东辉,2010),还涉及到思想政治理论教育和教育的不足及对策问题(左鹏,2009),从不同学科和传播方式等方面探讨了非道德主义对大学生思想政治教育的负面影响（郑坤，2008）。

（二）对已有研究的评价

鉴于非道德主义思想和行为在当代中国社会不容忽视的表现和影响力，近年来，学术界对非道德主义及其消极影响给予了较多的关注：给予非道德主义的哲学形态和理论基础、历史形态和历史发展，给予非道德主义对当代中国社会道德和意识形态的消极影响，给予当代中国非道德主义的政治性质、社会历史基础和根源，给予非道德主义对大学生的消极影响和对策等方面的问题，都有较为全面的深入研究，也取得了丰硕的研究成果。

已有研究的特点在于：

其一，涉及的学科领域较为复杂。涉及到历史实在论、哲学本体论、社会学转型理论、政治学正义论、法律学、道德教育学、道德心理学、教育教学论、文学艺术和新闻传播学等多个学科。这种现象之所以产生的原因在于"伦理""道德"本身的特殊性，即，伦理道德本身就是社会生活最重要、最普遍的内容之一，它渗透在社会生活的许多具体领域内。比如，文学领域的"新英雄"创作思想的争论，就涉及英雄、榜样的事实评价标准和伦理道德评价关系问题。将英雄"神化"和"俗化"，都是错误的。将道德榜样"庸俗化"就是典型的非道德主义表现。虽然在这种讨论中并未提及"非道德主义"术语，但是，实际上在学理上已经步入非道德主义论域。

其二，实践层面的研究较为普遍。相对主义和虚无主义及其所导致的意义危机是现代性的一种普遍问题。"相对主义在过去两百年里是哲学的一条支脉，它开始是涓涓细流，近来已经成长为一股奔腾咆哮的洪流。"[①] 因此，由相对主义和虚无主义所导致的非道德主义也成为处于社会转型期的当代中国的一个非常普遍的时代性课题。对道德意义的消解性思想和行为，在某种程度上已经成为当代中国道德精神文明建设以及思想政治理论教育所必须认真对待的一个挑战。所

---

① ［美］理查德·J. 伯恩斯坦：《超越客观主义与相对主义》，郭小平、康兴平、赵仁方、李怀林等译，光明日报出版社1992年版，第16页。

以，从思想政治理论教育视角以实证的方法研究非道德主义经验现象的成果较为丰硕也就不足为奇了。

其三，依托的理论背景或基础较为繁杂。当代中国非道德主义批判所依托的基础理论是较为"多元的"。其中，最为普遍的是从唯物史观角度展开批判。但是，还存在不少非马克思主义视角。比如，从儒家道德决定论视角批判法家和道家的非道德主义，从康德主义责任论视角批判极端功利主义，从合理利己主义视角批判心理利己主义，从绝对主义角度批判相对主义，从辩证法角度批判虚无主义，从后现代视角批判现代主义的伦理绝对化要求，等等。这些没有前提批判意识的批判本身就存在很大的问题。有的批判从表面上看似乎是正确的，可是，其深层理论实质本身恰恰就是非道德主义的。可以看出，对非道德主义的深层批判还有很大的可拓展空间。

对已有文献资料的分析显示，对"非道德主义社会思潮"的理论研究和实证研究，在以下方面还有不足之处。

第一，没有明确提出"非道德主义社会思潮"的概念，没有明确界定相关研究的论域和范畴，部分研究成果的道德哲学理论背景具有较为明显的"旧唯物主义"甚至"非马克思主义痕迹"。对非道德主义的研究所采用的研究范式和语言形式，具有明显的道德机械决定论的痕迹。道德生活是丰富多彩的，道德现象是复杂多变的，道德标准是确定性和不确定性的统一，道德精神是价值理性和工具理性的统一，道德形式是绝对性和相对性的统一。但是，一些研究成果忽视了道德批判的这些前提性事实和条件，对马克思主义的经济和道德辩证关系原理进行了简单化的线性理解，只是简单套用"社会存在决定社会意识"的基本原理，缺乏辩证否定的实践理性精神和尊重历史情境的灵活性，缺乏对于道德现象的实践辩证法和人的辩证法的深层分析。这样就使得非道德主义研究和批判，停留在旧形而上学的某种空洞肤浅和"自然唯物主义"的常识性经验思维水平。

第二，对当前"非道德主义思潮"的深层次、学理性研究还相对薄弱，已有成果大都一般性地阐述非道德主义的社会影响，涵盖面广泛，语言"宏大"，非道德哲学语言，甚至是日常语言性表述，以及实证研究所固有的那种有限性、经验性的缺陷没有得到应有的哲学矫正，没有具体地对发生于当代中国的非道德主义社会思潮的内涵和外延、特质和表现、基础和根源、危害及克服对策等具体问题进行深入而全面的理论研究和分析。长于经验归纳思维，而疏于理性演绎概括。

第三，关于非道德主义对大学生人生观、道德观、价值观产生消极影响的高质量的研究成果较少。以知网为例，目前尚未发现以"非道德主义"为题或者以此为关键词的博士论文和硕士论文。虽然作为非道德主义具体形态之一的"道德相对主义"被学术界评为"2015年中外十大社会思潮"之一，但是，"非道德主义"尚未被当作一种完全独立的社会思潮形态加以对待，有关非道德主义对大学生影响的研究，大多散见于对其他社会思潮影响的研究成果中。相对而言，对于"非道德主义社会思潮"对大学生消极影响的研究不够集中。

第四，对于如何克服非道德主义社会思潮对社会各阶层的人生观、道德观、价值观的消极影响，所提出的对策还不够系统，其针对性、实效性尚有待提高。以大学生道德现状研究为例，针对非道德主义社会思潮对于大学生产生影响的研究，在不少语境中，仍然显得不够深入、全面。未见在现有的思想政治教育框架下，调动各种教育资源，着眼宏观全局，运用系统综合的方法，在平台整合、课程配合、教材节点设计等方面形成整体合力，形成应对非道德主义社会思潮对大学生产生影响的具体对策。

三 非道德主义社会思潮与实践唯物主义

"对象""语言"和"视角"是研究的前提假设。"非道德主义社会思潮"研究，除了归于有关"伦理""道德"的道德哲学和道德思想史研究范畴以外，同时还属于言及"伦理""道德"的思想政治教育研究范畴。显然，本书所涉及的最基本的概念有"伦理"（Ethics）、"道德"（Moral）、"非道德主义"（Amoralism）、"非道德主义社会思潮"（Social Thoughts of Amoralism）；本书所选择的"视域"是马克思主义的"实践唯物主义"。下面简要界定这些概念及其之间的关系。

(一) 伦理和道德

从范畴发展史角度界定"伦理"和"道德"两个基本概念是分析非道德主义社会思潮的前提。词源学考察十分重要,其原因正如黑格尔之说:"萌芽虽还不是树本身,但在它自身中已有着树,并且包含着树的全部力量。"[1] 因此,以"源"的形式存在着的古词陈训,就成为研究词现在"指谓"的应被解剖"猴体"。[2] 而这种思想方式也成为一种由来已久的历史主义视角。

"道德"是什么?伏尔泰在《风俗论》中说:"世上一切都已变化,唯有道德万古不易。道德犹如太阳的光辉……它永远纯净,永远不变。"[3] 在哲学史上,道德的概念非常繁杂,哲学家对此莫衷一是。俄罗斯伦理学家德罗伯尼茨基在他的《道德概念》中指出,期待一个关于道德的完备的、严格的逻辑定义,"势必会失望"。他认为,自己对于道德概念的系统性研究仅仅只是为作出科学定义的工作开了个头。[4] 可是,如果没有对于"道德概念"的基本界定,我们就会失去研究对象和起码路径。

"道德"在汉语中是一个古老的哲学范畴。从先秦开始,"道""德"和"道德"就已经以"范畴"的形式应用并发挥作用了。在甲骨文、石鼓文和金文中已经有了"道"字。许慎说:"道,所行道也。……道从首寸。"[5]《易经·履卦》说:"履道坦坦。"《左传·昭公十八年》有:"天道远,人道迩,非所及也,何以知之。"由此可以看出,"道"的原意是道路,后引申为支配自然和人类的准则和规律,就是"天道""人道"。同时,"道"还可以引申为秩序、仪式、协调、和谐的意思。道德哲学所研究的"道"更加接近后一种含义。

---

[1] [德] 黑格尔著:《法哲学原理·序言》,范扬、张企泰译,商务印书馆1961年版,第1页。

[2] 马克思说人体解剖是猴体解剖的钥匙。与此相对应的是,在认识和思维中,猴体解剖对于人体解剖又具有重要的"源"认识,即"元认识"意义。

[3] [法] 伏尔泰:《风俗论》上册,梁守锵译,商务印书馆1995年版,第174页。

[4] 宋希仁:《"道德"概念的历史回顾——读黑格尔〈法哲学原理〉随想》,《玉溪师范学院学报》2004年第4期。

[5] (东汉) 许慎:《说文解字》,九州出版社2001年版,第104页。

"德"原意为顺正道而行的意思。它表示一种心得，人正因为在心里获得关于事物的信息，他才可能顺其道而行。正如朱熹所说："德者，得也，得其于心，而不失谓也。"荀子说："故学至乎'礼'而止矣，夫是之谓道德之极。"这就是心有所得，付诸实践，就是"学而时习之"。所谓"伦理"，东汉许慎在其《说文解字》中说："伦，从人，辈也，名道也；理，从玉也。""伦"就是指人们在社会交往中所遵循的稳定准则。朱熹在《四书章句集注》中讲："伦，序也。伦，义理之序也。""理"原意指按照玉石本身的纹路来雕琢，使玉石定型成器以用，后来引申为治理、协调人际关系，使得人际关系规范化和合理化。总之，在汉语言文字中，"伦理"和"道德"的含义是基本相似的，都是指经过一定方式治理、协调，使社会生活和人际关系符合一定秩序和准则。

西语的"伦理"（如 Ethics）原出于希腊文 εTησζ。在《荷马史诗》中，表示"驻地""住所""公共场所"的意思。以后演变为"氏族""生活惯例"，再以后又有了"德性""性格""品德"等含义。"伦理"含义的这种演变，大致可以看出经过了由大到小、由巨到细、由混沌到清晰的三个阶段，非常鲜明地表现出历史与逻辑相统一的特点，也充分体现了道德在人类社会生活中所发挥社会作用的嬗变与进化。在"公共场所""驻地""住所"，道德规范因神的参与而获得了自己的合理性。在"氏族""生活惯例"中，道德规范因为先祖的权威而得到保障。在此，道德规范仅仅只取得一种外在的、客观的、消极的决定根据。而在第三阶段，这一切发生了决定性的变化，在"德性""性格""品德"的含义中，显然已经包含了成熟的主体意识，道德不再只是与外在力量相联系，而是密切地和人自身的存在和价值互融相合。道德现在终于取得了内在的、主观的、积极的决定性根据。[1] 大约公元前4世纪，从亚里士多德开始，"伦理"一词正式专指研究人类德行的学问。亚里士多德还把人的美德区分为伦理美德和理智美德两种。他把探究伦理美德、研

---

[1] 李建森、周燕来：《实践的道德理性》，陕西人民出版社2011年版，第4页。

究哪种性格和风尚是完美的科学称为伦理学,从而创造了"伦理学"这个新名词。

在一般情况下,"道德"和"伦理"两个词是不加区分的。所谓"道德",包括特殊和普遍、狭义和广义两个方面的含义。[①] 其一,狭义的"道德"是指特定社会共同体由传统所塑造并维护的,用于调节该共同体内部关系的非法律性、非强力性规范体系。其二,广义的"道德"是指基于人类理性的共同本质,自觉不自觉地创造的、能够得到跨文化普遍认可的非法律、非暴力性行为规范的总和。对这两种含义,在中国哲学史上,哲学家似乎从未在共性与个性、普遍与特殊的关系层面上达成共识,以至于在当代哲学中,许多哲学家已不再犹豫地放弃了对于它们之间关系究竟如何的"劳而无功"的分析和争吵。可以说,对于这两种"道德"含义的不同认知,构成了伦理学或道德哲学的不同谱系和叙述范式。本书所使用的"伦理"和"道德"两个范畴,在一般情况下是没有区分的,在需要区分的地方都做了相应说明。

(二)非道德主义、社会思潮和非道德主义社会思潮

"非道德主义"(Amoralism)一词是属于舶来品的,亦译"非道德论"。因此,"非道德主义"一词,从整体上可以说,是"胡话",或者"胡话汉说"。

在现代汉语哲学语境中,"非道德主义"大致有如下不同含义。其一,"非道德主义"是一种否认道德社会作用的伦理学理论。比如,《伦理学大词典》就将"非道德主义"解释为:"一种否认道德社会作用的极端片面的伦理学理论。非道德主义用虚无主义对待社会的道德规范,否认善恶标准、理想人格、目的与手段、行为后果等方面的道德意义。"[②] 其二,"非道德主义"不仅仅否定道德规范的社会

---

① 参考甘绍平教授《道德概念的两重涵义》(载于《伦理学研究》2013 年第 5 期)一文,并做了修改。这里,增加了"狭义"和"广义"的区分,"狭义"既强调了特殊道德文化的低德性成色,也指出了特殊道德文化的低适用范围。正是对于这种"狭隘性"的偏执,导致了道德相对主义和道德虚无主义。而这种对于经验性的夸大之词,大大降低了道德的普遍意义。这也正是本书所要深入研究的。

② 朱贻庭:《伦理学大辞典》,上海辞书出版社 2002 年版,第 10 页。

作用，而且否定道德事实的存在。如《哲学大辞典》将"非道德主义"解释为："一种摒弃道德规范，否认道德的存在及其社会作用的伦理学理论和思潮。"①

西方哲学语境下的"非道德主义"更为复杂，对于它的界定主要有以下几种不同的形式。其一，"非道德主义"是与基督教伦理道德相反对的，是对于基督教道德的反叛。《外国哲学大辞典》将"非道德主义"就解释为："反对基督教道德和其他一切道德的伦理学理论。德国尼采认为西方人的精神生活与基督教关系密切。基督教道德提倡的善良、仁慈、忍让、宽厚、怜悯、自我克制、自我牺牲是用来世或天国代替现世生活，扼杀人的生命力。这种道德原则造成人类的怯懦和虚弱，使人乐天安命，安于现状。"② 其二，"非道德主义"否认道德具有客观合理性，道德言说因此是不可能客观科学的，"非道德主义"就是"道德虚无主义"。比如《世界伦理道德辞典》对"非道德主义"的解释就是："亦称'非道德论''道德虚无主义'。一种否认一切道德，有意识地摒弃道德规范，认为任何道德规范都没有合理的客观根据的哲学、伦理学思潮。是非理性主义在社会伦理思想方面的表现。马基雅弗利政治思想中就已出现非道德主义的倾向，认为执政者可以不顾社会上的公道或道德，只要对君主有利，一切手段都是正当的。叔本华和尼采是非道德主义的重要代表人物。叔本华认为道德不过是一种'巧妙的自私自利'和'好看的罪恶'。"③ 还有，《中国伦理学百科全书》将西方"非道德主义"解释为："否认一切道德价值的虚无主义态度和理论。是非理性主义在社会伦理观方面的表现。它源于古希腊的怀疑论和某些诡辩论者的伦理思想；在文艺复兴时期意大利思想家马基雅维利的伦理思想中有所发展。19世纪德国的唯意志论者尼采把它发展成为一种系统理论。"④

马克思主义伦理学将"非道德主义"看作是一种否认道德主观能

---

① 冯契：《哲学大辞典》上册，上海辞书出版社1992年版，第352页。
② 冯契：《外国哲学大辞典》，上海辞书出版社2008年版，第186页。
③ 李水海：《世界伦理道德词典》，陕西人民出版社1990年版，第718页。
④ 甘葆露：《中国伦理学百科全书》，吉林人民出版社1993年版，第322页。

动性的"形而上学"理论。《马克思主义百科要览》就从唯物史观和马克思主义伦理学角度,将"非道德主义"解释为"否认道德的社会作用,有意识地摈弃道德规范,认为任何道德规范都没有合理的客观根据的伦理学理论。它是非理性主义在社会伦理观方面的表现。中国先秦时代的韩非就持非道德主义观点,他认为人的本性是恶的,人与人之间只是一种'计数'的关系,讲道德是无用的,因此必须抛弃道德,实行严刑酷法。非道德主义的完整理论体系是由19世纪德国的唯意志论代表叔本华和尼采表达的"。[①]

上述观点分别从不同角度对"非道德主义"进行了界定,从宏观层面大致勾勒出各自视域下"非道德主义"的内涵和外延。由于这些词典都是"现代中国视角",所以,其共同的特征也就是"唯物史观视角"。这是应当肯定的地方。不足之处在于,受"词典学思维"框框的限制,这些观点大多是抽象的、通俗的、笼统的、现象性的。因此,我们有必要将这些观点进一步具体化。

从马克思主义实践唯物主义视域对"非道德主义"界定如下:"非道德主义"是一种否定道德事实和道德价值的客观性,否定道德认识和道德真理的可能性,否定道德原则、道德要求、道德规范和道德范畴的自觉能动性的伦理理论、思想、思维方式或行为模式。它既是一种理论,又是一种实践。"非道德主义"的思维方法主要有绝对主义、相对主义和虚无主义。道德绝对主义、道德相对主义和道德虚无主义是"非道德主义"最基本的理论形态。"非道德主义"的理论性质是唯心史观或庸俗唯物主义。尼采和海德格尔在虚无主义立场上批判道德价值虚无主义所取得的积极理论成果,是非道德主义批判所要特别关注的理论资源之一。本书将在这一语义下使用"非道德主义"一词。

在此,还要申明的是,本书对道德价值采用的是"二分法"的表现形式,并以此区分于传统的道德价值"三分法"。传统伦理学语义下的"道德"是与"非道德""不道德"相对而言的。"非道德"因

[①] 缪盖隆等:《马克思主义百科要览》,人民日报出版社1993年版,第2121—2122页。

此被看作是与"不道德"有所区别的,也就是说,"非道德"不是"不道德"。本书采用尼采道德价值论的视角,将"非道德"和"不道德"看作是统一的。究竟将这种"统一"看作是一种质性统一,还是一种非质性统一,这将在理论逻辑和学说史料两个方面不得不面对诸多挑战。对于相同的道德事实,其道德价值要么是道德的,要么是非道德的(即,不道德的),不存在其他中间形态。可是,在学说史上,还有不少道德哲学理论话语认为存在中间形态,这将产生不小的语言分歧困扰。本书将不再对"非道德"和"不道德"进行具体的区分。

"思潮"的原意就是"思想"的"风潮",就是"风行""风从"的思想潮流,是特定人群欲达到某种共同要求而采取的集体行动。《辞海》对"思潮"所给出的日常语言形式解释是:思潮是"某一历史时期内反映一定阶级或阶层的利益和要求的思想倾向"。[①] 有学者站在唯物史观角度进行了更为深入的解释:"所谓思潮,就是一个历史时期思想领域内的主要倾向。思潮往往集中反映出这一时期社会政治经济与思想的相互联系。"[②] 综合上述解释,笔者认为,社会思潮一般是指在一定时期、在某一社会得到广泛传播并对社会生活产生某种程度影响的思想趋势或思想潮流。社会思潮属于社会意识范畴,它与社会心理、社会精神、社会文化是同一系列概念,但又具有自己的特点。社会思潮不是少数理论家或思想家的思想,虽然每一种社会思潮一般都有其代表人物,但它之所以成为"思潮",总要在或大或小、或深或广的领域、范围内为一定阶级、阶层或集团的群众所掌握或认同,亦即社会思潮总要有某种程度的广泛性或群众性,这也是社会思潮比一般的理论、思想更具影响力之原因所在。具体表现在:

其一,与社会心理相比,社会思潮首先具有理论形态,是高级的、系统化、理论化的社会意识。尽管社会思潮像社会心理一样,往往是自发形成的,但社会思潮不同于后者的地方在于,它往往又有一定的理论或思想作主导,并不像社会心理那样是低于理论形态的

---

① 辞海编辑委员会:《辞海》,上海辞书出版社1999年版,第2027页。
② 张岂之主编:《中国思想史》,西北大学出版社2003年版,第2—3页。

东西。

其二，与风俗相比较，社会思潮具有理性特征，而不像风俗习惯那样更多地表现为感性直观。民俗事象具有明显的文化意识与生活方式的二重性。它以文化意识的内涵与生活方式的外表，合而为一地在人类历史长河中流传与变迁。然而，这种二重性关系又表现为下面的特点：一方面，各种风俗事象、物象作为外在的表现形式可观可感；另一方面，它的文化功能、价值取向又往往是模糊隐晦的。同时，各类风俗符号都具有文化象征的性质，而这些象征往往又源于较为远古的文化，源于民族先祖早期创造的各类文化原型与价值观念。可以说，社会思潮是理论形态与人们的社会心理相结合的产物，是社会意识的综合表现形式。

其三，与相对稳定的社会习惯力量相比，社会思潮往往是变动的，不稳定的，"一种社会思潮在一定时期可以迅速形成和传播，但很可能很快地又被另一种社会思潮所取代，在社会发生较大规模变动的时期，这种现象就更为明显"。[1] 社会思潮的时效，并非一成不变。现有思潮如果与主流意识形态方向一致，它就能保持、维护、控制在稳定状态；反之，就会刺激社会信息反馈机制的调整，迫使意识形态进行变革，并以新的面目出现。

其四，社会思潮总是社会历史发展的产物，带有时代印记，并对该时代人们的精神层面、生活层面产生不同性质、不同程度的影响。这种历史性还表现为不同国家和地区由于文化背景、生产力水平的差异，往往产生不同社会思潮。社会思潮有外来的，也有本土的。

其五，社会思潮还具有社会症候性的特点。社会思潮是社会心理和社会情感的表征，是政治、经济矛盾运动的直接反映。大量社会潜意识的产生和郁积会蔓延成某种症候，并以象征化的符号来宣泄。

社会思潮在本质上既属于社会意识，又不同于一般的社会意识，而是一种为一定范围的人们所掌握，具有社会的广泛性，因而在一定时期能给予社会以较大影响的社会意识。它是对于社会存在的反映。

---

[1] 王霁：《马克思主义与当代社会思潮——当代社会走向中的思潮论争》，中国人民大学出版社1994年版，第2页。

如恩格斯曾经所说:"人们的一切法律、政治、哲学、宗教等等观念,归根到底是从他们的经济生活条件,从他们的生产方式和产品交换方式中引导出来的。"① 社会思潮对社会生活和发展具有能动的反作用。它与社会存在是相互区别、相互联系、相互转化、相互作用的。历史潮流是深层次、本质性的东西,社会思潮则是浅层次、现象性的东西,它们之间就像"潜流"和"浮沫"一样。"社会思潮最为活跃的地方,说明在思潮的掩盖下,深层的历史在涌动、发展。透过社会思潮的'表象',我们可以洞察到深层历史变动的端倪。"②

社会思潮像其他一切社会意识一样,有乐观与悲观、积极与消极、先进与落后之分。不同的人们总是从自己的立场、利益、认识出发来看待同一社会现象、社会矛盾,所得出的思想观点往往是不同的,甚至是背道而驰的,由此才产生了不同社会思潮的激烈论争,不同阶级或集团的人们总是力图用自己的观点去影响和改变世界。因此,思潮论争及其结果就绝非无关宏旨。一种社会思潮,一旦被群众掌握就会变成影响社会发展并给人们以直接冲击的物质力量。如果它是正确的,就会促进社会的前进发展。但如果它是错误的,无疑就会给社会带来不良的、甚至破坏性的影响。正因为如此,马克思特别重视社会思潮研究,提倡了解和熟悉"当代"的各种主要的社会思潮,对其加以科学的辨析,提倡科学的、促进社会发展的进步思潮,批判和抵制反科学的、阻碍社会发展的反动思潮。只有当我们正确地认识了当代世界的各种主要社会思潮之后,我们才能对当代世界历史的运动及其趋势有更深刻的把握。

社会思潮发挥作用的方式是多种多样的。在社会生活中,社会思潮发挥着不可或缺的重要作用。这种作用方式又因为各种社会思潮所达到的境界的不同而不同。首先,它对社会具有鲜明的导向功能。主要通过文化的感染、模仿与社会成员的遵从这三个环节来实现。其次,社会思潮又通过变革人们的价值观念而对社会产生巨大的整合或

---

① 《马克思恩格斯全集》第 21 卷,人民出版社 1992 年版,第 548 页。
② 王霁:《马克思主义与当代社会思潮——当代社会走向中的思潮论争》,中国人民大学出版社 1994 年版,第 2 页。

者消解功能。在各民族的文化发展中产生着消除振荡、统一思想、维护与保持社会稳定的作用。积极正确的社会思潮在社会生活中又具有巨大的向心功能、整合功能。这种向心功能以共同的习俗与文化心理为纽带，不断增大群体组合的强度，增强社会成员对共同习俗的认同感，强化服从权威的群体凝聚力。它使骚动的人心、离心的思绪趋于平静，最后统一在和谐的文化氛围之中。康德于71岁写的著名著作《永久和平论———一部哲学的规划》所产生的广泛而深远的影响就是一个明证。在这部著作中，康德把卢梭的社会契约论应用于人类历史与国际关系，以论证他的这样一个观点，即，各个国家联合体的世界大同，乃是人类由野蛮步入文明的一个自然的、而又必然的历史过程。康德此书比他的任何其他著作都引起了更热烈的反响。第一版简直是抢购一空，当年就出了第二版和法文译本，次年又出了新的法文版和经康德同意的法文版。后来，《联合国宪章》的起草也受到了康德这一"压卷之作"的积极影响。[①]

"非道德主义社会思潮"就是以"思潮"或者"社会思潮"形式存在的"非道德主义"。作为本书研究对象的"非道德主义社会思潮"，主要是指流行于改革开放以来的中国社会，即当代中国社会的一种"非道德主义社会思潮"。[②] 除非有特殊说明，本书下面谈及"非道德主义社会思潮"，即指"流行于当代中国的非道德主义社会思潮"。作为社会意识，它是对于当代中国社会转型中出现的社会伦理问题的反映，同时也是历史上，尤其是近现代西方资产阶级"非道德主义思想或思潮"在当代中国的反映。在实践唯物主义看来，"非道德主义思想或思潮"在思维方式上属于绝对主义、相对主义或虚无主义，在理论品质上是消极颓废主义，在价值取向上属于非社会主义。非道德主义社会思潮对当代中国社会道德生活的侵蚀，是比较严重的，尤其是对处于道德价值观正在形成时期的青年学生而言，更是如此。

---

① ［德］伊曼努尔·康德：《永久和平论》，何兆武译，上海世界出版集团2005年版，第1页。
② "当代中国"是指改革开放以来的中国。下文不再对"当代"进行一一说明。

（三）实践唯物主义

本书所选择的理论"视角"和分析方法是实践唯物主义。在当代中国马克思主义哲学语境下，"实践唯物主义"大致有三种最基本语义。其一，马克思哲学或马克思主义哲学就是"实践唯物主义"。其二，是与"辩证唯物主义""辩证唯物主义和历史唯物主义"相区别的一种对于马克思主义哲学的新解释形式。其三，是一种当代中国马克思主义哲学思潮。[1] 本书主要从第一个意义上来使用"实践唯物主义"一词。

马克思哲学或马克思主义哲学就是"实践唯物主义"。这种观点主要以马克思《〈黑格尔法哲学批判〉导言》《1844年经济学哲学手稿》《关于费尔巴哈的提纲》《德意志意识形态》等文本为根据，认为马克思哲学尤其是马克思早期哲学具有明显的"实践哲学"特征，而且这种新的"实践哲学"与旧的实践哲学完全不同，它在现实社会关系的基础上，表达并追求人道主义，追求人的全面发展、自由和解放。这种"未来的新哲学"是"关于人的科学"，和旧哲学相比，它是"实践的唯物主义"。在《德意志意识形态》中，马克思明确将自己的新唯物主义定名为"实践唯物主义"，并明确指出："对实践的唯物主义者即共产主义者来说，全部问题都在于使现存世界革命化，实际地反对并改变现存的事物。"[2]

"实践唯物主义"对非道德主义社会思潮研究具有重要的哲学指导意义。[3]

首先，马克思反对旧哲学用"自然的""客体原则"来理解世界，而主张用"革命的""主体原则"来理解世界。也就是用实践活动来理解对象世界以及人和世界的关系。在《关于费尔巴哈的提纲》中，马克思将"感性的人的活动""实践"和"主体方面"等三者等同起来看待。即，马克思实践唯物主义的主体原则，就是实践原则。

---

[1] 孙芳：《中国实践唯物主义思潮流变》，上海社会科学院出版社2010年版，第9页。
[2] 《马克思恩格斯选集》第1卷，人民出版社2012年版，第155页。
[3] 杨耕、陈志良、马俊峰：《马克思主义哲学研究》，中国人民大学出版社2000年版，第21页。

实践具有本体的意义。① 这为马克思主义道德实在论奠定了实践唯物论的现实基础。

其次，马克思摈弃"思维""存在"的二级哲学逻辑结构，采用"思维""实践"和"存在"等三级哲学逻辑结构。在此，虽然思维和存在何者为第一性的问题仍旧存在着，但是，这一问题的深度、过程和意义更加宽广、更加复杂。实践成为思维和存在关系得以发生变化的枢纽与核心。思维和存在之间的关系也更加紧密，并融为一体，旧哲学二分法所可能导致的种种断裂被清晰地呈现了出来。这为马克思主义道德认识论奠定了实践认识论的理论基础。

再次，马克思放弃"物质第一性"的哲学体系建构范式，选择"实践第一性"的哲学体系建构原则。不是用物质来揭示实践，相反，是用实践来解释物质。实践规范着人对于"物质""意识""世界"和"规律"等问题的把握和认识深度。如恩格斯晚年所说："我们只能在我们时代的条件下去认识，而且这些条件达到什么程度，我们就认识到什么程度。"② 这为马克思主义道德真理论奠定了实践辩证法的科学基础。

最后，马克思超越"解释世界"的旧哲学"结构—功能"论，而选择"改变世界"这一哲学新境界。在马克思看来，"整个所谓世界历史不外是人通过人的劳动而诞生的过程，是自然界对人来说的生成过程"。③ 马克思主义哲学是一种要求从现实的人及其发展原则来改变世界的哲学，它要使世界成为属人的世界。所以，马克思说："哲学家们只是用不同的方式解释世界，而问题在于与改变世界。"④ 这为马克思主义道德价值论和道德规范论奠定了实践历史观即唯物史观的历史哲学基础。

显然，从"感性的人的活动""实践"和"主体方面"，即，从

---

① 在国内外马克思主义哲学研究领域内，也有一批学者不认可将马克思哲学归结为"实践本体论"，并从某些文本出发，将马克思主义哲学归结为"非本体论哲学"。本书选择的是"实践本体论"解释路径。
② 《马克思恩格斯选集》第4卷，人民出版社2012年版，第933页。
③ ［德］马克思：《1844年经济学哲学手稿》，人民出版社2000年版，第92页。
④ 《马克思恩格斯选集》第1卷，人民出版社2012年版，第140页。

实践唯物主义角度来理解社会道德和社会道德生活,与旧唯物主义和唯心主义相比较,同时也与过去的那种日丹诺夫模式"辩证唯物主义"解释范式相比较,将会有很多不同的新收获。道德事实、道德价值、道德规范和道德认识等道德哲学基本范畴,在实践唯物主义视域,将会有更加符合历史潮流和时代精神的新规定性。

四 探寻非道德主义社会思潮的实践唯物主义分析框架

(一)逻辑—历史结合的叙述和分析框架

逻辑和历史相统一的方法,也许是辩证法视域最好的学案研究方法。逻辑方法揭示思想本身的内在结构,而历史方法则叙说思想的全部场域。

如果将非道德主义看作是一种道德哲学思想,那么道德形而上分析——即,关于这种"非道德"的逻各斯分析——将从道德本体、道德认识和道德价值等方面,形成一个比较完整的逻辑透视。具体而言就是:以"实践的唯物主义"为理论背景,以辩证否定的实践理性作为分析、超越和克服非道德主义社会思潮的基本方法和逻辑出路,初步建构了一个相对自洽的非道德主义社会思潮分析框架。这一框架就是道德事实的"感性世界"分析、道德认识的"反映/主体性"分析、道德价值的"实践智慧"分析和道德规范的"历史决定"分析等四重要素分析结构,即,辩证否定的实践理性分析框架,它突出"实践唯物论"和"实践辩证法"的统一。笔者认为,只有马克思主义的实践唯物主义,才能真正实现对非道德主义社会思潮的逻辑和价值论的双重超越。只有在实践唯物论和实践辩证法的分析框架下,才能深入揭示非道德主义的本体基础、认知结构和价值诉求;才能甄别各种非道德主义社会思潮及其学理病症;才能真正确立关照当代中国非道德主义思潮的概念体系、分析范式和论域边界;才能较好地克服非道德主义批判领域的道德机械论和经济决定论的弊端;才能辩证地看待和解决道德现象所包含的一系列内在矛盾并避免非道德主义陷阱。这既是已有研究较少关注的,也是本书要努力突破的。事实上,对于非道德主义的逻辑叙述,能够在历史主义叙事中得到更好的体现，并克服单纯逻辑方法的某种简单性。对此，笔者梳理如下。

第一，非道德主义社会思潮在当代中国的主要表现、理论根源和社会根源。具体陈述如下。

首先，关于非道德主义社会思潮在现实中的两种表现形式。虽然非道德主义社会思潮与当代中国社会的经济基础是对立的，但是，它在当代中国社会仍然以思想理论和感性现象两种形式表现于社会生活之中。由于非道德主义思想自身的虚无主义"否定性"特征，它往往是以"肯定性"的形式表现出来；由于相同的原因，同时，也由于"伦理—道德"只具有相对独立性的基本特征，非道德主义社会思潮往往是以"伴生—衍生"的形式，存在于其他社会思潮之中。总之，非道德主义社会思潮，具有意识形态和社会倾向两种表现，具有思想和物象两种表现形式。

其次，关于非道德主义社会思潮的理论渊源。实证数据显示，流行于当代中国社会的非道德主义社会思潮与中西道德哲学史上形形色色的非道德主义哲学具有密切联系。中西古代的道德怀疑论、道德相对主义、道德虚无主义等都以或深或浅、或多或少的方式和程度与当代中国的非道德主义社会思潮发生关系。总之，非道德主义具有自己的思想理论来源。一个是中西思想史上的非道德主义，特别是西方近现代的非道德主义思想；另一个是当代中国社会所发生的与市场经济联系的个人主义和利己主义、与全球化相联系的文化相对主义和极端自由主义、与非社会主义相联系的历史虚无主义和无政府主义等社会思潮的道德不良影响。

再次，关于非道德主义社会思潮的社会历史根源。历史上的非道德主义社会思潮都有自己独特的社会历史根源，它们大多发生于社会大变革的历史时期，发生于社会转型期或者不成功的转型社会里，当代中国的非道德主义社会思潮也有自己的社会历史根源，这就是当代中国的社会转型问题。当代中国社会转型中的市场化、工业化、城镇化、全球化过程中所出现的许多"伦理问题"，就是非道德主义社会思潮得以产生和传播的最主要的社会历史根源。非道德主义具有自己的社会历史基础。它是当代中国社会转型过程中的副产品，是对于社会转型过程中伦理问题的消极的、错误的反映。所以，有必要从道德心理学角度深入研究社会转型期与"道德精神错乱"（荣格）的关系。

最后，关于非道德主义社会思潮的教育实践根源。非道德主义社会思潮的发生还与当代中国道德教育哲学不够发达和德育体制不够健全有关。所以，有必要对现有德育体制应对非道德主义社会思潮的针对性、实效性进行深入评价和全面提升。

第二，表现于当代中国社会的非道德主义社会思潮的基本主张及其理论错误。具体陈述如下。

首先，关于当代中国非道德主义社会思潮的基本主张。非道德主义社会思潮的理论主张是复杂多样的，在现实的话语情景中，"非道德主义"的指称往往是歧义丛生的。非道德主义的形式按照不同的分类标准可以区分为广义和狭义之分、学术话语和日常语言之分、激进和温和之分、理论和行为之分，等等。这些不同表现形式的理论主张常常是不相一致，甚至是相互冲突的。它们的哲学理论依据和价值主张五光十色。其共同点在于，当代中国非道德主义社会思潮是一种否定道德的客观价值和意义，以及否定道德事实、道德真理和道德意义的道德哲学理论或道德行为方式。

其次，关于当代中国非道德主义社会思潮的政治性质和价值立场。发生于当代中国的非道德主义社会思潮在政治取向上是消极的、错误的。它们把道德批判的矛头指向了社会主义道德原则，否定社会主义的道德价值理论。非道德主义社会思潮对社会主义道德体系的认知态度是负面的，它以消解的、否定的态度看待社会主义道德核心、基本原则、道德范畴和道德规范等的信念和意志。其道德思维方式和行为，对于社会主义道德理想和人类优秀道德文化传统的作用，是消极性的、破坏性的。深入的实证分析和理论考察证明，非道德主义社会思潮在道德价值取向上是"非社会主义"的。

最后，关于当代中国非道德主义社会思潮的理论实质。发生于当代中国的非道德主义社会思潮在哲学理论形态上属于唯心史观，主要以一种社会倾向、社会情绪的形式表现出对于社会道德进程的错误的、消极的态度和行为。非道德主义的深层知性思维方式和德性道德判断形式，主要有道德虚无主义、道德主观主义、道德多元主义、道德相对主义、道德实用主义和道德怀疑主义等。非道德主义社会思潮和文明发展的历史规律是相悖的，它对社会道德秩序和自身都具有破坏性，非道德主义思想内部包含着的破坏性自相矛盾，决定了它自己不可避免地具有被超越性。所以，研究非道德主义的自反性质与衰落趋势之间的内在关系，具有十分重要的意义和价值。

第三，对非道德主义社会思潮的逻辑和价值论超越。对非道德主义的批判必须上升到一个应有的历史、逻辑和价值高度。只有这样，才能形成对非道德主义精神批判的理论自觉，也才能形成对非道德主义生活拒斥的实践自觉。非道德主义思想的产生，具有其现实的社会历史根源，它一般出现于并流行于社会转型的历史时期或不成功的转型社会。除此之外，非道德主义的产生和流行，也有自己的逻辑根源和认识根源。道德自身在解决社会伦理问题时，也存在着一些内在的逻辑矛盾。毫无疑问，道德规范总是有条件的，是符合"条件论"之一般要求的。①"道德的"和"非道德的"之间并不存在绝对凝固的界墙。毋庸置疑，"通过将个人挣得的财富输入家庭或宗族从而使其完成从非道德性用途向道德用途的转化，是许多文化中一种较为典型的变换"。② 而非道德主义就是对这种相对性、条件性的极端化发挥，在逻辑上，它片面地处理确定性和不确定性、普遍性和特殊性、整体性和个体性之间的辩证关系，并最终在价值取向上走向虚无主义和个人主义。笔者认为，只有用实践唯物主义，在理论上排除非道德主义的逻辑错误，在实践上涵养拒斥非道德主义的价值精神，才能实

---

① 在列宁看来，唯物辩证法就是条件论。如果离开条件，辩证法就与相对主义、诡辩论无异。列宁在"研究对立面怎样才能够同一，是怎样（怎样成为）同一的"的时候，始终强调的是"条件"问题。参见列宁《哲学笔记》，人民出版社1974年版，第111页。参阅易杰雄《列宁在〈哲学笔记〉中论辩证法与诡辩论的界限》，《河北师范大学学报》1988年第2期。

② ［美］欧爱玲（Ellen Oxfeld）：《饮水思源：一个中国乡村的道德话语》，钟晋兰、曹嘉涵译，社会科学文献出版社2013年版，第206页。

现对非道德主义的逻辑和价值的双重超越。

第四，非道德主义社会思潮的消极影响和应对之理路。应该以当代中国大学生思想政治理论教育为例，提出克服非道德主义社会思潮消极影响的对策。应研究非道德主义社会思潮对大学生发生影响的内容、特点和途径，从传播者、信息、媒介、受传者和效果等方面对非道德主义的消极影响进行综合对策研究，以交互式、立体化、多元性为原则，探寻德育系统的最佳运行机制和模型，从宏观社会舆论导向、中观各级学校的道德教育、微观个人道德修养等方面寻找克服非道德主义消极影响的系统对策。应设计高校思想政治理论"课程链"彼此分工、相互配合、多管齐下、综合应对非道德主义消极影响的专题教学论和案例教学论方案，找到应对非道德主义消极影响的有效对策。

(二) 坚持实事求是的科学态度

用中国语言来概括实践唯物主义的最基本精神，就是实事求是。[①]实事求是既包含客观主义的科学态度，又包含人道主义的价值旨趣；既包含理智德性的智慧意蕴，又包含伦理德性的道德追求。[②] 对于当代中国非道德主义社会思潮的研究尤其需要坚持实事求是的科学态度，把智慧和道德两条原则应用于克服非道德主义研究的全过程。概言之，就是对非道德主义的研究，既要客观，又要道德。这主要表现在对于以下难题的处理过程中。

第一，关于非道德主义思潮与其他社会思潮关系难题。在哲学史上，很少有人明确承认自己就是虚无主义者。与此相一致，在伦理学的历史上，也极少有人明确承认自己就是非道德主义者。这也就意味着，在现实的道德生活中，在现实的道德哲学研究中，也很少有人明确说自己不讲道德，很少有学者明确承认自己的思想就是"非道德主义"。所以，"非道德主义""非道德主义社会思潮"就成为一种外在

---

① 孙芳：《中国实践唯物主义思潮流变》，上海社会科学院出版社2010年版，第151页。

② 李建森、王彩丽：《论实事求是的三重实践精神取向》，《理论导刊》2010年第2期。

的评价性概念。实际的情况是，当代中国的非道德主义社会思潮，是以文本和社会心理的两种形式存在的，其文本形式大多存在于其他一些社会思潮或社会倾向之中，是以"伴生方式"存在的。这里涉及如何界定当代中国发生的诸如新自由主义、后现代主义、民粹主义以及所谓"新左派"等社会思潮同非道德主义之间的政治姻缘和逻辑关系，这些都是相对困难的。本书试图把非道德主义作为一个独立的社会思潮来对待。如何将当代中国的非道德主义从其他社会思潮和社会倾向中萃取出来，是一个比较棘手的问题。笔者认为，这种分离是可能的、合理的。比如，新自由主义作为一种综合性的社会思潮，就像自由主义一样，有其自己的道德主张，这种道德主张就是非道德思想，这种非道德思想就属于非道德主义，当非道德主义演化成为一种风行的社会思想和行为的时候，它就成为了一种非道德主义社会思潮，因此可以说，新自由主义在道德问题上采纳了非道德主义；新自由主义社会思潮，在社会道德问题上，是以非道德主义社会思潮的形式表现的。

第二，关于非道德主义社会思潮的分析框架和超越难题。非道德主义社会思潮在思维方式上采取的是相对主义和虚无主义的方法。在哲学史上，对于相对主义和虚无主义的批判从来都是一个困难重重且容易误入歧途的事情。因为，这些问题都属于形而上学问题，而对于形而上学的批判常常就又陷入一种新的形而上学。对相对主义的批判常常导致另外一个极端的绝对主义错误——就像柏拉图对于德谟克利特的批判。对于虚无主义的批判常常又陷入另外一种虚无主义——如海德格尔对尼采的批判。笔者认为，对于这一难题的最好的解决办法就是如下几种办法：其一，超越形而上学。作为逻各斯问题的形而上学，如果不能超越单纯形式性逻辑论域的限制，就不能科学地解决"终极存在"和"终极关怀"问题。逻辑必须走入历史，才能最终克服自己的先天性的抽象性缺陷。其二，引入"实践的辩证法"。相对主义和虚无主义的一个共同的特点在于，它们将人的主体性的怀疑精神引向单一线性方向而极端地加以发挥，因此，对于相对主义、虚无主义的批判的关键，就在于如何限制和克服这种片面发展了的主体性怀疑。而马克思的实践唯物主义的辩证否定的实践理性精神，恰好可以较好地克服这种片面性。因此，马克思的实践唯物主义及其所包含的辩证否定的实践理性精神，就是呈现非道德主义社会思潮的分析框架，同时，它自己本身也是对于非道德主义社会思潮的超越。

第三，关于当代中国非道德主义思潮典型文本确定标准的政治和逻辑难题。在此，除了有学术道德和政治因素的难题外，还有逻辑和事实方面的难度。如前所述，像在欧洲思想史上所曾表现的一样，在中国思想史上也没有人明确地承认自己就是虚无主义者，就形而上学逻各斯而论，虚无主义不会也不能"虚无化"虚无主义本身。换言之，非道德主义不会、也不可能"非"非道德主义本身。因此，"非"实际上总是历史的，是隐含一定的道德假设和价值前提的。同样，包括我们在内的言说者的"非"也是带有不可回避的道德意识主观性。这就意味着，在思想领域和感性经验领域，根本就不可能存在绝对意义的"非道德主义"和"非道德主义社会思潮"。它们对于某种道德观念和道德规范的"非"，总是对于另外的什么道德观念和道德规范的"是"。尼采在对基督教"奴隶道德"采取道德虚无主义的同时，对"超人"的"英雄道德"则采取了称颂鼓吹态度。新自由主义社会思潮在对集体主义采取绝对否定态度的同时，却对极端个人主义采取了全盘肯定的态度。所以，可以看出，非道德主义社会思潮之"非"，总是有方向性的。那么，用一个什么样的衡量标准来区分道德的"是"和"非"呢？如何选择一个衡量标准，使得这个标准不仅仅能够适用于对当代中国非道德主义的鉴别甄选，而且也能够适用于对于道德哲学史上的其他非道德主义的批评反思呢？是否存在一个普遍性的衡量标准呢？是否具有排斥"宏大叙事"弊端的普遍标准？这显然是一个理论难题。笔者认为，马克思"实践的唯物主义"能够较好地解决这一问题。实践唯物主义所特有的辩证否定的实践理性精神，可以作为一个具有普遍性的、历史性的标准，能够区分出历史上的非道德主义，而且也不至于将所有的道德思想的"相对性"和"道德相对主义""非道德主义""道德虚无主义"混淆起来。而实践唯物主义所特有的"历史—实践辩证法"及其最基本的结论，即"共产主义道德""社会主义道德"，则完全可以作为区分当代中国道德精神生活中的"非道德主义社会思潮"的基本标准，而且，也不至于将自身和所有的道德反思理论都看作一片玄黑的非道德主义（黑格尔）。总之，在对于当代中国非道德主义文本的指认上，就会产生很大的"文本事实—道德价值"冲突问题，也会产生陷入相对主义和虚无主义批判常有的那种逻辑陷阱的危险，而实践的唯物主义给人们摆脱这些困扰提供了一种合理的思路和方法。

有理由相信，只要遵循实践唯物主义的基本原则和理路，用实践唯物主义引领对非道德主义社会思潮的研究，就能较好地解决这些难题，正确对待当代中国的非道德主义社会思潮。

第一章 非道德主义社会思潮的表现和根源

恩格斯曾经说:"人们的一切法律、政治、哲学、宗教等等观念归根结蒂都是从他们的经济生活条件、从他们的生产方式和产品交换方式中引导出来的。"① 因此,任何道德哲学思想和道德观念也一定是特定社会历史条件的产物,是对于特定的社会伦理关系、伦理要求和伦理问题的反映。任何道德思想和观念在现实的社会生活中都有自己产生、存在和发展的现实根源、思想根源。表现于当代中国社会道德生活领域中的非道德主义社会思潮,就是对当代中国社会转型中所出现的诸多伦理问题的道德反映。只不过,当代中国的非道德主义社会思潮是从负面、从消极面,以一种片面的、扭曲的、错误的方式反映当代中国社会经济政治的伦理走向。本章将梳理当代中国道德生活领域中的非道德主义社会思潮的理论表现和感性现象,然后分析它们的社会历史根源和思想根源。

第一节 非道德主义社会思潮的主要表现

在现实世界里,任何思想观念无非表现为精神形式和物质形式,或者意识形式与行为形式。换言之,无非是通过意识形式或者感性形式表现出来。当代中国的非道德主义社会思潮也表现出意识和感性两种形式。

---

① 《马克思恩格斯全集》第21卷,人民出版社1965年版,第548页。

一 非道德主义社会思潮的意识形式

在中西道德史上，非道德主义都是在社会大变革中，也可以说都是在社会转型中产生的。当代中国的非道德主义思想也不例外，它是当代中国社会转型的产物。准确地说，就是对于当代中国社会转型中的不道德伦理事实或关系在思想和行为上的反映。正如马克思和恩格斯所说："甚至人们头脑中的模糊幻象也是他们的可以通过经验来确认的、与物质前提相联系的物质生活过程的必然升华物。因此，道德、宗教、形而上学和其他意识形态，以及与它们相适应的意识形式便不再保留独立性的外观了。它们没有历史，没有发展，而发展着自己的物质生产和物质交往的人们，在改变自己的这个现实的同时也改变着自己的思维和思维的产物。不是意识决定生活，而是生活决定意识。"[①] 所以，非道德思想和非道德观念也是由人们的现实非道德生活所决定的，我们只能用人们的现实非道德生活来解释非道德主义。简言之，当代中国非道德主义思想意识就是对于当代中国社会转型中的那些非道德生活的精神反映。实际的情况是，在当代中国精神生活中，没有人直来直去并公开申明自己就是非道德主义者。这是由非道德主义自身的形而上学特点所决定的，也是由"道德"业已赢得的神圣社会声望和地位所决定的，同时也是——也许还是最重要的原因之一——出于对现有政治状况和自身学术道德的考量所决定的。虽然下述社会思潮并不代表当代中国非道德主义思潮的全部，但是，为了便于论述，下文将把对非道德主义社会思潮的批判，有选择性地放置在对诸如新自由主义、历史虚无主义、民粹主义等当代流行社会思潮的分析当中，加以展开。

（1）新自由主义的非道德主义思想

1978年中国开始推行改革开放，社会进入快速的转型时期，中国历史走向问题成为了最为重要、最受关注的焦点问题。在这种社会历史背景下，自由主义又重新回到中国的社会精神生活之中，而且对

---

① 《马克思恩格斯选集》第1卷，人民出版社2012年版，第152页。

当代中国产生了很大的影响。自中国进入现代社会以来，每当气候适宜时候，英美自由主义思想的种子就会萌发。20世纪初，严复从英国引入古典自由主义，随后是胡适引入杜威自由主义，抗日战争后储安平等人提出了中间路线，1957年出现极少数资产阶级右派分子[①]，然后是20世纪80年代初的资产阶级自由化，最后是20世纪90年代的"新自由主义热"。以哈耶克的伦敦学派和弗里德曼货币主义等为代表的"新自由主义"，是古典自由主义对于凯恩斯主义失灵的清算和反动，它提倡经济自由、反对政府调节干预的观点"正对垄断资产阶级稳定经济的胃口，得到西方大财团、大资本家和国际货币基金组织、世界银行等机构的鼎力支持。在这种强力的支持和操纵下，新自由主义在20世纪70年代初发展起来，在20世纪80年代扶摇直上，由理论、学术跃为西方发达资本主义国家占统治地位的思想和国家意识形态，成为一股国际性思潮"。[②] 对于1990年由美国政府主导的"华盛顿共识"，正如美国著名学者诺姆·乔姆斯基所说："新自由主义的'华盛顿共识'指的是以市场经济为导向的一系列理论，它们由美国政府及其控制的国际经济组织所制定，并由它们通过各种方式进行实施。""其基本原则简单地说就是：贸易经济自由化、市场定价（'使价格合理'）、消除通货膨胀（'宏观经济稳定'）和私有化。"[③] "华盛顿共识"的本质内涵包括"经济体制、政治体制和文化体制"三重特性，属于美国国家意识形态和主流价值观。

新自由主义具有明显的非道德主义特点。

第一，新自由主义代表着国际大财阀、金融寡头的贪婪。马克思曾经说："我绝不用玫瑰色描绘资本家和地主的面貌。""英国高教会派宁愿饶恕对它的三十九条信纲中的三十八条信纲进行攻击，而不饶恕对它的现金收入的三十九分之一进行攻击。"所以说，"政治经济

---

① 谢泳：《逝去的年代：中国自由知识分子的命运》，文化艺术出版社1999年版，第275页。
② 梅荣政：《用马克思主义引领社会思潮》，武汉大学出版社2008年版，第87页。
③ "新自由主义研究"课题组：《新自由主义及其本质——关于"新自由主义"的对话》，《中国社会科学院院报》2003年11月13日第2版。

学所研究的材料的特殊性质,把人们心中最激烈、最卑鄙、最恶劣的感情,把代表私人利益的复仇女神召唤到战场上来反对自由的科学研究。"[1] 1990年"华盛顿共识"的出台及其拥趸者的政治立场清楚地证明了这一点。他们所真正倾心的并不是俄罗斯、东欧和南美国家人民的"民主"和"自由",它们所真正热望的只不过就是一个可供他们"自由"驰骋的国际市场,而这是他们过去通过发动战争所未曾实现的凤愿。"里根主义""撒切尔主义"似乎赢得了世界[2],所以,他们现在欢呼雀跃,"意识形态终结了!"(丹尼尔·贝尔)"历史终结了!"(福山)自由资本主义就是人类历史发展的顶峰。于是,他们就在这些国家,还有那些同样处于转型期的国家,普遍征召"政治掮客"和"学术精英"充当"华盛顿共识"的营销商。他们从东欧到俄罗斯,四处贩卖这样的真理:休克,你休克吧!可是,当老实的俄罗斯自由派接受了"休克"建议并再次苏醒过来的时候,它的国家已经成为一个典型的"二流国家"了。因此,有学者认为,与其说"华盛顿共识"是弄堂里庸医的一剂偏方,还不如说是魔窟中巫师的几招骗术。从20世纪90年代的"张五常热"直到中共十八大的召开,新自由主义对中国社会生活,尤其是对经济生活产生了不小的影响。中共十八大明确指出新自由主义是错误的社会思潮,新自由主义受到了沉重打击。但是,这些思想仍然没有消失,他们甚至将"供给侧改革"还原为"里根主义"。以中共十八大为界限,在此之前的新自由主义如果说是"一时糊涂"的"理智德性"问题的话,那么,在此之后的新自由主义就是"明知故犯"的"伦理德性"问题了。

第二,新自由主义凝结着对社会中、下层阶级的不公平。新自由主义坚决反对福利国家制度,因为,福利国家制度不仅会导致财政收支失衡,而且还会助长人们的懒惰心理,不利于竞争,不利于提高经济效率。哈耶克明确反对"共同幸福""全体福利"之类"社会目标"实现的可能性和合理性。因为每一个人的能力和贡献都是不一样的,所以,在市场竞争中,每一个人所得到的报酬也就应该是不一样

---

[1] 《马克思恩格斯选集》第2卷,人民出版社2012年版,第84页。
[2] 朱汉国:《当代中国社会思潮研究》,北京师范大学出版社2012年版,第72页。

的，即，不平等的。可是，如果动用非市场力量，将人们的收入拉平了，就会造成"不平等的有权势者"。一种"平等"要靠另一种不平等做前提，这样的"平等"就是更大的不平等。可以看出，哈耶克的平等完全是建立在自然主义基础之上的平等，这和英国古典自由主义在理论实质上是完全一致的。因此，市场竞争和生物竞争是相同的，这就是"优胜劣汰，适者生存"，这就是新自由主义所认为的最大公平。新自由主义和古典自由主义一样，不论在表面形式上如何"仁义道德"，但是，在内在实质上却是地地道道的非道德主义的。"里根主义"这种新自由主义极端形式在美国推行的一个负面结果，就是社会贫富差距的不断扩大。"对绝大多数美国人来说，15 年来，收入一直随着工作条件和工作保障的变化而或滞或降，甚至在经济恢复的阶段也是如此。这真是史无前例的现象。不平等状况达到了 70 年来最严重的水平，远远甚于其他工业国家。"[①] 经过十多年甚至更长时间的所谓"自由洗礼"，到 2002 年，阿根廷的贫困人口高达 57%。1998 年，俄罗斯生活在贫困线下的人口高达 57%。当代中国的新自由主义者继承了这种非道德主义理论选择和价值态度，也将自己站在普通民众的对立面，站在社会公平的对立面。新自由主义误导中国的改革开放，在公平和效益的关系上，片面追求经济效率，忽视社会公平，误导中国的国有企业改革。那种"国退民进"的国企改革模式，其实质就是私有化改革方案，而个别地方政府将这种方案当作国有企业改革的灵丹妙药，大量国有资产在"非国有化"进程中流失或被私人资本所掠夺，大批国有企业职工"下岗"，在很大程度上拉高了基尼系数。[②]

　　第三，新自由主义鼓吹极端个人主义和利己主义。自由主义或者说古典自由主义是以个人主义作为自己的基本理论假设的。经典的自由主义者是个人主义者。哈耶克认为，个人主义是自由主义的基本出

[①] ［美］诺姆·乔姆斯基：《新自由主义和全球秩序》，徐海铭、季海宏译，江苏人民出版社 2000 年版，第 12—13 页。

[②] 参阅朱汉国《当代中国社会思潮研究》，北京师范大学出版社 2012 年版，第 101—102 页。

发点，一个社会是由单个自由人所组成的，社会财富的增加源于自由人的活动，只有每个人能够自由地选择其目的的实现手段，才能保证社会的发明和创造。因此，个人应该掌握自己的命运，国家和他人不应该去干预。在自由主义者看来，理性盘算和道德规范是两回事，"自由主义的道德'与将任何规范的重要性与理性作归并都是不一致的'。将规范的重要性与理性作归并就是摧垮整个自由主义王国"。① 这就意味着说，自由主义所追求的基于个人自由的选择并不见得就要符合道德规范，"道德的"和"合法的"是有区分的。所以，自由主义者允许人们追求他们自己的"理想道德"，哪怕这种"理想道德"在"邻居"看来是错误的或令人讨厌的。正是基于上述的基本观点，"自由主义者经常被指责为提出了'绝对的道德怀疑论'。他们有时甚至被描述成特别优柔寡断的虚无主义者"。② 这种评价是深刻的，因为自由主义的个人主义包含着内在的逻辑矛盾。彻底的个人主义在内在的逻辑结构和生活经验中是不能得到圆满而充分的论证和论据的。一个个人主义者在坚守自己的个人主义的时候，常常发现自己反而成为自己所提倡的个人主义在逻辑上和现实中的反对者。因此，他们必须对自己的个人主义进行策略性的修正：他们所讲的个人主义是"人道主义的个人主义"。洛克声称，政府要"限制人们的偏见和暴力"；孟德斯鸠认为，自由不是随心所欲的欲望满足。自由主义者申明自己只是为了打倒"道德帝国主义"，自己从来就不是"道德主观主义者"。新自由主义者继承了古典自由主义者的这种"宽容—虚伪"，认为人是自私的，是个人主义的，但是，这种自私要加以限制。他们热切鼓吹自由放任的市场经济，但是，有限度地保留了凯恩斯主义的政府干预理论基因。可是，里根主义者和撒切尔主义者就不太那么顾忌道德的颜面了。他们在自己的国家忠实地推行包含干预政策的放任自由，而在东欧各国、俄罗斯和拉丁美洲各国的新自由主义改革中，则蛊惑和利诱以绝对的经济自由，使得这些国家经济门户大开，

---

① ［美］斯蒂芬·霍尔姆斯：《反自由主义剖析》，中国社会科学出版社 2002 年版，第 329 页。

② 同上书，第 330 页。

变成自己过去通过封锁、武力和冷战也无法达到的经济殖民地。新自由主义在当代中国所找到的经济学精英代理者，更是不加掩饰地推销极端利己主义和个人主义的厚颜无耻。他们公开宣扬"人是自私的""个人优先""道德不值钱""集体主义是错的""全盘西化""先人后己是不现实的"等非道德主义主张。① 当他们癫狂地公开宣称"世界上，马克思最蠢""我曾用过三招两式使'剩余价值理论''片甲不留'"的时候，当代中国新自由主义的非道德主义和非道德演出达到了最高潮。②

(2) 历史虚无主义的非道德主义思想

历史虚无主义是在当代中国有较大影响的社会思潮之一。对于当代中国社会转型而言，如果说新自由主义比较清楚地提出了自己的社会改革方案的话，那么，历史虚无主义，则相对比较隐晦笼统，它更多的是以否定的形式表现出来的抽象的政治价值话语系统。其相同之处在于，它们都是以对现行主流意识形态批判者的面目出现的，是以否定的方法和价值取向作为出发点的。在道德文化领域，新自由主义和历史虚无主义两者之间，也是既相联系，又相区别的。其相同点就在于，它们都是以非道德主义伦理理论出场的。它们的区别在于，新自由主义的非道德主义是一种理论化的、比较间接的非道德主义，而历史虚无主义的非道德主义（下文简称"历史道德虚无主义"），则是一种更为直接、更为激进、更为明目张胆的非道德主义。

所谓"虚无主义"，在本质上，就是否定真善美的意义和价值的哲学理论。由于"意义和价值"是一些最为普遍的哲学范畴，它们几乎存身于所有的人文社会科学领域。因此，虚无主义也就具有多种多样的表现形式，如形而上学虚无主义、认识虚无主义、历史虚无主义、政治虚无主义和道德虚无主义（非道德主义的激进表现形式），

---

① 参阅茅于轼《中国人的道德前景》，暨南大学出版社1997年版，第8页。
② 参阅《"张五常热"解析——吴易风教授访谈》，《国外理论动态》2003年第4期；周肇光《关于"张五常热"的理论反思——经济学家程恩富教授访谈》，《高校理论战线》2002年第11期；梅荣政、张晓红《论新自由主义思潮》，高等教育出版社2004年版，第141页；公羊编《思潮：中国"新左派"及其影响》，中国社会科学出版社2003年版，第261页。

等等。这些有涉"意义和价值"的虚无主义各形式之间具有内在的一致性。不管是对于什么的"虚无化"言说，归根结蒂，都是对于"意义和价值"的"虚无化"，而"意义和价值"在多数哲学家的语言系统里往往是不加区分的，所以，多数学者认为，虚无主义在本质上是蔑视道德、否定意义的。威弗瑞德·威尔（Winfried Weier）的"*Nihilismus, Geschichte, System, Kritik*"（Ferdubabd Schoningh 1980）、德语《哲学历史词典》（*Historisches Worterbuch Der Philosophie*）等都大致如此界定虚无主义。"通常的'虚无主义'概念，就是指否定崇高价值而言的"①，是"价值、意义的消解"。"雅各比（Friedrich Heinrich Jacobi）指责康德哲学必然导致虚无主义，就深深触及到了这个物世界与意义世界的关系问题。"② 既然道德虚无主义与虚无主义、与其他各种虚无主义之间具有这种内在的紧密关系，那么，在理论上说，历史虚无主义也就一定与道德虚无主义具有价值与意义层面的紧密关系，至少说，历史虚无主义一定包含着道德虚无主义的基本内核，即，历史道德虚无主义。

历史道德虚无主义源于西方近现代的历史学和道德哲学。现代意义上的历史道德虚无主义诞生于德国，西方历史道德虚无主义批判理论大多没有超越反而加剧了历史哲学和道德理论的颓废趋势。对中国影响最大的是德国和俄国的历史道德虚无主义及其批判理论。给予较多文本关注的思想家主要有雅各比、黑格尔、施蒂纳、尼采、海德格尔、屠格涅夫、洛维特、施特劳斯、德里达、罗蒂等。③ 大致可以说，历史道德虚无主义贯穿于德国古典哲学一直到后马克思主义哲学的始终。

当代中国，于20世纪80年代兴起的历史道德虚无主义，其理论根据既有西方近现代虚无主义思想，也有中国近现代的历史虚无主义。其现实根据就是当代中国在社会转型期间所产生的一些复杂的伦理问题。其基本动力就是西方国家对社会主义国家的思想道德文化渗

---

① 刘森林：《物与无：物化逻辑与虚无主义》，江苏人民出版社2013年版，第101页。
② 同上书，第92页。
③ 邓晓芒：《欧洲虚无主义及其克服》，《江苏社会科学》2008年第2期。

透和中国国内的反对社会主义政治活动。在本质上看，这种历史道德虚无主义就是试图通过"重新评价"中国近现代民族独立革命和社会主义革命以及建设过程中的道德事实、道德价值，进而否定社会主义的道德合理性的一种错误社会思潮。其道德哲学基础是历史唯心主义，其道德评价方法是道德主观主义，其道德目的是非社会主义（如"全盘西化"）。下边具体考察历史道德虚无主义的基本观点。

第一，从社会庸俗进化论的立场出发，怀疑、批评甚至否定中国近现代社会革命的道德意义和价值。历史道德虚无主义在对于20世纪80年代末社会动荡的反思中得出结论，中国社会的变革是不能"急"的，要慢慢来，门不要去"撞"，要慢慢"挤"，"挤"开一点，巩固一点。这样才能达到目的。中国近代以来的革命思想和革命行动，包括太平天国革命、义和团运动、辛亥革命、五四运动、新民主主义革命和社会主义革命，都充满暴力、恐怖和"血腥气"，"只是一部荒唐史"。① 所以，要"告别革命"，拥抱改良，哪怕不要国格和人格。甚至有人说："如果中国当时执行一条'孙子'战略，随便搭上哪一条顺风船，或许现在的中国会强得多。比如追随美国，可能我们今天就是日本。"② 太平天国运动是"一个笑话"，义和团运动"愚昧""排外"，辛亥革命"搞糟了"，五四运动是现当代中国"一切政治灾难的根源"，社会主义革命误入"以俄为师的歧路"。③ 可以看出，历史道德虚无主义将中国自太平天国运动以来的民族解放和独立这一历史的社会意义和道德价值全盘否定了。与此形成鲜明对比的是，一些历史道德虚无主义者竟然惋惜鸦片战争对中国的侵略不够深入，没能更好地帮助中国实现近代化和现代化。在他们看来，中法战争、抗日战争都没有必要，因为帝国主义是帮助中国现代化的，帝国主义"侵略有功"。这些论点，不仅仅排斥和否定了社会革命推动历史前进的道德意义和价值，而且就其自身而言，已经完全丧失了民族气节，已经成为一种反道德的论调了。

---

① 梅荣政：《用马克思主义引领社会思潮》，武汉大学出版社2008年版，第211页。
② 同上。
③ 同上书，第212页。

第二，从实用主义立场出发，忽视、否认甚至歪曲客观的历史道德事实，颠覆历史人物、英雄人物的道德形象。历史道德虚无主义从其贬低革命、拥护改良的立场出发，对中国近现代史上的历史人物进行重新的道德评价，那些革命人物以及赞成革命或同情革命的历史人物，在他们看来都成了历史罪人，成了道德小人，成了反面人物。岳飞是野蛮的民族主义的"暴政前哨"，洪秀全、孙中山、毛泽东是民粹主义的代表，谭嗣同是"革命"激进主义的"鼻祖"，李大钊、陈独秀等五四运动领袖是传统道德文化"断裂"和"启蒙运动"终结的"元凶"，鲁迅、郭沫若、茅盾、巴金、叶圣陶和丁玲等则被描绘成浑浑噩噩的庸人或"革命的帮凶"，至于革命英模则遭到了近乎污蔑的调侃、讥笑和揶揄——雷锋是"因为帮人太多累死了"，黄继光是"摔倒了才堵枪眼的"，董存瑞是"因为手被炸药包上的双面胶粘住了"，邱少云是"被吓死了而不是被烧死了"，狼牙山五壮士"没有人性"，等。[1] 总之，对于"红色经典"的英雄人物进行"偶像化""庸俗化""桃色化"。[2] 与此相反，历史道德虚无主义对中国近现代史上的反面历史人物却大加赞赏、歌功颂德。曾国藩、李鸿章、慈禧、袁世凯和徐世昌等人反而成为历史功臣——比如，袁世凯被称为中国现代化的开拓者。可以看出，对于历史道德虚无主义者而言，"反对革命"就是道德与否的标准，只要对于他们论证社会主义革命和制度的历史非法性有用，就是道德的。否则就是不道德的。

第三，从哲学主观主义出发，以自身的理论需要为根据，"重估历史"，从而在道德认识论上走向否认道德真理的错误。历史道德虚无主义对中国近现代历史的主流认识持一种否定态度，主张深挖"历史暗角"，对一些重大的历史事实和人物进行"重新评估"，给人一种类似尼采"重估一切价值"的感觉，大有一种"新历史主义"的派头。在马克思"实践的唯物主义"的历史哲学看来，对历史事实的客观性和价值意义进行反复的研究和认识是必要的。事实上，历史真理本身就是在不断的反复中而趋于真理的。这是历史认识论应有的

---

[1] 朱汉国：《当代中国社会思潮研究》，北京师范大学出版社2012年版，第261页。
[2] 孔庆东：《千夫所指》，重庆出版社2008年版，第40—41页。

严肃态度,也是历史道德认识论的应有态度。但是,历史道德虚无主义对于历史道德事实和道德人物的"重新评估""再认识","重新""再"似乎不是这样的意思,而是"消解""重构"的意思。关于历史道德事实和道德人物的认识就不能"消解""重构"吗?当然不是。问题的关键在于,首先必须明确这种"重新评估""再认识""消解""重构"只是一种价值认识、价值判断。而正确的价值认识、价值判断只有在做到事实和价值的有机统一的时候才可能是正确的,才可能是道德的。正确的历史道德认识必须符合历史客观性、符合历史必然性、符合历史规律和潮流。可是,历史道德虚无主义在对历史事件和人物进行道德认识时,往往是把自己的观点建立在无视历史客观性、否认历史必然性、挑衅历史正义性的基础之上的。一些较高层次道德的历史虚无主义者,将黑格尔和康德的历史哲学引入,将中国历史也看作是某种神秘的"观念史"。他们认为,"所谓文化,不过是以自身为本体和实体的观念自己产生自己的独立运动,并独立地构成全部社会历史反转和演变的最深刻根源;不可以从社会实践出发解释观念,而只能从观念出发去解释社会历史的一切"。[1] 在哲学史上,这里有非常严重的缺点,就是康德用"先验演绎"也没能解决的那个问题:如何保证"先验范畴"的客观有效性。在这里,相应的问题,具体地说就是,这个先验的、外在的文化"观念"何以产生?它凭什么能够作用于一种外在的、并行的经验"社会实践"?所以,历史道德虚无主义将自己的理论根基托付给康德先验哲学的时候,似乎忽略了康德哲学的缺陷。更何况,这个"文化观念论"与其说是康德式的,不如说是费希特式的:一种自顾不暇的唯我论。这样,客观的道德真理将会在无限多的"唯我"中被消灭。"记得好像是Richard Rorty 说过,取消哲学,最真实的哲学就是私人的情书,那才是最个体化的真实。这种种所谓后现代观念,在现在的中国,有从客

---

[1] 刘奔、张智彦:《历史·现实·历史观——五四运动及其评价的反思》,载中国社会科学院科研局编《在理论战线上坚持马克思主义》,中国社会科学出版社 1990 年版,第 483—484 页;转引自梅荣政《用马克思主义引领社会思潮》,武汉大学出版社 2008 年版,第 223 页。

观上瓦解、解构正统意识形态的作用。"① 当这些哲学离开道德本体论、道德实体论的范围，而进入现实的、日常的道德经验生活时，它的"重新评估""再认识""消解""重构"所得出来的那些"惊世骇俗"的道德判断，它所操纵的历史道德事件和道德人物的"变脸"，往往是比较极端的。比如，竟然有人为一些已成历史定谳的汉奸、卖国贼翻案。公然说："汪先生创导和平运动，赤手收回沦陷区，如今完毕归还国家，不但无罪而且有功"；"其实细想一下，汉奸们何尝不是由一些道德、智谋、气力诸方面都优秀的中国人组成的！"②

（3）民粹主义的非道德主义思想

如前所述，西方尤其是俄国民粹主义，对于近现代中国的影响是明显、普遍、深刻而有力的，现代中国社会思潮中除了自由主义较小外，其他几乎所有的社会思潮都曾经受到过民粹主义的较大影响，都曾经有过这样或那样的民粹主义政治行动或社会实践。所以，毛泽东说："民粹主义在中国于我们党内的影响是很大的。"③ 但是，随着新中国的成立，民粹主义和无政府主义的政治主张在中国宣告失败，它不再可能在主流社会意识形态中获得自己的一席之地。显而易见，无政府主义，尤其是民粹主义的影响力还在很大范围内和很大程度上继续存在着。"左倾"民粹主义在中国共产党内也还时有发生，并对社会主义革命和建设产生过很大的负面影响。事实上，与大革命失败后的三次"左"倾冒险主义一样，后来的"人民公社化"和"文化大革命"都同"左"倾的民粹主义有着一定的关系。在当代中国，毋庸置疑，民粹主义仍然在不小的范围内清晰地存在着。有学者认为，"民粹主义包含的内容非常复杂，民粹主义在不同国家、不同历史阶段有不同的内容和形式。因此，民粹主义并没有一个精准的定义"。④ 这个观点是有缺陷的，是模糊的。可以说，关于"什么是民粹主义"，民粹主义者和民粹主义批评者、研究者都没有达成较大共识，

---

① 李泽厚、王德胜等：《关于文化现状道德重建的对话》，《东方》1994 年第 5 期。
② 朱汉国：《当代中国社会思潮研究》，北京师范大学出版社 2012 年版，第 274 页。
③ 《毛泽东文集》第 3 卷，人民出版社 1996 年版，第 275 页。
④ 马立诚：《当代中国八种社会思潮》，社会科学文献出版社 2012 年版，第 164 页。

但是，这并不意味着民粹主义作为一种"存在"是不可定义的和不能定义的。至于"定义"，它从来都是"精准的"，而且，正因为"精准的"特质才成其为定义。也有论者认为："民粹主义在中国始终没有发展成一种独立的、有着自己鲜明旗帜和主张的社会思潮，而是作为一种隐性的、又相当普遍化的精神要素"存在着①，这在历史事实和学理逻辑上都不够充分。至于有人将民粹主义"空心化""工具化""依附化"，也就是"中性化"，这样就不仅有悖事理，而且"有辱"民粹主义者了。因此，也不宜像有些学者所说的，"民粹主义并没有核心价值观，也不是一种独立的意识形态"。② 因为，至少，当代中国民粹主义的非道德主义伦理精神和道德取向是非常清晰的。其主要表现如下。

第一，关于道德主体层面上的平民主义。就历史发展情况来看，民粹主义常常是在社会下层阶级的社会地位、社会生活遭遇危机或其社会地位得到显著提高的历史境遇中出现的。危机和解放都容易刺激下层民众主体精神的亢奋。在当代中国，民粹主义出现的这两个条件都存在着，因此，民粹主义思潮的流行也就水到渠成了。

首先，当代中国的民粹主义是对于现实中的主体性压抑的消极应对。当代中国社会的市场化、工业化、城市化和全球化进展是顺利而成功的，社会转型正在朝着既定的目标稳步前进。但是，与此同时，也出现了诸多社会问题和伦理问题。这些问题影响了他们的主体性存在，或者说使中下层民众产生了不安。经验显示，在当代中国社会转型中，在某些领域或层面，存在着诸如贫富分化、贪污腐化、司法不公、暴力拆迁、官商勾结等社会问题。在这些问题中，社会底层民众常常是以所谓"弱势群体"的受害者形象出现的。而所谓社会"精英阶层"常常是以"利益既得者"的身份出现的。于是，"受害者""无辜者"的社会心理迅速在下层社会获得"联想效应"和"移情效

---

① 陈伟球：《中国当代媒介文化民粹倾向研究》，苏州大学 2013 年博士学位毕业论文，第 27 页。

② 参见马立诚《当代中国八种社会思潮》，社会科学文献出版社 2012 年版，第 176 页。

应",并最终形成一种结构性的具有反对"精英"和"精英社会"的稳定阶级心理和倾向。它的情绪结构非常简单,就是"唯我独尊,打倒一切"的极端主体性诉求。正如一位民粹主义艺术家所说:"'文化大革命'好!'文革'中'破四旧''立四新',打倒反动学术权威,打倒走资产阶级道路的当权派,都是打倒有权有势的人,打倒了他们,穷人才能出头。"①

其次,当代中国的民粹主义是对于现实中的主体性解放的不当反映。改革开放近40年来,中国的社会主义建设取得了辉煌的成就,社会的物质生活和精神生活取得了巨大的进步,普通民众的主体性精神得到了空前释放,个人的自由和权利大踏步前进。而网络社会、信息社会的降临,使得普通民众获得了前所未有的话语权。根据中国互联网络信息中心调查,到2014年,中国网民达到5.22亿人②,显然,他们现在有条件在自己的具有特殊文化诉求的"网络社区"或"网络空间"充分发挥自己的主体性愿望,并希望自己所营造的网络舆论影响社会决策,以便更好地实现自身利益。在这里,他们现在不仅仅要生产文化权力,而且要消费文化权力。③

第二,关于道德理想层面上的乌托邦主义。所谓道德理想就是"理想人格和理想的社会道德状况"。④ 在阶级社会里,道德理想具有阶级性,不同阶级的道德理想是不同的,它一方面通过道德理想社会所推崇的道德原则、道德规范、道德范畴和道德观念等要素表现出来,另一方面通过自己阶级的代表人物的道德品质表现出来。所以,我们可以通过道德理想的上述表现来衡量它的合理性、现实性。当代中国民粹主义的道德理想显然在上述因素或表现上是存在严重的幻象性、空想性、非理性问题的。

---

① 马立诚:《当代中国八种社会思潮》,社会科学文献出版社2012年版,第170页。
② 截至2014年12月,中国搜索引擎用户规模达5.22亿,使用率为80.5%,用户规模较2013年增长3257万人,增长率为6.7%;手机搜索用户数达4.29亿,使用率达77.1%,用户规模较2013年增长6411万人,增长率为17.6%。见网址http://www.199it.com/archives/326763.html。
③ 陈伟球:《中国当代媒介文化民粹倾向研究》,苏州大学2013年博士学位毕业论文。
④ 朱贻庭:《伦理学小词典》,上海辞书出版社2004年版,第103页。

首先，当代中国民粹主义反对代议制民主，主张"直接民主""大民主"，要求普通民众直接参与社会政治决策。这乍听起来似乎并无不妥，但是，它所推崇的所谓"真正的""彻底的"民主，实际上是"文化大革命"的那种建立在阶级斗争基础之上的具有强烈排他性的无良民主。它排斥知识分子，排斥管理干部，也就是反对"精英"和官员，反对知识——即，奉行反智主义和反精英主义。甘阳教授将这种民粹思想称为"集体道德败坏症""集体知性低能症"。他说："我把这种集体信仰称为'中国知识界的集体道德败坏症'。因为这种信仰只能表明，中国知识界已经丧失了最基本的道义感和正义感。这种集体信仰同时还可以称为'中国知识界的集体知性低能症'。"[①] 事实上，当"集体道德败坏症""集体知性低能症"应用于当时的生产生活实践的时候，生产的低效、资源的浪费、人际关系的冲突和体制的失败就成为不可避免的了。这种民粹主义思想所衍生的企业管理主张，正是许多国有企业或集体企业曾经衰落的原因之一。在今天的经济体制和政治体制改革中，再使用"文化大革命"时期的民粹主义方法，显然是没有前途的。我们也很难想象诸如"鞍钢宪法"的模式能够在当代中国企业推行。

其次，当代中国民粹主义在本质上反对按劳分配，主张绝对平均主义。这种平均主义思想，就是来源于中国计划经济时代的平均主义。而平均主义是空想社会主义的基本特征之一，具有比较强烈的乌托邦色彩。中国自改革开放以后，彻底打破了"铁饭碗"，摒弃了原来奉行的平均主义分配原则，实行以按劳分配为主的灵活多样的分配方式，大大提高了生产的积极性，推动了整个社会的迅速发展。但是，无可否认，由此也出现了比较严重的贫富分化的伦理问题。而这种伦理问题最容易催生主张"均贫富"的民粹主义。这种主张普遍存在于当代中国的所谓"老左派"和"新左派"理论中。他们完全离开社会经济发展的历史条件，只是从最一般的抽象的"平等愿望"出发，主张一种脱离现实条件的、农民战争中的"自发的""革命本

[①] 甘阳：《自由主义：贵族的还是平民的？》，《读书》1991年第1期；转引自公羊主编《思潮：中国"新左派"及其影响》，中国社会科学出版社2003年版，第282页。

能"性的所谓平等,这是"荒谬"的。正如恩格斯所说:"平等的观念,无论以资产阶级的形式出现,还是以无产阶级的形式出现,本身都是一种历史的产物,这一观念的形成,需要一定的历史条件,而这种历史条件本身又以长期的以往历史为前提。"①

最后,当代中国民粹主义将自己的道德主张绝对化、理想化,奉行一种基于英雄崇拜和唯意志主义的道德至上主义。它认为:"道德只存在于底层大众之中,'群众运动是天然合理的',底层大众的裁决就是正义。"② 令人感到奇怪的是,民粹主义虽然坚决反对精英主义,反对权威主义,但对那些出身于民粹的、已被神话了的"伟大领袖""人民领袖""人民英雄"却表现出热诚的崇拜。像已被"抽象化"的瓦格纳就在当代中国民粹主义者心中具很高的精神地位。他们崇拜那种已被"异化"的狂热的英雄主义和浪漫主义。

第三,道德实践层面上的激进主义、极端主义。民粹主义常常主张暴力和街头抗争,传播埋怨和仇恨情绪,在道德实践方式上往往采取激进的、过激的行为。有人曾经这样来描述民粹主义的这种极端主义特征。"民粹主义首先与人民统治的黑暗面相联系:暴民统治、3K党的集体非理性、法西斯主义、种族主义和外国恐惧症。"③ 虽然这种观点不无偏颇,但是对于"民粹主义是非理性的、暴力的、极端的"却是很多学者所认可的。中国民粹主义,从民国时期的"虚无党"到"文化大革命"的"武斗",再到当代的"网络暴力""人肉搜索"基本都具有这种非理性的特征。"草根性、非理性和抗争性,是民粹主义的三大特征。仇官、仇警、仇富,是民粹主义的三个火山口。"④ 他们的行为方式就是其俄国前辈的一句名言:"谁不和我们在一起,谁就是反对我们;谁反对我们,谁就是我们的敌人;对敌人应该用一切手段加以消灭。"⑤

---

① 《马克思恩格斯选集》第 3 卷,人民出版社 2012 年版,第 484—485 页。
② 马立诚:《当代中国八种社会思潮》,社会科学文献出版社 2012 年版,第 166 页。
③ 参见俞可平《现代化进程中的民粹主义》,《战略与管理》1997 年第 1 期。
④ 马立诚:《当代中国八种社会思潮》,社会科学文献出版社 2012 年版,第 175 页。
⑤ 同上书,第 176 页。

二 非道德主义社会思潮的感性现象

非道德思想与非道德行为之间的关系,是认识与实践的关系,因此,非道德主义思想形式也就相应地一定要表现在日常道德生活实践之中。在实践唯物主义看来,一个行为或现象的道德属性或非道德属性,既取决于事实本身,同时也取决于道德认识主体的道德价值标准。显然,"道德现象界"也属于马克思所讲的"感性世界"(Sinnenwelt)。① 或者说,"感性世界"包含着"道德感性世界",包含着感性的"道德现象界"。当代中国的感性"道德现象界"是一个什么样的道德价值世界呢?在道德形而上的角度看,当然是由"善"和"恶"所组成的世界,或者说是由道德行为和非道德行为、道德现象和非道德现象所组成的世界。但是,这样的判断是抽象的,甚至没有实际的意义,因为它所包含的事实意义和价值意义都是笼统而模糊的,只是一种简单的质性判断。问题的关键是,当对于道德感性世界的价值判断上升到量的认识的时候,它才克服了道德认识的抽象、笼统的弊端,才避开了"宏大叙事"的嫌疑,才具有了实际的政治伦理意义。正是这种政治伦理意义,才使得道德理论与道德话语关于道德感性世界的价值判断具有了历史意义。因此,现实历史在观念历史上获得了自己的历史地位及其意识。换句话说就是:"我们这些科学社会和原子时代的其他人,我们知道自己身在历史中。"② 以中国道德史来看,从西周到现当代,关于当朝道德感性世界的价值判断,从未缺席过。而且,这一问题如此重要,以至于在以往的阶级社会里,统治阶级伦理思想常常不惜"文过饰非""粉饰太平"。其中的原因似乎并不复杂,就是这一问题关系到了政治合理性评价。但是,在当代社会主义中国,国家因为其政体之"人民民主专政"而不存在上

---

① "感性世界决不是某种开天辟地以来就直接存在的、始终如一的东西,而是工业和社会状况的产物,是历史的产物,是世世代代活动的结果,其中每一代都立足于前一代所奠定的基础上,继续发展前一代的工业和交往,并随着需要的改变而改变他们的社会制度。"《马克思恩格斯选集》第 1 卷,人民出版社 2012 年版,第 155 页。

② [法]雷蒙·阿隆:《论治史》,西尔维·梅祖尔编注,冯俊学、吴泓缈译,生活·读书·新知三联书店 2003 年版,第 440 页。

述问题，而且，相关道德评价有助于社会在对于"恶"的消除中，推动社会主义建设事业的进步和发展。所以，对于当代中国感性道德世界的价值评价，一直是改革开放近 40 年以来的经常性伦理学话题。

（1）非道德主义感性现象的形而上考察

感性现象之所以是感性现象，就在于它不是自在现象。感性现象的存在与感性主体的存在是紧密相关的。所以，马克思认为，那些和主体没有任何关系的"自在世界"，对于主体而言，就是无。马克思说："被抽象地理解的、自为的、被确定为与人分隔开来的自然界，对人来说也是无。"① 因此，对于道德感性世界的认识，首先应当从对于道德认识主体性的批判入手。如果没有这种形而上学的思考、如果离开对于道德评价前提的批判，我们对于当代道德感性世界的总体性评价将会变得空疏或武断。学术界目前对于当代中国道德感性现象的评价，大致有"道德代价论""道德滑坡论""道德爬坡论""道德失范论""道德危机论"和"道德矛盾论"等实证性命题。② 反思社会科学对道德现象和命题如"道德滑坡"的科学认知是非常必要的。虽然这些学科关于"道德滑坡"的研究是实证的、科学的，但是，它们基本上只是关于现象的，是建立在"定量分析"的（形而上学）基础之上的，常常是未加批判和反思的"宏大叙事"或"自然思维"。尽管如此，道德哲学理性应当深度介入并发掘其中的积极意义，以便对社会主义道德建设提供有力的理论支持，即，保持批判和深度，透视社会伦理疾病的内在机理并提出根本性治疗方案。这是否意味着，必须保持"道德话语"的纯粹性而反对实证主义、反对某些抽象隐喻呢？③ 下文将以"道德滑坡论"为例，从基本概念分析开始，然后反思当代有关道德感性现象整体性评价学术观点的得与失，以便为对于当代中国非道德主义感性现象的考察提供逻辑合理性。

---

① 《马克思恩格斯全集》第 3 卷，人民出版社 2002 年版，第 335 页。
② 陈亮升、李静：《当代中国社会道德现状研究综述》，《荆楚学刊》2015 年第 3 期。
③ ［美］理查德·普林：《教育研究的哲学》，李伟译，北京师范大学出版社 2010 年版，第 24 页。

第一，实证语言的道德经验命题常常就是非道德（哲学）的。对道德现实始终保持关注的一些社会科学对于"道德滑坡"等伦理现象的研究，无论是从逻辑看还是从结局看，都是很难令人满意的。它们使用了"另类的"隐喻、描述和评价道德行为的方法。这样，它们就把道德活动变成了别的东西，改变了道德行为发生于其中并借此而被判定为善或恶的道德语境。它们忽视了用来描述和评价道德实践的道德哲学语言及其体系，于是，在对道德实践的研究中出现了诸多非道德问题。

首先，道德命题或道德研究的对象异变了。道德哲学这时变成了高深的经济学理论、心理学原理或是社会学分析方法的"殖民地"，观察、实验、社会调查等实证方法不太恰当地被普遍引入道德哲学之中，它们试图复制这些方法在自然科学或社会科学研究上的成功。缺德/恶的行为的"道德资本""道德成本""效益"等术语在道德哲学里的运思本身，在许多哲学家看来[1]，已经离开了道德哲学领地[2]，已经发生了"脱域"现象[3]（即便和后果论者相似，因为在道德哲学领域里，后果论者持有类似的观点，也仍然是脱域的）。因为它们是在典型的"成本""效益""收益"等科学语境下言说的道德，它已经使得道德问题变成次要的配角。这种道德致思方式的恶必然带来相应的行为上的恶。经济学具有强烈的政策意志，具有"唯利是图"的手腕意识，于是，关于道德行为的经济学分析很快就演变成了关于道德行为治疗的经济学方策。比如把所谓"恶"在媒体上以非人道的方式曝光；比如以悬赏的方式发动义举，成立所谓"道德银行"。这本身已经走出了道德领域，就其影响而言，也就如同橘生淮北，其果必涩。其言说对象即枳，非橘。其言说主体即枳农，非橘农。一言以蔽之，语境彻底变化了。

---

[1] 王小锡等：《道德资本论》，人民出版社2005年版，第1页。
[2] 例如孔子、孟子就持此观点："鸡鸣而起，孳孳为善者，舜之徒也；鸡鸣而起，孳孳为利者，跖之徒也。"参见国学整理社编《孟子正义》，中华书局1996年版，第539页。
[3] 任平：《脱域与重构：反思现代性的中国问题与哲学视域》，《新华文摘》2011年第5期。

其次，道德命题所聚集的思维方式异变为非道德语言了。这种言说已经不再是道德语言本身了，道德视野的本质被篡改了。如果在道德冲突的情境里，行为者顾虑的是"成本"和"获益"的话，那么，其行为又何异于商业/商人思维活动呢？道德行为也就不免于仅仅是一种商业手段的命运了，人与人之间的伦理关系和道德愿景也就被严重地降格了。这已经属于心理利己主义的非道德主义表现方式和思维方式了。[①] 正像韩非子所说："父母之于子也，产男则相庆，产女则杀之"；厚此薄彼的原因在于父母"虑其后便，计之长利也"，父子之间"犹用计算之心相待也，而况无父子之泽乎？"[②] 郡主以爵禄为诱饵，臣下以智力和生命为本钱，互利互惠，根本无道德感情可讲，完全是"计数之所出也"。[③] 可以看出，这种观点间接证明了经济学"计算""算计"式的道德践履是虚伪的，是非道德的。也因此，我们不难理解为什么韩非子将其称为"五蠹"之一而去之。在法家看来，那种经济学算计式道德策略根本就是缘木求鱼。在此，韩非"不务德而务法"的完全否认道德社会作用的观点是不妥的。但是，这里面包含着积极的道德智慧因素：私利算计既不是道德，也不会"引起道德"。它不能使道德心自行"成长"（Groth，杜威）或扩充。总之，私利算计就纯粹德性而言，是一种异质思维，是非道德主义思维。

再次，就其长远影响而言，从整体上看，道德命题的实证科学言说所发挥的作用是非道德的、是消极的、甚至是破坏性的。关于道德"滑坡"的实证科学语言，还会降低道德事业的重要性，降低道德事业（包括理论与实践）的中心地位，会引发或激化种种道德边缘化事件。可以看出，有关"道德滑坡"的科学研究热衷于方法的"科学化"；在此，道德研究是隶属于某种更加崇高的（研究）目的的；道德和道德研究什么都是，唯独不是它本身。它是以工具理性的面目

[①] 不是西方近代语义下的功利主义 utilitarianism。参阅盛庆琜《功利主义新论——统合效用主义理论及其在公平分配上的应用·原作者中译本序》，顾建光译，上海交通大学出版社1996年版，第1页。
[②] 国学整理社编：《韩非子集解》，中华书局1996年版，第319页。
[③] 同上书，第267页。

出现的,而绝不是以价值理性的面目出现的。在这里,道德不是生活本身,不是生活的重要组成部分,而仅仅是生活的手段或者所谓的"前提"。科学的工具特质因在伦理研究中的误用而畸变为道德的工具特质了。更为糟糕的是,如果与社会奖惩作用相遇,它还会发生一种整体的负面效应放大现象,我们名之为"抢逃现象"或"抢占现象"。付出,意味着更大的牺牲,因此,见义思避;攫取,意味着获得更多的据有,因此,见利思抢。善德缺位了,恶德涌现了出来。于是,出现了梁启超所谓"每况愈下"的道德乱象:兵勇、应考试者、官吏之一大半、幕僚胥吏、土豪乡绅、乞丐、盗窃、棍骗、僧道、纨绔子弟和劳动者都被斥责为缺德者,民德之腐败堕落,"每况愈下"。"吾恐今后智育愈盛,则德育愈衰,泰西物质文明尽输入中国,而四万万人且相率而为禽兽也。"[①]

最后,未经反思批判的道德命题的经验性叙事,有时直接就是非道德主义的。那些有关"道德滑坡"的"科学"研究成果中的相当一部分是可修正的,相当一部分是我们能从相同论据得出完全不同的、甚至截然相反结论的。主要原因可能有两个:一个是缺乏辩证精神。具体而言,就是缺乏逼真的,即,那种近乎苛刻的批判精神,缺乏对于具体道德情境里个体人的温暖关怀。另一个是量化方法的形式抽象化弊端或者说非历史性缺陷。虽然形式化背后所隐藏的"抽象的个性"与"具体的共性"只是一种现代性的形而上的迫不得已,但这决不意味着这种方法从此就完美无缺。它就像经纪的黑手。就以2008年中国的"三鹿奶粉事件"来看,从奶农到企业高层,了解内幕的只是很少一部分人。其中,有的人对"三聚氰胺"这种"食品添加剂"并不了解。至于广大奶农,他们根本就没有参与"添加"过程,对此一无所知,他们其实才是最大的受害者。从表面上看,中国的绝大多数鲜奶/奶粉都含有三聚氰胺,因此就说"民德腐败堕落"显然是不符事实,是错误的。以此作为"道德滑坡"的证据显然是缺乏说服力的,也是有失公允的,甚至可以说是不道德的(诬

[①] (清)梁启超:《饮冰室合集》,中华书局1989年版,第15页。

陷/污蔑)。我们应该清楚,涉及自然事实的归纳,常常有失实之险;而牵扯社会事实之总括,每每存不公之嫌。激情此刻配享赞美,但是,审慎的辩证实践理性不能缺席。

第二,关于道德命题实证阐释的道德认知论意义。尽管"道德滑坡"的实证科学局限性是明显的,可是,道德研究绝不能推行价值主义,绝不能排除事实。道德命题不能被简单地归结为是"呸/好哇"的主观态度和情绪。① 恰恰相反,道德价值判断是应该建立在牢靠的价值事实认知基础之上的,现实际遇与语言情境是道德选择之所以可能和道德语义之所以能被理解的最基本的要求。

不错,道德实践情境是很难以一般规律或抽象理论去把握的,道德研究应该关注个体,应该设法弄清楚每一个"思想着的生命"的与众不同之处,应该设法解释通过私人观点所观察到的一切,正是这些观点使每一个道德行为变得可以理解。这是两种不同的研究传统,它反映在物理现象的客观世界和意义现象的主观世界的对比之中,反映在基于科学模型的定量研究方法和基于诸如现象学的"澄明"(Phenomenon Logical Exposure)的定性研究方法的对比之中。实践理性反对这种十分古老的身心之间、公共可接近与私人特权之间的二元对垒,道德研究/话语,既是又不是它们两者。②

我们现在来考察实证科学方法在什么条件下是有必要的。2011年4月28日,中国某电视台"时事辩论会"的一个现场网络调查显示,有70%的人认为,当代中国处于"道德滑坡"状况。现场的一位社会科学专家对此的解读是:这个数据恰恰说明绝大多数中国人是良心未泯的,这个数据正好说明中国目前不是处于道德滑坡状态。怎样看待这个数据及该"专家"的解读呢?没有告诉受访者人数及其知识、社会地位、价值观念、祖籍、国籍等基本资料背景,因此,一切基于该数据的归纳将显得很是软弱。基于该类数据的道德判断常常

---

① [英]艾耶尔:《语言、真理与逻辑》,大贶译,上海译文出版社1981年版,第121—124页。

② [美]查德·普林:《教育研究的哲学》,李伟译,北京师范大学出版社2010年版,第32页。

以"一语惊人"的形式表现出来，而它也不过是刚好符合了提升收视率的传播学规律而已。如果我们把上述统计归纳看作是社会学调查研究方法的一个缩影的话，我们也就领教了在道德哲学研究领域里的某些社会科学方法是多么的武断。可以假设，两位"道德滑坡"论者，一个的对比组是"民国"时期的道德指标体系，另一个的对比组是"文革"时期的道德指标体系。我们会发现，当人们得出结论，把两者看作同质时，这观点是何等荒谬。我们也可以假设，两者可能都是"道德滑坡"论者，但对于复杂多样的量标选项或观察表，他们的选择恰好对立。这既是我们反对非道德话语研究方式的原因，同时也是我们赞同有限制地引入非道德话语、实证科学方法的原因。重要的是，我们应该始终具有这样的自觉意识："实证科学"经验性道德表现只是道德现象和非道德现象研究的开始，而非结束。

但是，我们也反对对于共性的极端的后现代式消解，"个性的共性"虽然远非完美，但却是必要而有限度可能的。如果具有达成共识的条件，协商和对话就能取得一致意见（像哈贝马斯所讲的那样），如果"含义"是客观的（像胡塞尔/德里达所讲的那样），沟通和交流就是可能的。所以，把社会科学方法或交叉研究方法完全排除出道德哲学研究显然是不妥的，尤其是对于应用伦理学的研究更是这样。因此，对"道德滑坡"等非道德现象的认知，纯粹的道德哲学及其研究是不存在的，要了解"道德滑坡"——即，"非道德"的"实"和"名"——我们就首先要了解事实。至于这种事实是什么语义下的、实在论或非实在论的、客观的或主观的、私人的或公共的、完整的或残缺的……人们总是能够找到自己观点的坐标的；而且，这些竞争性的观点彼此之间也应当存在着某种跃迁的通道——因为理解者自身就是一种复杂的多面存身——就像是，同样一部《红楼梦》，不同的读者，或者同一读者在不同的语言情境或时空情境里可以、可能会有不同的解读一样。[①] 而正是这种相对性的共识，就足以成为特殊情

---

① 中国现代文学家鲁迅曾说过："一部红楼梦，道学家看到了淫，经学家看到了易，才子佳人看到了缠绵，革命家看到了排满，流言家看到了宫闱秘事。"《鲁迅全集·卷八·集外集拾遗补编〈绛洞花主〉小引》，人民文学出版社2005年版，第179页。

境里的特定共同体的共同意志，并依此塑造出一个他们所共同面对的道德感性经验世界。

第三，道德命题哲学言说具有事实和价值两个层级。这里不是就事论事，不是简单描述对于单纯道德事实的简单道德推理，而是对于道德评价背后的深层道德思维方式的反思。适切地祛除了其他话语后的作为道德哲学话语的"道德滑坡""非道德"言说是什么呢？恰恰正是有关"道德滑坡"的"科学"的或者实证解释给我们提供了回答这个问题的理论出发点，提供了批评的事实数据前提，给我们提供了解决这个问题的钥匙。这是因为道德话语只能在与其他话语的对比当中才能显现自身的特征。

首先，道德命题的哲学言说要表现出理论的统摄力、综合力。这是哲学的特质在伦理学上的具体表现。这种统摄力，既有逻辑力量，又有人性力量。既然"道德滑坡"吸引了那么多的不同眼光，那就意味着它给我们的可能仅仅是一个"侧显"。[①] 所以，我们如果要把握它的意义，我们就应当接受比较，进而提供更大背景下的归纳——一种在空间上的广角推后式描述。在此，我们可能会说，"道德滑坡"是社会学问题（如集体恶的动机生成）、是心理学问题（如"道德精神错乱"）、是经济学问题（如契约精神资源匮乏）……但是更为重要的是，"道德滑坡"还是道德问题——一个复杂的有待具体分析和众说纷纭的社会综合问题和人性问题。道德哲学既要从实证基础开始，又要高于实证科学，并保持高度审慎的道德意识，防范冒失的常识语言判断和实证科学判断对于道德事业的无意识的、不自觉的伤害，更要防范任何可能的自身对于道德事业的损害。我们寄希望于道德哲学和伦理学家的专业知识和系统的道德建设能力，把道德建设的可能的意外风险降到最低程度，尽量避免"无心作恶恶成阴"的尴尬。这种比较稳妥的道德实践能力或者说道德文化自觉形式，包括凝结在整个社会中的以机制的方式体现的"趋善力"，也包括内化在道德主体心灵中的以道德推理的方式呈现的"趋善力"。可惜的是，在

---

① ［德］胡塞尔：《纯粹现象学通论》，李幼蒸译，商务印书馆1992年版，第116页。

转型中的物质主义时代，伦理学家往往被排除出社会工程设计，很少有专业的"伦理委员会"参与其中。

其次，道德命题的哲学言说需要一种一以贯之的态度，即，一种审慎的道德不冒犯态度、一种原则、一种普遍性原则——这是对于善的普遍性原则；同时，还是一种类似于儒家所讲的"诚"的道德态度，在此，道德就是生活本身。"道德滑坡"问题就已有的言语呈现而言，它的实质是一个善恶关系问题，它关乎善恶及其关系。我们不赞同关于善恶的形而上学阐释，就像苏格拉底或者老子那样的诡辩，相对主义也许只适应于神话世界，在世俗社会里，它所能带来的只是混乱。在实践的道德理性看来，善就是善，恶就是恶，善不能转化为恶，恶也不能转化为善。在这里，道德被看作就是生活本身，它不是任何其他什么东西，它就是体现着真和美的、善的生活。所以，在此不会出现道德冷漠，也不会出现苟且偷生，更不会把道德当作人生智慧或者生存策略，是好的生命才是有价值的。可是，现在的"媒体学人""文化学者"（有人称之为"文化黑手党"）常常把道德当做条件任意开出。这简直就是教唆。原则就是原则，就其本质而言，原则就是为了坚守的，而不是为了变通的。对原则的变通，只是当原则在偶然情境里的坚守已经成为原则本身的反对力量时，原则才是可以被变通的。就道德原则而言，在康德那里，是以"法则"的形式表达的，"原则"是可变的，是有条件的；但是，"法则"是不可变通的，是绝对的。就道德"法则"而言，它应当是关乎"德意"的东西①，只有与"德意"相抵牾的时候，原则才是可以变通的，除此之外的变通及其言说无异于是对道德的公然无耻的挑战。在现实生活中，我们常常能够看到关于道德的戏谑之词。"杀身成仁"似乎已经变成了鲁莽、不理智和愚钝的代名词，"献身"精神已在现代汉语里变成了桃色事件，崇高的"良言"蜕变成了卑鄙的"恶语"。

现在就可以比较清楚地看到实证科学所谓的"道德滑坡"的外延和内涵、它的量和质、它所存在的问题。那些所谓的"道德滑坡"，

---

① 诗意、画意、建筑意、法意、德意。即道德的最高主旨，伦理的最基本的精神。

不是道德在"滑坡",而是在说,一个"非道德"的时代/时期不期而至,是一个"非道德"在某个或某些生活领域战胜"道德"的时代/时期,是一个道德灾、难、劫的时代/时期,是同道德本身无关的"非道德"现象在涌现:①非道德现象战胜了道德现象;②甚至恶战胜了善;③而且,①②已成为比较普遍或者普遍的社会现象。"科学"的研究证明,这种现象大多发生于这样的历史时期,即社会转型期或不成功的转型社会,或者二者兼而有之,这就是"道德滑坡"出现的直接原因。治乱史观的动荡年代或荒唐岁月,像纳粹猖狂的日子就有普遍存在的罪孽,这是"末世学"流行的日子①,这是一个"道德精神错乱"的年代。在这里,正如荣格所说:"不仅凶手有罪,被谋杀者也有罪。"② 在这里,就连善言常常都是以恶语叙述的。所有的社会转型都必然伴随着所谓"道德滑坡"吗?所有的社会革命都必然地伴随着"道德滑坡"吗?不,只是在那些极化/畸化社会生活里才会发生这种现象。在这里,伦理专家无论是在制度方面,还是在文化方面都缺席了。这是一种道德思维的情绪化时代,是一种情绪失控或被放任的时代,是理性精神、实践精神萎靡的时代,是一种以过正来矫枉的时代。所以,用"道德滑坡论""道德爬坡论""道德代价论""道德失范论""道德危机论"和"道德矛盾论"等实证性命题来描述当代中国的整体道德状况,在逻辑上是不恰当的。不仅如此,在感性经验事实上也是有悖经验常识的。③

(2)非道德主义感性现象的经验性归纳

在实践唯物主义的辩证否定实践理性看来,在实践唯物主义的实践辩证法看来,历史是前进性和曲折性的统一。历史辩证法和整个人类历史的基本事实证明,人类社会在整体上是进步的、发展的、"进化的",与此同时,在整体的前进过程中也存在着暂时的反复,甚至是倒退。可是,这种"倒退"只是一种暂时现象,只是前进过程中

---

① [德]埃利希·诺依曼:《深度心理学与新道德》,高宪田、黄水乞译,东方出版社1998年版,第17页。
② 同上书,第2页。
③ 秋石:《正确认识我国社会现阶段道德状况》,《求是》2012年第1期。

有待克服的阻力，它不是"运动"本身。道德发展史和人类发展史是统一的，道德发展史只是人类发展史的一个最重要部分，所以，道德发展史也是前进性和曲折性的统一，而不能说是前进性和"后退性"的统一。当代中国的道德现象，毫无例外，从整体上看，是处于进步过程之中。所以说，转型中的当代中国道德感性世界的总体图景是"感动与疼痛并存，谴责与反思交织，忧虑与希望同在"[1]，但是，"我国的道德总体上是积极向上的"[2]。可是，对于转型期的社会主义道德建设来说，既要认清积极向上的主流以坚定道德信念，又要警惕消极颓废的支流以明确德治对象。因此，我们有必要对当代道德感性世界的非道德现象进行系统的梳理。下面我们将从社会公德、职业道德和恋爱婚姻家庭道德等三个方面加以展开。

第一，当代中国社会公共生活中存在一定程度的非道德现象。在这里，首先需要厘清"社会公德"的内涵和外延。"社会公德"范畴是一个颇具东方色彩的伦理学概念。由于宗教、文化、传统等原因，西方伦理学史上"社会公德"没有得到充分发展[3]，"社会公德"没有成为西方哲学家普遍关注的伦理学范畴[4]。在当代中国伦理学话语体系中，有关"社会公德"渊薮最为流行的看法有三种。梁启超1902年从日语中将"公德"引入汉语。他概括说到："道德之本体一而已，但其发表于外，则公私之名立焉。人人独善其身者谓之私德，人人相善其群者谓之公德，二者皆人生所不可缺之具也。"[5] 梁启超主要从"国"之为国、"群"之为群的政治功能和社会作用的角度界定社会公德。罗国杰先生主编的《伦理学》则认为，就广义而言，社会公德是

---

[1] 秋石：《认清道德主流坚定道德信心——再论正确认识我国社会现阶段道德状况》，《求是》2012年第4期。
[2] 戴木才：《全面客观分析当前我国的道德状况》，《红旗文稿》2012年第1期。
[3] 涂尔干从"国家"和"最大政治群体"角度定义"公民道德"的定义。参见涂尔干《职业伦理与公民道德》，渠东、付德根译，上海人民出版社2001年版，第46页。
[4] 康镇麟：《当前我国社会舆论与社会公德协同发展研究》，湖南师范大学2015年博士学位毕业论文，第8页；参见陈弱水《公共意识与中国文化》，新星出版社2006年版，第22—26页。
[5] 转引自沈善洪、王凤贤《中国伦理思想史》下卷，人民出版社2005年版，第409页。

"反映阶级和民族共同利益的道德";就狭义而言,"社会公德就是人类在长期社会生活实践中逐渐积累起来的最简单、最起码的公共生活规则"。① 可见,社会公德就是"普遍道德"或"底线道德"。中共中央在2001年颁布的《公民道德建设实施纲要》规定:"社会公德是全体公民在社会交往和公共生活中应该遵循的行为准则",主要内容包括"文明礼貌、助人为乐、爱护公物、保护环境、遵纪守法"等。② 这是当前中国思想政治理论教育领域,共识性最高的社会公德定义。当我们去考察和梳理当代中国社会公德领域的非道德主义感性表现的时候,就应该从上述的几个最基本的底线道德要求入手。下面主要梳理"文明礼貌""助人为乐""爱护公物"等三个方面的基本情况。

首先,文明礼貌是调整和规范人际关系的行为准则,它要求在人际交往中遵守道德规范,讲究礼节仪式,待人真诚、宽容、热情和礼让等。自改革开放以来,随着物质文明建设的快速发展,精神文明也取得了巨大成就,社会文明和道德风尚整体趋势和主流良好。但是,受社会转型特殊历史原因的影响,"一手软"的社会伦理建设问题还没有彻底解决,社会成员的不文明现象还比较严重。尤其是,道德双重人格的现象比较突出。随着社会转型的不断深化,城市化进程的逐步延展,中国社会"熟人社会"结构正在转向"陌生人社会"。其影响是,一些人对于"熟人"常常彬彬有礼,而对于"陌生人"却冷漠无情。一项调查数据显示,许多人对"陌生人"不愿意搭讪,态度冷漠(见表1-1)。

表1-1　　　　　　　　　对陌生人的道德情感

如果一个陌生的饥饿者(非职业讨饭者)向您要几元钱买点吃的,您会怎么办?		
满足其需求,并且主动询问其遇到什么困难,还需要哪些帮助	因害怕被欺骗而躲避不理睬	说不清
40.2%	23.4%	36.4%

资料来源,黄明理等:《当前我国公民社会公德信仰状况研究》,《东南大学学报》(哲社版)2008年第4期。

---

① 罗国杰:《伦理学》,人民出版社1989年版,第217页。
② http://www.people.com.cn/GB/shizheng/16/20011024/589496.html.

其次,"助人为乐是社会主义道德建设的核心和原则在公共生活领域的体现,也是社会主义人道主义的基本要求"。[1] 在助人为乐方面,整个社会也还有较大的进步空间。"2005 年,中国青少年发展基金会的一项统计表明,在我国工商行政部门注册的 1000 万家企业中,仅有 10 万家曾经为慈善事业捐过款物,另外 99% 的企业则从未有过慈善捐助记录。"[2] 在个人行为方面,也有类似的情况。"路遇一位弱者(如妇女或儿童)遭到歹徒欺侮时,仅有 6.3% 的人会选择'事不关己,多一事不如少一事,尽快躲避',58.5% 的人会选择'不直接帮助但会报警',19.9% 的人会选择'如果周围有人见义勇为,我会参与其中',15.3% 的人则是'不会考虑太多,而会立即上前阻止'。"[3] 可以看出,真正有"见义勇为"动机的人数只占约六分之一。而据笔者对大学生的调查,竟然有高达 22.8% 的人对"老人倒地不扶是一个明智的选择"表示明确的认同(见表 1-2)。

表 1-2　　"老人倒地不扶是一个明智的选择"调查结果　　单位:%

		人数(人)	百分比	有效的百分比	累积百分比
有效	非常同意	75	3.9	4.0	4.0
	比较同意	357	18.8	18.8	22.8
	一般	531	27.9	28.0	50.8
	比较不同意	570	30.0	30.1	80.9
	非常不同意	363	19.1	19.1	100.0
	总计	1896	99.7	100.0	—
遗漏	系统	6	0.3	—	—
总计		1902	100.0	—	—

---

[1] 编写组:《思想道德修养与法律基础》(2015 年修订版),高等教育出版社 2015 年版,第 120 页。
[2] 黄明理、宣云凤:《当前我国公民社会公德信仰状况研究——以江苏为例的抽样调查分析》,《东南大学学报》(哲学社会科学版)2008 年第 4 期。
[3] 黄明理、宣云凤:《当前我国公民社会公德信仰状况研究》,《东南大学学报》(哲学社会科学版)2008 年第 4 期。

最后，爱护公物就是珍惜和保护社会、国家、集体的财产或劳动成果，同破坏公共财产或劳动成果的行为做斗争。这是公民应该承担的责任和义务。"公共场所水龙头的长流水和白天的长明灯现象比较严重，3.4%的人表示看到这种情况会立即去关掉它，只有6.5%的人抱着事不关己、熟视无睹的态度。值得注意的是，还有20.1%的人虽然不乏保护公共财物之心，可是，保护公共财物的情感和意志较脆弱，公共利益至上的公德信仰远未形成，一旦影响到了个人利益的实现，就不会去自觉地维护公共利益。"①

第二，当代中国职业生活中存在一定程度的非道德感性经验现象。当代中国社会存在着一定程度的职业道德问题。所谓职业道德，就是同人们的职业活动具有本质关系的道德准则、规范、要求和意识的总和。② 它同时具有消极的伦理意义和积极的道德意义。即，职业道德不仅仅是一种对于职业生活的外在的伦理要求，同时，也是对于特定职业群体成员的内在的道德精神要求。职业道德是与道德主体在社会分工、劳动分工的本质地位相联系的。在不同社会生产条件下，职业道德具有不同的性质，职业道德具有阶级性。但是，由于职业具有自身的特殊本质和内容，所以，职业道德又具有历史继承性。当代社会主义中国所提倡的职业道德精神和职业道德规范就是"爱岗敬业、诚实守信、办事公道、服务群众和奉献社会"。不难看出，它具有明显的意识形态性，是与社会主义劳动分工相适应的。自改革开放以来，由于劳动者主体地位的逐步提升和劳动责任的进一步明确，以及分配制度和劳动人事制度的改革和完善，社会主义的职业道德水平得到空前的提高。另外，由于我国处于比较深刻的社会转型期，社会分工和社会劳动分工有了很大的变化，劳动方式、生产方式或者说生活方式，在某些方面有了根本的变化，其中不乏不完善、不稳定的地方，再加上其他一些外在因素的影响，我国的职业道德也出现了一些非道德主义问题。这些道德问题在一定时间、地点和条件下，甚至比

---

① 黄明理、宣云凤：《当前我国公民社会公德信仰状况研究》，《东南大学学报》（哲学社会科学版）2008年第4期。

② 罗国杰：《伦理学》，人民出版社1989年版，第246页。

较严重。

首先，在爱岗敬业方面，社会风气整体良好，但是，在一些地方，有些部门还存在较为严重的人浮于事、消极怠工的职业道德问题。职业，就是"营生"，就是"事业"，"事业"本来就是指"事功"。在"事功"中，人们可以实现社会价值和个人价值的统一。在"事业"过程中，如何处理好社会价值和个人价值的关系，在这两者之间实现某种道德均衡，对于社会和个人都是至关重要的问题。《周礼·夏官·司勋》说："事功曰劳。"郑玄注曰："以劳定国若禹。"贾公彦疏："据勤劳施国而言。"这就是"大业"（《易·系辞》"富有"之谓"大业"），是人的社会价值的实现。在中国传统道德思想中，治国理政"大业"被赋予了很高的道德价值。至于普通的生产劳动，则给予一定的贬低、歧视，但是，并没有完全排斥它的道德价值。"田农，拙业也；卖浆，小业也。"（《史记·货殖传》）虽然是"拙业""小业"，但它仍然属于"事功"。问题的关键在于，无论"大业""拙业""小业"，都要勤勤恳恳，兢兢业业，处理好个人价值和社会价值的关系。如果"只图个人的事功，谋个人的地位，这是自私自利者。"[①] 但是，需要注意的是，现实的情况是：个人只是在与集体、国家具有某种统一性的时候，个人才可能努力实现社会价值和个人价值的统一。在当代中国社会转型中，显然在某些领域或层面，还存在个人和单位、个人和集体、个人和国家的矛盾和问题，这些矛盾和问题，也势必要反映在人们的职业道德生活中。这就是一定范围、一定领域的职业非道德现象。在政府部门和事业单位，玩忽职守、"出勤不出工""不作为"现象屡见不鲜。最近几年的"懒政怠政"现象已经成为一个不容忽视的问题。人民论坛问卷调查中心在2015年6月关于"部分官员不作为真实原因"的调查结果显示，71.7%的受访者在与干部打交道办事时经常有"为官不为"的切身体验；50%以上受访者认为"胆小怕事'不敢为'"是"为官不为"的真正原因；70%以上受访者认为基层干

---

① 徐特立：《读书日记一则》，见阮智富、郭忠新《现代汉语大词典》上，上海辞书出版社2009年版，第116页。

部最容易出现"为官不为"现象。"为官不为"现象更多地发生在"县级部门"（47.1%），其次是"乡镇部门"（23.5%）。在问及"您与干部打交道办事时是否有过'为官不为'的切身体验"时，71.7%的受访者选择了"经常感受到"。可见，"懒政怠政"现象已经"具有相当的普遍性"。[①] 在厂矿企业，一些员工主人翁意识淡薄，创业精神不够，缺乏"工匠精神"，年轻技术工人违约违规"跳槽现象"较为普遍。全球知名的管理咨询公司Hay（合益）集团的研究报告显示，2011年全球员工敬业度为66%，中国员工的敬业度51%，处于"最低"水平。[②]

其次，在诚实守信方面，非道德现象较为突出。当代中国的诚信问题是一个典型的转型问题。正如英国社会学家吉登斯所讲，诚信规范在传统社会具有比较有力的社会结构性支撑，但是，在现代性的状况下，这些支撑力量不复存在或不再发挥作用了。[③] 人们似乎在传统的"熟人社会"有着较为自觉的道德积极性，更加讲良心、重感情、讲诚信，而在现代性的"陌生人社会"的交往中，道德人格发生了较大的转变。因此，"陌生人"不仅仅具有事实描述的意义，而且往往具有一定的消极价值评判的意义。[④] 故而，诚信在社会转型期或不成功的转型社会中受到严峻挑战。虽然人们看到了诚信对于社会发展的重要作用，对于诚信必要性有着比较正确的认识，可是，整个社会似乎在诚信问题上，难以在短期内消除失信问题。2013年的一项调查显示，企业员工在回答"您认为企业在生产经营活动中讲诚信、守道德会吃亏么"的问题时，有54%的人认为"不会吃亏，只会对企业有好处"，39%的人认为"有时会吃亏，但总体是对企业有好处的"，2%的人认为"大多数时候，对企业没好处"，2%认为"肯定

---

① http://theory.rmlt.com.cn/2015/0519/387374.shtml.
② 司马迁：《"跳槽"与"敬业度"有啥关系》，《青年时报》2011年9月14日，http://www.qnsb.com/fzepaper/site1/qnsb/html/2012-09/14/content_390142.htm。
③ Anthony Giddens, *The Conseqences of Morderntiy*, Stanford University Press, 1990. p. 113.
④ ［美］欧爱玲（Ellen Oxfeld）：《饮水思源——一个中国乡村的道德话语》，钟晋兰、曹嘉涵译，社会科学文献出版社2013年版，第67页。

是吃亏的，对企业没有一点好处"。① 由此可以看出，人们的诚信意识是不低的，但是，实际的情况是，诚信的行为是不高的。2016年5月21日由中国政法大学联合多家政府部门、社会团体、新闻机构和教育单位等编写的中国首部《中国诚信建设状况研究报告》在北京发布，该报告明确指出，在市场化的社会转型中，出现了拜金主义、一切向钱看的严重信用问题。商业欺诈、合同违法、制假售假、偷逃骗税、学术不端等等诚信缺失问题，在一定程度上已经成为影响和制约中国经济社会持续有序健康稳定发展的顽症。自2011年到2016年，中国企业每年因为失信导致的经济损失高达6000亿元人民币。②

第三，当代爱情、婚姻和家庭生活中存在比较突出的非道德感性现象。当代中国社会转型中的工业化、城市化、市场化和全球化运动，必然也会反映在人们的爱情、婚姻和家庭生活之中。事实证明，与改革开放以前相比，当代中国的爱情、婚姻和家庭生活已经发生了翻天覆地的变化。与之相对应，爱情、婚姻和家庭生活的道德状况也发生了"革命性"的变化。当代恋爱中的自由程度、婚姻和家庭生活中的平等范围都远远高于改革开放之前，爱情、婚姻和家庭道德有了明显的进步和发展。这是当代中国爱情、婚姻和家庭道德现状的主流。但是，在社会转型的过程中，当代中国的恋爱、婚姻和家庭生活也出现了一些严峻的伦理问题，爱情、婚姻和家庭道德生活中也出现了一些比较突出的非道德问题。

首先，当代中国恋爱生活中存在着非道德感性现象。在实践唯物主义看来，爱情是在"一夫一妻制"基础之上发展起来的一种"现代个人性爱"。"所谓爱情，就是一对男女基于一定的社会关系和共同的生活理想，在各自内心形成了对对方的最真挚的倾慕，并渴望对方成为自己终身伴侣的最强烈的感情。"③ 爱情的基本特征在于，它包含着由社会属性净化了的自然性欲要素；它是一种具有排他性的持

---

① 王小锡：《当代中国企业道德现状及其发展策略分析》，《社会科学战线》2013年第2期。
② http://news.sina.com.cn/zhiku/ltsl/2016-05-21/doc-ifxsktkp9104694.shtml。
③ 罗国杰：《伦理学》，人民出版社1989年版，第290页。

久而热烈的心理现象①；它是包含强烈义务感的高尚道德感情；爱情具有包含诸如阶级感情和其他社会感情在内的丰富社会内容；爱情在两性生活和婚姻家庭生活中具有巨大的能动作用。在社会主义条件下，历史创造了排斥甚至消灭不平等、物欲化恋爱的社会条件，人们在培养爱情的过程中，即，在恋爱的过程中应当"注重品德、情操和志同道合""尊重对方情感，平等履行义务"、追求"高尚情趣和健康交往"。因此，在社会主义历史条件下的恋爱道德从宏观整体上看是进步的、文明的。当代中国的社会转型促进了社会道德的整体进步。但是，在恋爱道德领域，也出现了与市场化、城市化、工业化和全球化相关的恋爱伦理问题和非道德主义倾向。受商品拜物教、物质主义、拜金主义社会思潮的负面影响，在一定范围内出现了爱情商品化的非道德主义现象。② 爱情不再纯洁，爱情不再是高尚的生活本身，不再具有其应有的道德价值理性，而变成了一种单纯的道德工具理性。受西方"性解放"、性自由主义社会思潮的负面影响，在一定范围出现了爱情性爱化的非道德主义现象。爱情不再和婚姻相联系，不再与应当承担的社会责任和义务相挂钩，而变成了一种排解现实生活压力的享乐主义、纵欲主义的非道德行为。总之，虚伪性是当代中国社会转型期恋爱道德领域出现的非道德主义的基本特征。2016年的一项研究报告显示，青年人在恋爱过程中的性行为已经达到了很高的比例，甚至超过西方国家（见表1-3）。这是一个非常严重且需要深入研究的现实社会伦理问题。因为，"在性关系领域轻松放纵非道德主义，只不过是资本主义社会普遍非道德主义的一个方面"。③

其次，当代中国婚姻家庭生活中也存在较为突出的非道德主义感性经验现象。在马克思主义的实践唯物主义看来，作为人类基本的生活方式之一的婚姻家庭关系，是一种非常复杂的社会关系，它既是社

---

① ［德］恩格斯："性爱按其本性来说就是排他的"。参见《马克思恩格斯选集》第4卷，人民出版社2012年版，第93页。
② 李蓉丽：《恋爱中的非道德现象剖析》，《社科与经济信息》2002年第3期。
③ 罗国杰：《伦理学》，人民出版社1989年版，第314页。

会的经济基础,又是社会的上层建筑①;既包含社会存在因素,又包含社会意识因素;既担负着物质的人口再生产的任务,又担负着意识的精神产品生产的任务。因此,社会主义的婚姻家庭关系与封建主义、资本主义的婚姻家庭关系具有根本不同的性质。在生产资料公有制的基础上,在人民民主专政的条件下建立起来的新型婚姻家庭关系,"实行婚姻自由,一夫一妻、男女平等的婚姻关系"。②《中华人民共和国婚姻法》所维护的婚姻关系,是社会主义性质的婚姻关系。这种"婚姻的社会主义性质消除了私有制社会中爱情和婚姻分离的社会根源,并为爱情和义务的有机结合开拓了光明的前程"。③合理的、进步的、自由的婚姻关系是以爱情和义务的统一作为自己的道德基础的。在当代社会主义中国,提倡尊老爱幼、男女平等、夫妻和睦、勤俭持家、邻里团结为主要内容的家庭美德。遗憾的是,在社会转型期的大背景下,市场化、城市化、信息化、工业化和全球化进程给当代中国婚姻家庭关系造成较大的冲击,社会在婚姻家庭道德方面虽然在整体上已经取得了巨大的进步,但是,也出现了比较严重的伦理问题和道德问题。在市场化进程中,资本、金钱和权力在一定范围和条件下成为当代婚姻家庭关系的腐蚀剂,按照自由主义者的理解,它们作为"能力"的体现,要求自己在市场经济条件下的"公平"及其"所当配享的自由",如,家外有"家"、家外有"室"、婚外有"婚"、婚外有"情"等。在婚姻家庭生活领域的这些非道德主义现象背后,一般都存在着资本、金钱或权力的影子。在城市化、工业化的进程中,社会创造出大量的"农民工"或"新市民"等,这些人口中的大多数是以"单身"的形式孤单地生活着,这种孤单一度成为严重的社会问题。一方面是外出打工方的孤单,另一方面是留守方的孤单。这不仅导致了夫妻生活的困顿,而且带来了赡养老人和抚养子女的家庭伦理责任问题。城市化和工业化也带来了比较严重的婚姻

---

① 罗国杰:《伦理学》,人民出版社1989年版,第298页。
② 《中华人民共和国婚姻法》第二条规定:"实行婚姻自由、一夫一妻、男女平等的婚姻制度"。1980年9月10日由五届人大三次会议通过。
③ 罗国杰:《伦理学》,人民出版社1989年版,第299—300页。

家庭非道德主义问题。2014年的一项研究报告显示，37.4%的农民工认为，社会风气不良促使农民工性越轨；20.8%的农民工觉得"只要没有熟人知道，发生婚外性行为也没什么大不了的"。[①] 这表明农民工的性越轨行为比例很高。与此同时，农民工对配偶的贞操要求是非常高的。同一研究报告显示，当得知配偶由于分居而发生婚外性行为时，54.9%的农民工选择离婚。这足以说明，单身外出打工，已经成为导致婚姻家庭非道德现象发生主要原因之一。

表1-3　　　　　　　　　　大学生恋爱中的行为底线

选项	小计（人次）	比例（%）
A. 一般身体接触	42	17.72
B. 约会时接吻	60	25.32
C. 性爱关系	68	28.69
D. 同住关系	67	28.27
本题有效填写人次	237	—

资料来源：苏芬：《当代大学生恋爱道德观的问题及对策研究》，中北大学，2016年，第37页。

第二节　非道德主义社会思潮的社会根源

我们所讲的当代中国的社会转型是以改革开放为起点的。开始于1978年的社会主义改革，使得当代中国发生了并还在继续发生深刻的结构性变化。内发性的经济体制改革、政治体制改革和文化体制改革所带来的社会革命性变革与外部的国际关系和国际形势的变化，把中国带到了一个崭新的时代。人们所担负的包括伦理关系在内的社会关系的变化，使得原有的社会规范和价值观念也发生了巨大的变化。这种变化的基本层面是积极的、进步的，但是也存在很大的负面的、消极的变化。与之相应，社会也出现了比较严重的伦理问题。伦理问题，是社会问题之一，是社会问题的个别形式。它所指向的是伦理

---

① 王飞：《论新生代农民工性问题》，《中国青年政治学院学报》2014年第2期。

"社会状态偏离了社会主流价值所公认的正常状态,影响到社会成员的正常生活,并需要在整个社会制度层面予以回应"。[1] 下面,将从市场化、工业化、城市化和全球化等领域论述当代中国社会转型及其所引发的伦理问题。

一　市场化及其伦理问题

当代中国社会转型的最深刻变化是从传统计划经济向市场经济的转型。中华人民共和国成立后,中国逐步确立并沿用着计划经济体制,这种计划经济和苏联模式虽然有所区别,但是从整体上看二者是一脉相承的。马克思和恩格斯曾经设想,社会主义可以在像英国这样的发达资本主义国家首先取得成功,然后建立在全社会财产公有制基础上的社会主义经济制度。其特征有:单一公有制;商品生产消亡;国家按计划配置资源、组织生产、分配和消费;按劳分配。但是,列宁认为,社会主义革命和建设可以在帝国主义的薄弱环节取得胜利,可以在像俄国这样的后进的资本主义国家取得成功。苏联在随后的经济建设中,按照马克思和恩格斯当初的计划经济设想,逐步确立了自己的计划经济模式,即苏联模式。在所有制结构上,工业、交通运输、银行等都是国有经济,集体农庄建立在国有土地的基础上,对国有经济具有高度依附性。在经济运行模式上,实行高度集中的中央计划体制,企业没有自主权,重视重工业和军工企业,轻工业和农业发展滞后。在增长模式上,采用粗放式发展,成本高,效率低。[2] 到1956年,中国基本建立起这样一类计划经济体制。在当时的条件下,这种计划经济体制对生产力的发展起过积极作用,但是,随着社会经济的发展和条件的变化,它也暴露出政企不分、条块分割、效率低下、浪费严重、闭关自守以及平均主义等严重弊端。[3]

1978年,中国对原有计划经济采取渐进式改革,经过近40年的

---

[1] 何雪松:《社会问题导论:以转型为视角》,华东理工大学出版社2007年版,第5页。
[2] 蒋学模:《政治经济学》,上海人民出版社2010年第13版,第217页。
[3] 宋涛:《政治经济学教程》,中国人民大学出版社2010年第8版,第261页。

改革，在今天已经基本确立了社会主义市场经济体系。中国经济改革的一个突出特点是，"保持历史的延续性，实行双轨过渡、增量改革"。① 在改革前期，主要采取"增量改革"，也就是在旧体制"存量"暂时不变的条件下，在"增量"部分首先实行新体制，然后随着新体制部分的确立和比重加大，再使"存量"部分逐步向新体制"并轨"。双轨制涉及到价格、财税、金融、收入和外汇等领域。这种改革策略，因为从体制外扩充社会资源以满足改革者的利益，降低了改革的社会成本，对改革起到了积极的推动作用，改革的先行者也因此而获得更多利益。最有代表性的就是乡镇企业和个体工商户。当时，甚至出现了只要能讲粤式普通话就能"赚"大钱的奇怪现象，"欺骗、拖欠、赖账之类已多到报刊都不愿再做报道的地步"。② 20 世纪 90 年代进入改革中期以后，中国经济改革进入新的阶段，改革领域从增量转向存量，改革的成本和难度大大增加。国企改革、社会保障制度改革等全面启动。一方面，市场经济改革不断进步，另一方面，也出现了一些问题，如国有资产管理和就业等问题。

当然，市场经济也带来了一些新的结构性的伦理问题。个人和国家、个人和集体、集体和集体、集体和国家，甚至人和自然等伦理关系，在市场经济浪潮中越来越货币化。

第一，关于集体和个人关系上出现的伦理问题。集体和个人的关系在一定程度上变得不再紧密。在计划经济条件下，人们生活和工作在一个超稳态的企事业单位或村社中，在绝大多数情况下，个人与集体的关系甚至终生都是不变的。集体给个人提供他一生所需要的一切，而个人也将自己的一生贡献给集体。集体是个人生存的第一条件，离开集体，他也就会失去身份，失去户籍，无法生存。可是，这种人身依附，在长久的社会化过程中，却给予个人以某种心理依赖和安全感，人们无需进行痛苦的自我选择，只要按照集体的意志办事就可以正常生活。在集体内部，由于实行平均主义的分配原则，个体之间几乎是一种同质性存在。因此，哪怕个人具有天然的生理或智力优

---

① 宋涛：《政治经济学教程》，中国人民大学出版社 2010 年第 8 版，第 264 页。
② 樊纲：《制度改变中国》，中信出版社 2014 年版，第 3 页。

势，他也不会因此而获得特别的社会优势。他会心安理得于自己自然优势的生不逢时，就像另一个心安理得于自己天然劣势的时来运转的人一样。但是，在市场经济条件下，这一切都发生了完全的逆转。集体因为自己或者环境的原因，无法再像过去那样提供舒适安逸的生活条件，而个人周边的"同事""同窗""同志"等现在也可能"昨是今非"。个人在一定程度上变得"无所适从"了。

第二，关于个人和个人关系上滋生的伦理问题。市场经济力量将人区分为穷人和富人。市场经济不仅仅改变了个人和集体之间伦理关系的性质，也改变了人和人之间伦理关系的状态。在计划经济条件下，中国已经消灭了剥削阶级，更不存在富人和穷人的对立。由于所实行的单一按劳分配原则在劳动量上的计算并不刻意追求精细，人们在社会收入上的差别在相同地区产业部类内部的区别并不太大，所以，在那个时代的意识形态里面，巨大的贫富差距被看作是只有资本主义社会才具有的丑恶现象。但是，在市场经济条件下，由于实行了多种多样的分配方式，也由于其他的一些非经济因素，相同社会劳动量可能会得到不同的劳动价格，社会出现了比较严重的贫富分化。有学者将当代社会人群区分为 10 个阶层，也有学者将人群区分为 4 大群体[1]，这些观点是有其可商榷之处的，但是，既然存在比较严重的贫富分化，那就在逻辑上应该承认富人和穷人社会伦理关系的存在。人和人之间的伦理关系也发生了很大的变化，出现了一些与中国特色社会主义市场经济宗旨不相适应的经济伦理问题。不仅如此，人们现在可能会觉得，那些追求个人利益最大化的个人道德动机及其相应的社会回报不仅是合法的，而且是光荣的，即所谓"致富光荣"。这一切都会给那些人——即，穷人、"时钟慢"的人[2]，带来强烈的道德挫败感。现在，人们会强烈感觉到，他和周遭人的关系已经变成一种

---

[1] 即特殊获益者群体、普通获益者群体、利益相对受损群体和社会底层群体。见李强《转型时期的中国社会分层结构》，黑龙江人民出版社 2002 年版。

[2] 达伦多夫认为，对于市场经济改革的个人反应，存在"三种时钟"：律师和政治家的时钟最快，其次是经济学家，最后是"市民社会时钟"。Dahrendolf, F., *Reflections on the Revolution in Europe*, 1990；参见何雪松《社会问题导论：以转型为视角》，华东理工大学出版社 20079 年版，第 6 页。

在如何首先实现自身利益前提之上的合作和竞争关系。如果自己的"时钟慢"一点、如果自己"觉悟晚"一点、如果自己"关系少一点",那么,自己将成为竞争的淘汰者。更为恐怖的是,"非经济手段(例如暴力)"还可能参与其中[①],"甚至出现'西西里化'和'那不勒斯化'——即倚强凌弱的黑社会的出现"[②]。由此看来,他人似乎不仅仅是竞争者,简直就是"披着人皮的豺狼"。

第三,关于集体和集体关系上产生的伦理问题。"在改革开放过程中,中国地方政府的行为出现了地方主义倾向。一般认为,当前中国地方主义主要表现在如下三个方面:一是地方政府各自为政,各行其是,采取'上有政策、下有对策'的策略,中央政府的宏观调控政策在执行过程中往往变形。二是地方政府之间互相攀比,盲目发展,重复建设,肆意扩大预算外的基建规模,地方政府行为短期化。三是采取地方保护主义的手段,实施地区经济封锁,人为割裂市场,阻碍统一市场的形成。"[③] "地方主义"(Localism; Regionalism)是一个舶来品,在中国最早出现于20世纪20年代,具有强烈的政治伦理蕴含。[④] 一方面,地方主义是对于极端中央集权主义的矫正。因此,可能在特殊情景下具有一定的积极意义,它体现着地方政府或单位的主体意识和自主意识的张扬。但是,地方主义是以极端的形式表达这种主体性独立意识的,它从一个极端跳到了另一个极端。而且,地方主义一般是采用非制度性通道和策略实现自身利益的溢出效应的。所以,从动机、效果以及手段上看,它本身就是一种伦理问题。另一方面,地方主义是对于那种同质性地区间关系的矫正。在计划经济条件下,往往将不同地区看作是没有差别的,或者尽量将地区间的个性差

---

① [德]马克斯·韦伯:《经济行动与社会团体》,康乐、简惠美译,广西师范大学出版社2004年版,第89页。
② 孙立平:《转型与断裂:改革以来中国社会结构的变迁》,清华大学出版社2004年版,第121页;转引自何雪松《社会问题导论:以转型为视角》,华东理工大学出版社2007年版,第103页。
③ 毛寿龙:《"囚犯的难题"与"地方主义的泥淖":中央和地方关系的在思考》,《行政论坛》1996年第3期。
④ 王续添:《现代中国地方主义的政治解读》,《史学月刊》2002年第6期。

异筛选至最低限度,所以,限制了地区个性优势的发挥,存在着诸如"鞭打快牛"的现象。但是,地方主义恰恰相反,它是在与其他地方的关系中,采取非制度性策略,试图以非制度性优势进一步放大自身的个性优势,从而建立起地方间的不合理伦理关系。

二 工业化及其伦理问题

当代中国社会转型的另一个内容就是从农业社会向工业社会的转变。简言之,就是实现社会的工业化。所谓工业化"是随着分工演进,农业生产者转化为工业产品生产者的过程"。[①] 在社会学意义上,所谓工业化"可以理解为由于非生命动力的广泛应用以及制造业的持续增长而导致的从农业社会向工业社会的转型过程"。[②] 吉登斯认为,工业化的特点有四个方面,即,非生命动力、机械化、制造业普遍化和工作地点集中化。[③] 沃顿将工业化过程划分为具有不同特点和内容的五个阶段。如果将这五个阶段,不是看作是纵向的时间关系,而是看作是横向的空间关系,那么,这个区分对于认识当代中国工业化有着非常贴切的意义。中国的工业化因为地区发展的不平衡性而同时存在这五种状态。从而使得中国工业化及其对社会结构、伦理关系的影响表现出很大的复杂性和多样性(见表1-4)。

事实上,在19世纪后半叶,中国就开始了自己的近代工业化过程了,而且在东南沿海一些地区还达到了很高水平。但是,本书主要讨论中华人民共和国成立后的工业化过程。以1978年改革开放为界限,按照一般流行的工业化阶段的分类依据(以1000美元为界限),可以将中国的工业化过程分为两个阶段:工业化初期(1949—1978)和工业化中期(1978至今)。

[①] 肖卫:《工业化和城市化过程中的城乡收入差距研究——基于中国改革30年的实证分析》,《产经评论》2010年第3期。

[②] 何雪松:《社会问题导论:以转型为视角》,华东理工大学出版社2007年版,第68页。

[③] [英]安东尼·吉登斯:《民族—国家与暴力》,胡宗泽、赵刀涛译,生活·读书·新知三联书店1998年版,第172—173页。

表1-4　　　　　　　　　　　工业化的五个阶段

	Ⅰ起源	Ⅱ工业革命	Ⅲ晚期工业化	Ⅳ新兴工业化国家	Ⅴ后工业社会
1. 增长和转型	A. 原始工业化				
2. 阶级形成		B. 文化和阶级斗争			
3. 权威和企业			C. 控制结构		
4. 劳动力				D. 无产阶级化和非正式部门	
5. 矛盾和危机					E. 去工业化

资料来源：John Walton, Theory and Research on Industrialization, *Annual Review of Sociology*, 1987, 13: pp. 89-108；转引自何雪松《社会问题导论：以转型为视角》，华东理工大学出版社2007年版，第69页。

20世纪50年代，中共中央就借鉴苏联工业化道路的经验教训，确定了"中国工业化的道路"，并初步建立起社会主义工业体系。受当时的政治、经济和思想条件的限制，这条"中国工业化的道路"，在内容、策略、结构、道路和目标等方面，仍然具有非常明显的苏联模式的工业化特征。虽然这一时期的工业化为新中国的经济奠定了坚实的基础，工业发展稳步推进，就业工人持续上升。但是，这一时期的工业化也存在一些严重的问题。一是产业结构不平衡，严重偏向重工业，忽视轻工业、农业和服务业。二是选择了外延式、粗放式、低效率发展道路，高投入，低产出，资源浪费非常严重。三是高积累、低利率、低工资、低消费。四是布局不合理，城乡不平衡，工农收入差别过大。

自1978年改革开放以后，工业化进入一个新的阶段，经过20多年的探索和调整，终于走上"中国特色工业化道路"。从1978年开始，中国开始对以往偏向重工业的工业化路线进行调整，到1995年"八五"计划完成，国营、私营和个体、乡镇企业、外资"四龙腾飞"，农业、轻工业、重工业和第三产业并驾齐驱，劳动密集型、资本密集型和技术密集型产业共同发展，创造了举世瞩目的经济奇迹。1997年，中国经济运行方式发生重大变化，开始进行大规模的经济结构调整，确立了工业化和信息化相结合，经济、社会、自然和人的全面协调可持续的科学发展之路。2001年，人均GDP达到1000美元，中国进入了工业化中期。2002 年，中共十六大正式提出了我国的"新型工业化道路"。以后的十七大又再次强调要"坚持走中国特色新型工业化道路"。

毫无疑问，改革开放以来的工业化发展，取得了辉煌的成绩，当代中国已经一跃而成为世界第二大经济体，人们的物质生活和文化生活有了很大的进步。但是，工业化同时也带来了一些难以避免的社会伦理问题。布鲁默认为，工业化作为社会发展的动力，它本身是中性的，但是，在一定的社会条件下，工业化可能导致一些严重的社会伦理问题——即，从农业社会向工业社会转型的社会问题和伦理问题。[1]

第一，工业化所提供的就业机会将更多的农民吸引到工业生产领域而使其成为产业工人，这些"农民工"（或"新市民"）的个人生涯、家庭结构及其功能势必受到很大影响。他们常常面临比较严重的身份认同、经济歧视、恋爱婚姻困难、子女教育、社会保障等问题。"进城打工的农民工平均死亡率为 1.5%，伤残率大约为 5%。"[2] 深圳市总工会 2010 年的一项调查显示，在接受调查的 5000 名农民工中 30 岁以下的人群里，有 437 人对自己的感情和婚姻现状不满意，1268 人认为一般，几乎占受访新生代农民工的一半。离婚率高达 44.05%，远远高于全国离婚率平均水平。[3] 另外一项调查也显示，在无孩子和有孩子的已婚青年中"有离婚想法"的比例分别为 46.99% 和 36.85%。[4] 一个人如果对自己的个人生活是不满意的，我们就很难想象他会对社会采取一种积极的、正面的评价。不仅如此，城乡收入并没有因此缩小，而是进一步拉大了

---

[1] Herbert Blumer, *Industrialization as an Agent of Social Change: A Critical Analysis*, New York: Aldine de Gruyter, 1990.

[2] 何雪松：《社会问题导论：以转型为视角》，华东理工大学出版社 2007 年版，第 80 页。

[3] 吴新慧：《传统与现代之间——新生代农民工的恋爱和婚姻》，《中国青年研究》2011 年第 1 期。

[4] 吴银涛、胡珍：《三角结构视域下的青年农民工婚姻维持研究——基于成都市服务行业青年农民工的实证调查》，《青年研究》2007 年第 8 期。

(见图 1-1)。

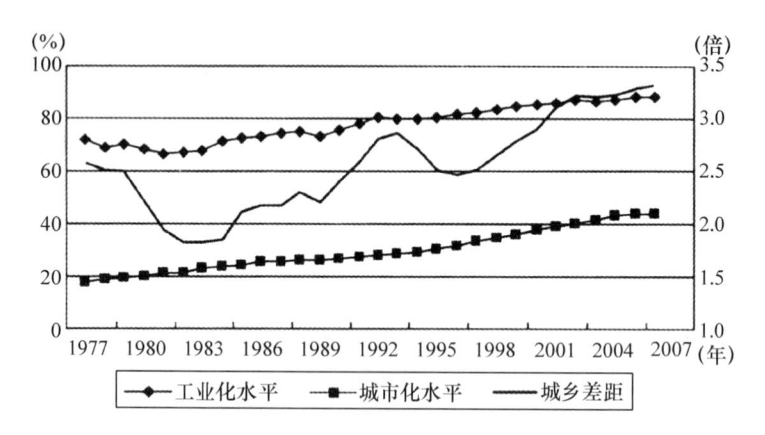

图 1-1 工业化和城乡收入差距

资料来源：肖卫：《工业化和城市化过程中的城乡收入差距研究——基于中国改革 30 年的实证分析》，《产经评论》2010 年第 3 期。

第二，工业化的另外一个副产品是导致人和自然的生态伦理关系紧张。中国的工业化，长期以来采取的是高投入、高耗能、高污染、低产出、低效率的外延式发展道路，因此，产生了非常严重的环境问题和生态伦理问题。有一些行业，如钢铁、煤炭、石油、有色金属等，常常是几乎没有利润地出口产品，而将空气污染和生态破坏留到国内，存在着严重的代内和代际生态正义问题。特别严重的是工业化所引发的生态贫困问题，已经成为一个需要全社会认真对待的问题。工业化所引发的贫困问题在发展中国家较为常见，工业化被看作是帮助偏远落后地区脱贫的主要手段。这种思路是值得商榷的。有人甚至认为这是一种"脱贫陷阱"。[①] 工业化侵占土地、导致土地退化、引发地质灾害、产生环境污染等所带来的贫困或相对贫困，以及所导致的潜在风险都应当引起足够的重视（见图 1-2）。

[①] 参阅王勇、李继清、王霭景《天津市水资源承载力系统动力学模拟》，《中国农村水利水电》2011 年第 12 期。

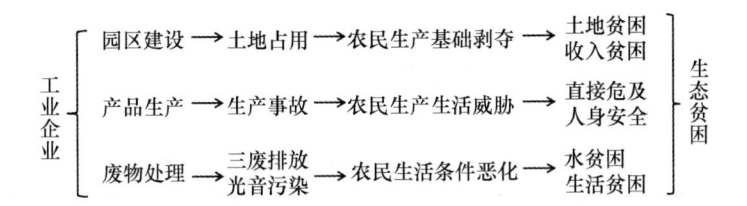

第一章　非道德主义社会思潮的表现和根源 | 83

```
            ┌ 园区建设 → 土地占用 → 农民生产基础剥夺   土地贫困   ┐
            │                                      收入贫困     │ 生
工业企业   ─┤ 产品生产 → 生产事故 → 农民生产生活威胁   直接危及   ├ 态
            │                                      人身安全     │ 贫
            │ 废物处理 → 三废排放 → 农民生活条件恶化   水贫困     │ 困
            └          光音污染                     生活贫困    ┘
```

图 1-2　工业化的生态负面影响

资料来源：程蹊等：《工业化引致生态贫困的基本过程与形式浅析》，《生态经济》2015 年第 5 期。

中国每年可统计的因工业化而合法占用的农村土地高达 400 多万亩，其中，耕地约占一半，百万农民因此离开耕地。① 到 2020 年，中国失地农民总数将超过 1 亿。② 在当代，人和自然的关系已经成为最重要的伦理关系之一，建立起人和自然之间的和谐关系，既是当代社会生活的重要前提，也是未来美好生活的保障。

第三，工业化所倡导的生产方式和消费方式包含着比较突出的伦理问题。工业化对于工业社会而言，其大批量的生产方式，一方面，促进了物质文明的高度发展，创造了大量的物质财富，提高了人们的生活水平；另一方面，产生了内需不足、消费品过剩的问题。因此，刺激消费成为解决工业社会生产危机的"一剂良方"。在这种背景下，"现代性消费""奢侈性消费""过度性消费"成为有消费能力社会层级进行社会消费的普遍状态。有人认为，"追求享受正是社会发展的动力，正是人们有着不断追求生活和环境更舒适、更安康的愿望，才推动了整个社会经济的发展"。③ "大量生产、大量消费、大量废弃"似乎越来越成为一种流行的消费风尚。有研究成果显示，人们对于"花明天的钱圆今天的梦"的"符号消费""攀比消费"的观点，显示了当今中国社会的消费伦理问题（见表 1-5）。需要说明的

---

① 《失地农民年均达百余万，保护耕地成新农村关键》，见网址 http://news.xinhuanet.com/house/2006-03/09/content4279202.htm。
② 刘声：《国家应出台法规保障失地农民权益》，《中国青年报》2009 年 3 月 14 日第 2 版。
③ 苏洪涛：《走出节俭的误区》，中国城市出版社 1999 年版，前言。

是表 1-5 中所谓"现代物质消费观"是指奢侈消费、预支消费、炫耀消费、品牌消费、享受型消费、身份性消费等。①

表 1-5　追求现代物质生活消费观在南京和镇江的分布情况　　单位：%

城市	消费观	不赞同	不太赞同	说不清	比较赞同	完全赞同	平均得分
南京	人数（人）	24	50	41	126	81	3.59
	百分比	7.45	15.53	12.73	39.13	25.16	
镇江	人数（人）	19	81	42	101	61	3.34
	百分比	6.25	26.64	13.82	33.22	20.07	
合计	人数（人）	43	131	83	227	142	3.47
	百分比	6.12	29.08	13.27	32.65	18.88	

数据来源：郑红娥：《社会转型与消费革命——中国城市消费观念的变迁》，北京大学出版社 2006 年版，第 151 页。

三　城市化及其伦理问题

在当代中国社会转型中，城市化与市场化、工业化是密切相关的。城市化过程实质上可以被看作是一个伦理生活、伦理关系的变化过程。当代中国的城市化进程，取得了举世瞩目的成就，也产生了一些非常严重的伦理问题。

从某种意义上说，工业化和城市化是一个问题的两个不同的侧面。城市化是一个涵盖经济学、历史学、社会学和地理学意义的综合概念，城市化只能从城市和乡村的关系中才能得到正确理解。概括地说，城市化就是人类的城市生产、生活方式和价值观念在地域和心理上的扩张过程。具体地说，它包括以下几个方面的内容：人口向城市或城镇集中和流动；城市生活方式通过将农民纳入自己的空间体系而不断向外扩张；城市人口比例的结构性提升过程等。其中，人口结构，即城镇人口比例是衡量城市化发展水平的最直观、最主要的指

---

① 郑红娥：《社会转型与消费革命——中国城市消费观念的变迁》，北京大学出版社 2006 年版，第 150 页。

标。当代中国的城市化进程是从 1949 年开始的。这一过程可以分为两个阶段——即，1949 年到 1978 年的较为缓慢的城市化阶段和 1979 年至今的快速城市化阶段。仅仅就人口结构的情况来看，从 1949 年到 1978 年，城市人口比例仅仅上升了 7.32 个百分点，城市化率仅仅达到 17.92%。而且，这种变化还主要集中在中华人民共和国成立之后 10 年，随后几乎没有明显的变化。与西方国家相比，中国社会只是处于前城市化时期（见图 1-3）。1978 年改革开放以后，中国城市化步入快车道，发展速度明显加快。到 2012 年，中国城市人口首超非城市人口，城市人口比例达到 52.57%（见图 1-4）。这标志着中国正式步入城市化社会。到 2016 年，中国城市化率达到 57.35%。[①]

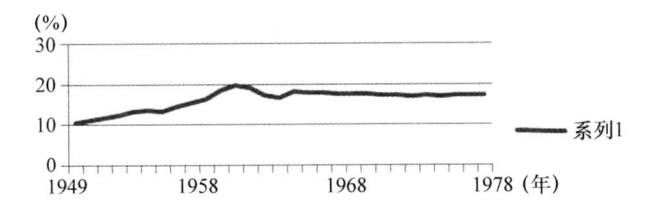

图 1-3 中国城市化率进程（1949—1978）

资料来源：陈雨军等：《中国城市化道路新论》，商务印书馆 2009 年版，第 40 页。

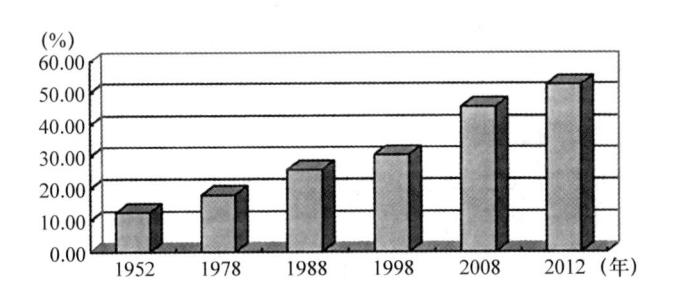

图 1-4 中国城市化率进程（1952—2012）

毋庸讳言，中国的城市化像世界上其他地区的城市化一样，出现

---

① 中国产业经济信息网：http://www.cinic.org.cn/site951/tjsj/2017-02-24/853718.shtml。

了"城市病",出现了一些比较严重的社会问题和伦理问题,给整个社会生活带来很大冲击。当代中国的城市化是发生于城市哲学意识已经觉醒的历史条件下的,因此,如何站在城市哲学的视域考察当代中国城市化过程的总的伦理问题,对于正确把握当代城市生活中的非道德主义思潮是很有意义的。城市化过程的确推进了社会进步和发展,但是,当前中国的城市化过程,虽然克服了世界城市化过程的很多问题和弊端,却由于各种因素的作用,仍然有一些伦理问题存在。比如城市人和城市的伦理关系问题、城市人和城市人的伦理关系问题、城市人和乡下人的伦理关系问题、城市社会和国家的伦理关系问题、城市和城市之间的伦理关系问题以及城市和城市生态环境的伦理关系问题等。下边主要讨论前两个问题。

第一,关于城市人和城市的伦理关系问题。在第二次世界大战后,城市哲学兴起。现在,城市绝不能再被简单地看作是一个僵死的人文地理存在。今天,人们应该首先把城市和人联系在一起,才能真正理解城市。"城市是谁的城市"与"城市化是谁的城市化"在本质上是同一个问题[1],它们都是对于城市本质的哲学追问。如果将城市背后的深层规则系统看作是哈贝马斯所谓"生活世界"的一部分,那么,这些规则系统的制定者是谁?是城市政治精英、是城市经济精英、还是城市大众?也许从一个长远的时间区间和历史决定论的角度来看,城市"生活世界"应该是所有现实的和可能的城市人的共同创造物。但是,当代中国城市化的实际情况好像远非如此。体现在城市空间和时间中的城市规划、城市建设、城市运行和城市发展之中的规则,似乎都和普通的城市人关系不大。城市人,不管是老城市人还是新城市人,往往是以"客居"的"异乡人"的方式展开自己的角色的。人们能够看到生态城市哲学家帕克、伯吉斯和沃思所谓的较为普遍的消极"隔离""入侵"和"演替"。[2]比如城乡结合部中流动

---

[1] 孙立平:《重建社会转型社会的秩序再造》,社会科学文献出版社2009年版,第138页。
[2] 何雪松:《社会问题导论:以转型为视角》,华东理工大学出版社2007年版,第54—55页。

人口主动和被动的"隔离",新市民对于城中村的"入侵",房地产商用高档住宅区对菜市场的"演替",等等。这些都反映了城市人和城市之间伦理关系的紧张。

第二,关于城市人和城市人、城市人和乡下人的伦理关系问题。城市本身就是社会分工的产物,是一个复杂性系统。自1978年以来,中国的城市化几乎以平均每年提升1%的速度快速发展,城市本身的复杂性效应大大增加了。城市空间的龟裂和对于这些裂隙的填补持续地互相放大。城市化不断产生新的市民需求,而新市民又不断推动城市化。城市人的社会角色和身份的复杂性不断增大。而这种复杂化在特殊历史内容(如传统性法律制度、户籍制度、社会保障制度、工资制度、教育政策、人事制度和政治价值取向)的放大效应下,使得城市人之间的分歧更加凸显,并造成了城市人和城市人、城市人和乡下人在生活方式与社会地位上的对立。因此,"歧视—仇视性"成为城市化过程中的一种较为普遍的社会伦理现象。城市化过程中人际关系和交往的破碎化、表层化和非人情化的问题出现了。[1] 城市人之间出现了平等和正义问题(见表1-6)。

表1-6　　　　　　　　住房条件和社会层级

	潜类与规模(%)	潜类1	潜类2	潜类3	潜类4	潜类5
		0.1702	0.1292	0.4189	0.1993	0.0823
居住分化	社区类型					
	城镇边缘社区	0.0559	0.2132	0.0000	0.6931	0.2298
	老旧城区	0.1180	0.0514	0.2509	0.2530	0.2752
	1979年前单位社区	0.0666	0.1483	0.1453	0.0326	0.1298
	1980—1995年单位社区	0.2898	0.3861	0.3113	0.0213	0.1849
	1996年后单位社区	0.1788	0.1207	0.0817	0.0000	0.0586
	商品房社区	0.2868	0.0803	0.2108	0.0000	0.1218
	社区低端价位 最低20%组	0.0069	0.2869	0.1040	0.4693	0.2885
	最高20%组	0.4182	0.0000	0.2240	0.1275	0.1198

---

[1] 参阅何雪松《社会问题导论:以转型为视角》,华东理工大学出版社2007年版,第54页。

其中潜类1—潜类5界定如下（见表1-7）。

表1-7　　　　　　　　潜类1—潜类5

潜类与构成	管理人员	专业技术人员	办事人员	体力劳动者	自雇佣者	无业人员
潜类1（0.1702）	0.29.5	0.348	0.195	0.160		
潜类2（0.129）	0.240	0.356	0.24.3	0.142	0.000	0.000
潜类3（0.4189）	0.158			0.714	0.128	
潜类4（0.2000）	0.125			0.54	0.22	0.11
潜类5（0.0823）	0.000			0.130	0.000	0.85

资料来源：李路路、边燕杰主编：《制度转型与社会分层》，中国人民大学出版社2008年版，第126页。

从上表可以清楚地看出，社会地位越高，其居住和生活空间就越优越。管理人员、专业技术人员和办事人员的生活质量明显优越于体力劳动者、自雇佣者和无业人员。管理人员、专业技术人员和办事人员是潜类1的主要人员，占潜类1的83.8%。他们以相对较低的价格成本拥有46.56%的高等级社区住宅。而87%由体力劳动者、自雇佣者和无业人员构成的潜类4，"城镇边缘"和"老旧社区"住房中的94.61%是由他们居住的。可以说，就住房条件来看，城市化进程中的市民层级分化是比较严重的。

四　全球化及其伦理问题

全球化是当代几乎所有问题能够在宏观上得以正确认识和把握的前提之一，理所当然，也是认识和解决当代中国伦理道德问题的基本前提之一。市场化、工业化、城市化和全球化是交织在一起的。从一个国家或地区的微观角度看，市场化、工业化、城市化都是以全球化作为社会历史背景的。它几乎涉及到人类现代生活的所有方面，不仅包括现在，而且包括未来的方向和趋势。因此，对于全球化的认识牵动着所有的人文社会科学和实用自然科学。思想家都站在自己的视角和立场上理解和建构所谓的"全球性""全球化"的观念体系。因而，全球化概念也就成为当代争议巨大、分歧深刻但又非常流行的一个概念。

从事实和价值两方面来研究全球化是非常必要的。在哲学史上，黑格尔从绝对理念的概念辩证法出发，从抽象的层面和意义上，意识到了"世界历史"的整体性运动。这是对于全球化的最早系统阐述。与黑格尔不同，马克思从现代资本主义社会生产规律出发，深刻论述并预测到了"世界历史"即"全球化"的形成。马克思和恩格斯说："从大工业和世界市场建立的时候起，它在现代的代议制国家里夺得了独占的政治统治。"①"不断扩大产品销路的需要，驱使资产阶级奔走于全球各地。它必须到处落户，到处开发，到处建立联系。"②"物质的生产如此，精神的生产也是如此。各民族的精神产品成了公共的财产。民族的片面性和局限性日益成为不可能。于是，由许多种民族的和地方的文学形成了一种世界文学。"③"资产阶级……按照自己的面貌为自己创造出一个世界。"④ 显然，与当代的一些庸俗社会学家和历史哲学家相比较，《共产党宣言》关于全球化的认识是非常深刻。与当代的全球化研究相比，马克思和恩格斯没有、当然也没有现实条件涉及到的重要要素只是：当代信息技术的历史性作用以及社会主义在全球化竞争中的策略问题。但是，马克思在其他地方谈到了科学技术的"历史杠杆"作用问题。这些论述几乎涉及到了全球化问题的各个方面，包括全球化的历史背景、现实动力、价值实质、主要内容、发展趋势和世界意义。不仅如此，对于全球化的研究，它还给人们以经典式的历史事实和价值评判的双重分析方法。

作为历史事实的全球化，就是世界经济、政治、文化、宗教等要素在世界范围里的相互作用并趋于整体化、一体化的过程。英国社会学家吉登斯（Anthony Giddens）认为，全球化就是世界沿着现代性的市场经济、监管、军事秩序和工业主义等四个维度的扩展过程。⑤ 英

---

① 《马克思恩格斯选集》第 1 卷，人民出版社 2012 年版，第 402 页。
② 同上。
③ 同上。
④ 同上。
⑤ 参阅钟明华、李萍主编《当代中国社会转型时期的价值重构》，人民出版社 2014 年版，第 143 页。

国学者丁·米特尔曼（Ding. Michaelman）说：" 全球化的感念是相互渗透的，包括经济、政治、文化、意识形态等。"① 这些观点是比较客观的，大致描绘出了全球化的基本历史事实。在世界历史范围内来看，全球化大致分为三个阶段：第一阶段为全球化的起步阶段，从18世纪中叶到19世纪中叶的100年。在这一阶段，世界第一次工业革命将生产和市场推向世界范围。第二阶段为全球化的发展时期，时间为19世纪中叶到20世纪中叶的100年。在这一阶段，世界第二次工业革命伴随着殖民主义的大规模扩张，逐步建立了一个世界政治、经济、金融和市场体系。第三个阶段为全球化的扩张时期，时间为20世纪中叶至今。在世界第三次工业革命的背景下，"地球村" 形成并迅速蔓延到世界的所有角落。在整个世界的全球化历史进程中，中国先是被动打开门户，然后是将近半个世纪的被封锁，大部分时间处于被动状态。肇始于1978年的改革开放，使中国正式加入世界的全球化进程。20世纪90年代初期的中国市场经济改革和新世纪的 "一带一路" 倡议及其所取得的辉煌成就，标志着中国在全球化过程中逐步取得了一定的主动地位。"理论自信、道路自信和制度自信" 等 "三个自信" 充分反映了当代中国对于全球化的历史哲学立场。而这是马克思和恩格斯当年所未曾预见的。当代中国摆出了这样的阵势——即，全球化不能再简单地被界定为或被视为就是资本主义化。

经过近40年的改革开放，在全球化发展方面，中国取得了巨大的成功——政治安定、经济繁荣、人民生活幸福、对外交往频繁、国际地位空前提高。在逻辑上看，全球化和本土化是相比较而存在的，所以，可以理解，全球化在给中国带来历史机遇和动能的同时，也引发了一些社会挑战和伦理问题。密切关注这些伦理问题，能够使我们更深、更广、更高地参与全球化，并实现发展社会主义政治和道德文化的根本目的。可以说，全球化对当代中国的伦理挑战是全面而深刻的。它体现在政治、经济、环境、文化、宗教、道德和艺术等领域的各个层级。下文将主要从社会主义和资本主义、中国传统道德文化和

---

① ［英］丁·米特尔曼：《全球化的挑战：在边缘上的生存》，《第三世界季刊》1994年第3期。

西方道德文化、社会主义国家和其他国家关系等方面讨论全球化给当代中国所带来的伦理问题。

第一，关于社会主义和"自由化"的关系及其伦理问题。在当代，关于全球化的政治性质的争论还在持续着，而且无论是在明处的光鲜文化交流中，还是在暗处的肮脏政治交换中；无论是在美国、西欧各国大学里或者论坛上吵吵嚷嚷的学者中，还是在西亚、北非和东欧的硝烟战火中，没有人放弃对于全球化的伦理价值评判。有激烈的批判，也有热情的拥抱；有"全球主义者"，也有"反全球主义者"。阿玛蒂亚·森从1000年来整个东西方科学技术文化交流史的角度给予全球化以热情的肯定，而且拒绝从根本上将全球化与"资本主义化""西方化"挂钩。他说："在与全球化相关的问题中，确实存在与帝国主义有联系（征服、殖民主义和外族统治的历史在许多方面仍然有其现实意义）的方面，对世界的后殖民理解有其优点。但是，认为全球化首先是帝国主义的一个特征的观点是大错特错的。与帝国主义相比，全球化远为更广、更大。"[1] 与此不同，另外的一些思想家，却把全球化和资本主义紧密联系起来。美国当代思想家沃勒斯坦（Immaneul Wallerstein）认为，自从全球化产生以后，"资本主义逐步全球化，通过全球分工，给不同国家或地区以不同经济角色，于是，不同的阶级结构和劳动控制方式产生了，资本主义在这个世界经济体系中的斩获从另一个角度看就是不平等"。[2] 沃勒斯坦看到了全球化中资本主义的主导作用，但是，从历史哲学的角度看，他拔高了资本主义在全球化中的作用。在资本主义和全球化的关系问题上，马克思和恩格斯的观点是全面而深刻的。马克思和恩格斯说："大工业建立了由美洲的发现所准备好的世界市场。世界市场使商业、航海业和陆路交通得到了巨大的发展。这种发展反过来促进了工业的扩展，同时，随着工业、商业、航海业和铁路的扩展，资产阶级也在同一程度

---

[1] ［印］阿玛蒂亚·森、［阿］贝纳多·克利克斯伯格：《以人为本：全球化世界的发展伦理学》，马春文、李俊江等译，长春出版社2012年版，第6页。

[2] Immaneul Wallerstein, *The Mordern World-system*, New York：Academics Press, 1974. p. 25.

上，增加自己的资本，把中世纪留下来的一切阶级排挤到后面去。"[①]全球化成就了资产阶级，使它战胜了封建制度。但是，全球化也将最终葬送它自己。这绝不意味着，今天的全球化就是中立的、就是中性的，绝不意味着国际资本在发展中国家"到处搞开发"就是为了解决世界性贫困难题。国际资本寡头在全球化进程中还特别关照苏联、东欧各国和另外的发展中国家的"社会主义—资本主义"转型国家。它提倡的新自由主义"华盛顿共识"在客观上所起的作用就像"南美模式"一样，就是使得这些地区或国家成为它们的经济赘生器官。因此，对于社会主义中国而言，参与全球化至关重要，但是，应该看到，全球化可能产生出一些政治问题和社会伦理问题。

第二，关于民族文化和外来文化的关系及其伦理问题。当代中国也广泛参与进了文化全球化的过程之中，中国的优秀传统文化和社会主义文化不断走向世界，并被不同的文化系统所认可，文化交流取得了十分突出的成绩。但是，与此同时，中国优秀传统文化和社会主义文化也面临着一些重大的挑战。在文化全球化问题上，也存在两种相互对立的文化哲学观点。美国学者费舍斯通（Mike Featherston）认为，"全球文化"的产生是可能的，因为，他设想了一个作为"全球文化"之基础的未来"全球共同体"的存在。[②] 费孝通先生也认为，将形成一个以"多元一体的国际社会"为基础的"文化共同体"。[③]与此相反，在文化全球化问题上，还有声音更加强大的悲观主义者。早在20世纪30年代，葛兰西就提出帝国主义作为"思想统治形式"，通过"压制"和"诱惑"而实现的"文化霸权"思想。[④] 亨廷顿的"文明冲突论"似乎也坚决反对不同文化之间的和平共处。这两类观

[①] 《马克思恩格斯选集》第1卷，人民出版社2012年版，第401—402页。

[②] Mike Featherston, *Global Culture: An Introduction in Theory*, Culture and Society. Vol. 7, 1990. 参阅钟明华、李萍《当代中国社会转型时期的价值重构》，人民出版社2014年版，第150页。

[③] 钟明华、李萍：《当代中国社会转型时期的价值重构》，人民出版社2014年版，第151页。

[④] 参阅张一兵、胡大平《西方马克思主义哲学的历史逻辑》，南京大学出版社2003年版，第89页。

点之间激烈斗争的现实结果是，要么放弃自己的文化传统，加入到受美国寡头幕后扶持的"普世价值"阵营；要么固守自己的文化传统，然后不断遭受以"人权高于主权"伦理口号下的"新干涉主义"的骚扰。但是，如果在理论上对这种"新干涉主义"背后的绝对主义逻辑进行激烈斗争，就可能使得民族传统文化陷入另外一个更危险的陷阱，那就是包含着道德自我否定机制的文化相对主义，还可能滋生国际无政府主义和极端民粹主义、狭隘民族主义。这是一个严重的伦理问题和挑战。

第三，关于国际关系及其伦理问题。中国在当代国际秩序中仍然面临因为全球化所导致的一些国际伦理、政治伦理问题。在一些领域受到一定程度的歧视、排挤甚至孤立。在国际政治关系上，一些反华国家和反华势力从来没有放弃对中国进行那些挑拨民族矛盾、制造社会动乱、阻碍国家完全统一、侵害国家主权、颠覆国家政权的活动，在反对恐怖主义斗争中实行双重标准。在国际经济关系上，广泛制造技术壁垒，推行新保守主义经济政策，觊觎中国国内经济战略领域，建立、推行排华或遏华的国际经济联盟。在国际军事关系上，强化遏华军事同盟，冲击国际军事战略平衡，奉行恐吓和利诱的两面派手法，牵制国家经济建设。在今天，中国还没有一个令人在道德上可以接受的国际伦理关系。而这一切，严重伤害了中国人民的感情，并最终都会反映在社会意识形式或社会心理、民族心理之中，都容易在中国国内引起极端民族主义和民粹主义。

第三节　非道德主义社会思潮的思想根源

表现于当代中国社会的非道德主义社会思潮，既有自己现实的社会历史根源，也有自己的思想理论根源。经验和实证研究表明，非道德主义社会思潮既有自己的间接理论根源，也有直接的理论根源。西方思想史和中国思想史上的非道德主义思想——比如道家的"道德不可知论"思想、法家的"道德无用论"思想等——都对非道德主义产生了深刻的影响。但是，对当代中国非道德主义社会思潮产生直接影响的主要是近现代西方的非道德主义社会思潮,如社会达尔文主义、激进自由主义、非理性主义、无政府主义、民粹主义和后现代主义等。

一 社会达尔文主义和激进自由主义

(1) 社会达尔文主义

达尔文的进化论被恩格斯誉为19世纪自然科学的三大发现之一,这种思想的文化影响远远超越了它的科学影响。达尔文在《物种起源》写好之后,之所以在十几年后才出版,除了他的严谨科学态度之外,还有一个重要的原因就是,他非常担心这本书对于教会的冲击。达尔文敏锐地看到了自己的进化论对于上帝这个"超感性存在物"及其所决定的全部生命意义的巨大销蚀作用。[①] 进化论对于基督教的冲击远远不只局限在人类起源等个别方面。这种冲击是全面而深刻的。人和动物都遵循着"物竞天择"的相同生物学规律。达尔文主义显然包含着向社会领域渗透的理论可能性。后来的事实证明,进化论很快就从自然科学领域走了出来,变成了一种政治和道德哲学理论。或者说,达尔文的进化论实际上包含着自然和社会两个方面的内容。达尔文《人类的由来》(1871) 标志着社会达尔文主义的萌发。之后,赫胥黎、克鲁泡特金、尼采、伯格森等沿着这条道继续前进。从整体上看,进化论伦理思想具有非道德主义的理论特征,它常常是以对于传统文化和道德的反叛形式表现出来的。这也就是严复在戊戌变法失败后的1897年出版《天演论》的重要原因。《天演论》是对于英国科学家赫胥黎《进化论与伦理学》的选择性译介。它鼓噪中国如不变法就会有灭种之危险。于是乎,风行海内,名噪一时。"物竞天择""适者生存"成为救亡图存者的口头禅。康有为、梁启超、鲁迅等人深受其影响。毛泽东甚至将严复与洪秀全、康有为和孙中山相提并论。严复被看作是"在中国共产党出世以前向西方寻求真理的

[①] "超感性存在物"的死去和现代文明的幻灭感是联系在一起的。"伦理的虚无主义提出不存在任何能为绝对的道德价值辩护的基础。"参见刘森林《物与无:物化逻辑与虚无主义》,江苏人民出版社2013年版,第7页;尼古拉斯·布宁、涂纪元编著《西方哲学英汉对照词典》,人民出版社2001年版,第679页。

一派人物"的四大代表之一。毛泽东说:"自从一八四零年鸦片战争失败那时起,先进的中国人,经过千辛万苦,向西方国家寻求真理。洪秀全、康有为、严复和孙中山,代表了在中国共产党出世以前向西方寻求真理的一派人物。那时,求进步的中国人,只要是西方的新道理,什么书也看。"①

严复的思想最能反映西方进化论和自由主义思想在中国的传播和影响。严复是将西方资产阶级古典政治经济学说和自然科学、哲学的理论知识介绍过来的第一人。"从严复同代或稍晚一些的人,到鲁迅的一代,到比鲁迅更年轻的一代,无不深受其赐。"② 对于达尔文的进化道德论、赫胥黎的先验道德论和斯宾塞的激进社会达尔文主义,严复选择了后者。严复《天演论》就是用斯宾塞的观点来诠释和发挥赫胥黎的进化论思想。如果说达尔文、赫胥黎的进化论伦理学是比较弱的非道德主义,那么,斯宾塞和严复的进化论伦理学思想就是比较强的非道德主义了。这主要表现在以下两个方面。

严复鼓吹进化规律的普遍适用性,将进化规律简单地看作是适用于生物界和人类社会变化发展的普遍规律。也就是说,严复将人类社会的发展规律归结为生物界的自然进化规律,犯了还原论的错误。严复反对赫胥黎将自然和人类社会在道德上区分开来分别对待的观点。赫胥黎认为,生物界按照弱肉强食、优胜劣汰、竞争进化、适者生存的规律存在和发展,是没有道德现象和道德标准的。但是,人类社会不同于生物界,人类具有道德本性,具有"先验"的同情心理和互助的道德意识,因此,它不是一种盲目的、纯粹的、残酷的自然竞争过程。赫胥黎说:"社会进展意味着对宇宙过程每一步的抑制,并代之以另一种可称为伦理的过程。"③ 与动物自然自利的本性不同,人是具有"保群之天良"的,是具有"善相感能"的同情心的。这也就是说,人是具有先验的道德意识的。严复反对这种观点,他选择了斯宾塞的激进社会达尔文主义,认为"物竞天择""优胜劣汰""适

---

① 《毛泽东选集》第4卷,人民出版社1991年版,第1469页。
② 李泽厚:《中国近代思想史论》(修订本),安徽文艺出版社1994年版,第251页。
③ [英]赫胥黎:《进化论与伦理学》,科学出版社1973年版,第57页。

者生存"是普遍规律，也适用于人类社会。严复说："万类之所以底于如是者，咸其自己而已，无所谓创造者也。"① "达尔文曰，物各竞存，最宜者立，动植如是，政教亦如是也。"② 从根本上说，严复之所以弃赫胥黎而用斯宾塞，就是要满足救亡图存的理论需要。具体地说就是，社会达尔文主义的非道德主义，既能在政治实践上起到警世的作用，又能在伦理根基上排斥封建道德纲常的先验合理性。严复的这种还原论在政治上是积极的、进步的，能够起到启蒙的作用。但是，这种还原论在理论上是错误的、幼稚的。恩格斯说："想把历史的发展和纷繁变化的全部丰富多样的内容一律总括在'生存斗争'这一干瘪片面的说法中，是极其幼稚的。"③ 这种幼稚病也成为严复思想后来走向反动的理论根源之一。

在当代中国，达尔文及其进化论、社会达尔文主义等社会思潮所包含或体现的非道德主义思想的影响是十分明显的。调查数据显示，认同社会达尔文主义观点的人数竟然超过反对的人数。对于"社会如自然，物竞天择，适者生存"一题，赞成人数比例为 34.7%，反对的人数比例为 28.3%。而对于"人对人是狼，人的自然本性贪得无厌"一题的回答，赞成人数比例为 30.3%，反对的人数比例为 28.6%（见表 1-8）。

表 1-8　"人对人是狼，人的自然本性贪得无厌"调查结果　　单位：%

		人数（人）	百分比	有效的百分比	累积百分比
有效	非常同意	93	4.9	4.9	4.9
	比较同意	480	25.2	25.4	30.3
	一般	777	40.9	41.1	71.4
	比较不同意	471	24.8	24.9	96.3
	非常不同意	69	3.6	3.7	100.0
	总计	1890	99.4	100.0	—

---

① 李泽厚：《中国近代思想史论》（修订本），安徽文艺出版社 1994 年版，第 255 页。
② 同上书，第 256 页。
③ 《马克思恩格斯选集》第 3 卷，人民出版社 2012 年版，第 987 页。

续表

		人数（人）	百分比	有效的百分比	累积百分比
遗漏	系统	12	0.6	—	—
	总计	1902	100.0	—	—

（2）极端自由主义

可以说，由伦理上的利己主义自然人性论到政治上的自由主义，就是英国现代政治哲学和政治生活实践的基本逻辑。严复就是在这种背景下认识和介绍英国自由主义的。在严复看来，英国资本主义之所以强大，并不是因为它"船坚炮利"的"形下之迹"，也不在于它"善会计"功利主义的"善机巧"之思，而在于它"绌伪而崇真"的自然科学方法和"屈私以为公"的民主政治制度——即，后来所谓的"德先生"和"赛先生"。难能可贵的是，严复不仅仅提出民主和科学的救亡路线，而且，他还深入一步指出，民主和自由之间存在"用"和"体"的关系。他说："夫自由一言，真中国历古圣贤之所深畏，而从未尝立以为教也。彼西人之言曰：唯天生民，各具赋畀，得自由者，乃为全受，故人人各得自由，国国各得自由……而其刑禁章条，要皆为此设耳。"[①] 因此，变法改革的根本就是"一曰血气体力之强，二曰聪明智虑之强，三曰德行仁义之强"。也就是所谓的"鼓民力""开民智""新民德"。在李泽厚先生看来，严复这种观点正是与他的"物竞天择"的生物学的社会观点、与他的所谓"以自由为体"的资产阶级个人主义的社会观点，密切联系的。[②] 但是，与中国后来的自由主义者不同，严复似乎注意到了自由主义里面所包含的非道德主义风险。可惜的是，这已经到辛亥革命以后的1917年了。他说："觉彼族（西人）三百年之进化，只做到了'利己杀人、寡廉少耻'八个字"[③]。在此后的一个

[①] 《论世变之亟》，转引自李泽厚《中国近代思想史论》（修订本），1994年版，第271页。

[②] 李泽厚：《中国近代思想史论》（修订本），安徽文艺出版社1994年版，第273页。

[③] 《与熊纯如书札·第53函》，1917年。转引自李泽厚《中国近代思想史论》（修订本），安徽文艺出版社1994年版，第276页。

世纪里，自由主义一直存在于现代中国的政治生活之中。从戊戌变法到五四运动，再到 20 世纪 20 年代的科玄论战、"联省自治"和"好政府主义"等，再到抗日战争胜利后的"中间路线"①，还有当代新自由主义，自由主义似乎出现在中国历史的每一个十字路口。

流行于当代中国的新自由主义就是一种极端自由主义。实际上，它将"自由竞争、优胜劣汰"的原则看作是机会平等和社会公平的最基本法则，在核心理念上具有明显而清晰的非道德主义的内容和特征。新自由主义思潮于 20 世纪 80 年代在中国开始传播并迅速流行起来，多年以来一直是最为显赫的社会思潮之一。人民论坛的最新调查显示，新自由主义以 8.78 分获得 2015 年十大社会思潮排名第三。②新自由主义思潮对中国经济和社会生活产生了诸多方面的影响，也对社会道德思想观念产生了较大影响。当前，新自由主义思潮对社会主义核心价值观起到了淡化和消解作用。它在传播过程中注重契合和回应人们对实现社会问题的关切，采取显性和隐性并重策略快速蔓延，对社会主流道德观念的影响和冲击具有周期性、长期性、隐蔽性和渗透性等特点。新自由主义以个人主义和利己主义为原则，强调以个体为本位，把个人与群体、个人与社会对立起来，否定集体主义道德原则，否认"为人民服务"思想，否定"先公后私"思想，否认勤俭节约、艰苦朴素的传统美德。新自由主义的这些思想会使以集体主义为核心的社会主义主流价值观在大学生群体中遭遇解构，使一些人的集体主义观念淡薄，奉献精神缺失，个人本位、个人主义价值取向更加恣肆。③ 调查发现，当前，大学生无论是对就业的选择，还是对参与志愿者活动的选择等，都显示出了较强的个人本位、个人主义、功

---

① 余祖华、赵慧峰：《中国现代政治思想史》，山东大学出版社 2009 年版，第 154 页。
② "2015 年中外十大思潮"：民族主义（9.37）、历史虚无主义（9.06）、新自由主义（8.78）、民粹主义（8.41）、"新左派"（7.89）、普世价值论（7.32）、新儒家（6.94）、生态主义（6.75）、极端主义（6.24）、道德相对主义（5.78）。人民论坛问卷调查中心：2015 值得关注的十大思潮调查报告，人民论坛，2016 年 1 月（下）。见网址 http://www.rmlt.com.cn/2016/0118/415148.shtml。
③ 田心铭：《中国特色社会主义核心价值观：以人为本、实事求是、独立自主》，《马克思主义研究》2011 年第 11 期。

第一章 非道德主义社会思潮的表现和根源

利主义的价值取向。这些都和极端自由主义的传播和影响具有十分紧密的内在关系。下表显示，极端自由主义的非道德主义对青年学生的影响是不容小觑的。其中，对于"若不首先保障个人利益，集体利益就不能实现"一题的回答，持赞成态度的人数比例远远超过持反对态度的人数比例。持赞成态度的人数比例总和为55%，持反对态度的人数比例仅仅才14.3%。这说明，大多数人在处理个人和集体的利益关系问题时，是将个人利益放在集体利益前面的。也就是说，至少在这个问题上，个人主义道德价值取向是比较强烈的。看来，市场经济所奉行的个人主义道德原则，在当代中国社会的影响是较为深刻的（见表1-9、1-10、1-11）。

表1-9 "若不首先保障个人利益，集体利益就不能实现"调查的年龄交叉列表 单位：%

年龄			非常同意	比较同意	一般	比较不同意	非常不同意	总计
年龄	18岁以下	人数（人）	3	18	3	9	0	33
		年龄内的百分比	9.1	54.5	9.1	27.3	0.0	100.0
	18—20岁	人数（人）	93	255	186	69	12	615
		年龄内的百分比	15.1	41.5	30.2	11.2	2.0	100.0
	21—23岁	人数（人）	84	348	243	108	21	804
		年龄内的百分比	10.4	43.3	30.2	13.4	2.6	100.0
	24岁以上	人数（人）	45	195	150	45	6	441
		年龄内的百分比	10.2	44.2	34.0	10.2	1.4	100.0
总计		人数（人）	225	816	582	231	39	1893
		年龄内的百分比	11.9	43.1	30.7	12.2	2.1	100.0

Chi-square test 检验：$df = 12$ $p = 0.005 < 0.05$

表1-10 对新自由主义社会思潮主要观点的认知程度 单位：%

		人数（人）	百分比	有效的百分比	累积百分比
有效	非常同意	87	4.6	4.6	4.6
	比较同意	393	20.7	20.7	25.3

续表

		人数（人）	百分比	有效的百分比	累积百分比
有效	一般	585	30.8	30.8	56.1
	比较不同意	558	29.3	29.4	85.5
	非常不同意	276	14.5	14.5	100.0
	总计	1899	99.8	100.0	—
遗漏	系统	3	0.2	—	—
总计		1902	100.0	—	—

表 1-11 "大力提倡勤俭节约，会抑制消费，不利于经济发展"年龄交叉列表　　单位：%

			非常同意	比较同意	一般	比较不同意	非常不同意	总计
年龄	18岁以下	人数（人）	3	3	15	9	3	33
		年龄内的百分比	9.1	9.1	45.5	27.3	9.1	100.0
	18—20岁	人数（人）	21	102	288	168	39	618
		年龄内的百分比	3.4	16.5	46.6	27.2	6.3	100.0
	21—23岁	人数（人）	42	135	333	225	72	807
		年龄内的百分比	5.2	16.7	41.3	27.9	8.9	100.0
	24岁以上	人数（人）	21	81	126	153	57	438
		年龄内的百分比	4.8	18.5	28.8	34.9	13.0	100.0
总计		人数（人）	87	321	762	555	171	1896
		年龄内的百分比	4.6	16.9	40.2	29.3	9.0	100.0

Chi-square test 检验：$df = 12$　　$p = 0.000 < 0.05$

二　非理性主义

西方现代非理性主义产生后不久就传入中国，其非道德主义思想对整个 20 世纪的中国思想界都发挥着持久的影响力。非理性主义哲学家叔本华、尼采、萨特等人，在稍有教养的中国人那里，都成为了耳熟能详的思想家。围绕这些哲学家的著作以及对他们的研究论著，几乎形成了一个不小的出版产业。毫无疑问，这是一个有待进一步深入研究的特殊文化传播现象。从宏观上来看，使一种思想成为社会思潮并流行开来的深层原因，无非就是它们在现实中有着社会基础和理论需求。现代西方非理性主义的非道德主义以其特有的"破旧立新"、激进批判的精神气质，契合了20世纪中国社会频繁、剧烈震荡和变革的特殊事实。自戊戌变法以后，接踵而至的是辛亥革命和五四运动，然后是社会主义革命和改革开放。这些社会变革，无不从灵魂深处激发出了地动天摇的震撼，无不引发出了人们道德精神世界的瓦解或重建。20世纪，对于中国历史来说，既是一个苦难连连的时代，又是一个强势复兴的时代。这就是现代西方非理性主义道德哲学之所以频繁出场于20世纪中国历史舞台的基本原因。下面简要考察叔本华、尼采和萨特非道德主义在中国的传播和影响。

（1）叔本华和尼采的唯意志主义

叔本华和尼采的非道德主义在中国的传播和影响，大致可以分为五个阶段，其中，从20世纪初到1949年中华人民共和国成立，经历了三个发展阶段。[①]

第一阶段为初步评介阶段（1902—1919前）。梁启超、章太炎、王国维等人对叔本华和尼采的介绍，对清末的封建思想起了瓦解、破坏的作用。蔡元培、胡适、李大钊、陈独秀、鲁迅等人也深受影响。[②]

第二阶段为深入研究和消化阶段（1919后—1940）。五四运动以后，王国维、鲁迅、宗白华、朱光潜、张东荪、傅斯年、郭沫若、茅盾、郁达夫、李石岑、楚图南等人把唯意志论看作反对旧文化、旧道德、鼓舞人们顽强奋斗的精神武器[③]，鼓励中国人摆脱瘠弱，创造一个"爵尼索斯的酣醉欢悦的世界"[④]。叔本华、尼采、柏格森等人的

[①] 参阅陶黎铭《一个悲观者的创造性背叛》，云南人民出版社1990年版，第2页。

[②] 李岚：《略论唯意志主义思潮在中国的早期接受和文化功能》，《安徽文学》2008年第10期。

[③] ［斯洛伐克］马立安·高利克：《尼采在中国（1902—2000）》，林振华译，《江汉学术》2016年第2期。

[④] 参阅李石岑《超人哲学浅说》，商务印书馆1931年版，第93—94页；吴格非《萨特与中国新时期文学中人的"存在"探寻》，苏州大学，2003年；D. A. Kelly, *Sincerity and Will, The Existential Voluntarism of Li Shicen（1892–1935）*, p. 138。

非理性主义哲学得到深入研究,他们把叔本华的哲学和中国传统哲学相结合,创造性阐发唯意志主义。这是叔本华哲学在中国传播的高峰时期。

第三个阶段为法西斯化阶段(1940—1949)。以陈铨、林同济、冯至、梁宗岱、贺麟为代表的战国策派站在反动立场上,主张"重估历史",宣扬法西斯主义,强力救国,使尼采和叔本华哲学服务于当时的国民党反动统治。

第四个阶段为唯物主义批判时期(1949—1980)。这一时期又可以分为"文化大革命"前后两段。"文化大革命"以前,对于叔本华和尼采哲学的批判从基本面看是比较客观的;受苏联哲学的影响,"文化大革命"后的批判因为批判视角本身的错误,则流于极端,是一种唯意志主义对另一种唯意志主义的批判。

第五个阶段为理性批判阶段(1980年后至今)。有较大影响的学者有朱光潜、陈鼓应、王元化、周国平、乐黛云、闵抗生、杨恒达等[1],在这个阶段,对于叔本华和尼采非道德主义态度表现为一种以理性批判为主,又兼具情绪性盲目接受的特点。叔本华道德悲观主义和尼采超人哲学在社会上产生了不小的消极影响。数据也比较清晰地反映了非理性主义的非道德思想对于当代中国的影响是深刻的(见表1-12、表1-13和表1-14)。

表1-12　　　　"道德是弱者的护身符"调查结果　　　　单位:%

		人数(人)	百分比	有效的百分比	累积百分比
有效	非常同意	108	5.7	5.7	5.7
	比较同意	384	20.2	20.3	26.0
	一般	576	30.3	30.5	56.5
	比较不同意	561	29.5	29.7	86.2
	非常不同意	261	13.7	13.8	100.0
	总计	1890	99.4	100.0	—

---

[1]　[斯洛伐克]马立安·高利克:《尼采在中国(1902—2000)》,林振华译,《江汉学术》2016年第2期。

续表

		人数（人）	百分比	有效的百分比	累积百分比
遗漏	系统	12	0.6	—	—
总计		1902	100.0	—	—

表1-13　"道德是奴隶、劣等人的工具。弱肉强食是自然和社会规律"调查结果　　单位：%

		人数（人）	百分比	有效的百分比	累积百分比
有效	非常同意	57	3.0	3.0	3.0
	比较同意	321	16.9	17.0	20.0
	一般	690	36.3	36.5	56.4
	比较不同意	615	32.3	32.5	88.9
	非常不同意	210	11.0	11.1	100.0
	总计	1893	99.5	100.0	—
遗漏	系统	9	0.5	—	—
总计		1902	100.0	—	—

表1-14　　　　　对叔本华的认知程度　　　　　单位：%

		人数（人）	百分比	有效的百分比	累积百分比
有效	非常了解	90	4.7	4.7	4.7
	比较了解	303	15.9	16.0	20.7
	一般	630	33.1	33.2	54.0
	比较不了解	528	27.8	27.8	81.8
	非常不了解	345	18.1	18.2	100.0
	总计	1896	99.7	100.0	—
遗漏	总计	6	0.3	—	—
总计		1902	100.0	—	—

（2）萨特的存在主义

萨特的非道德主义思想对中国的影响是巨大的。文化传统和旧规范所营造的一切禁锢，在萨特虚无主义面前，纷纷动摇了。"他那思想丰富、充满自由气息和探索真理精神的作品,已对我们时代产生了深远影响。"① 但是萨特并不接受这样的奉承,他拒绝包括诺贝尔文学奖在内的"一切来自官方的荣誉"。② 这种精神适应了现代中国持续的"启蒙"寻求。萨特存在主义在中国的传播和影响大致可以分为三个阶段。

第一阶段为"单纯的译介"阶段(文学阶段)(20世纪40年代)。1938年萨特的《恶心》出版,其影响力之大迅速确立了他在世界哲学和文坛上的地位。数年之后,萨特就被中国学者引入国内。可以说,萨特对中国的影响几乎和他对欧洲的影响是同步的。戴望舒、罗大刚、盛澄华、冯沅君、陈石湘等人的译作和评介文章在当时思想活跃的知识分子中迅速产生反响。著名作家汪曾祺回忆说:"在西南联大时……萨特的书已经介绍进来了,我也读了一两本关于存在主义的书。虽然似懂非懂,但是思想上是受了影响的。"③ "存在先于本质""自由选择""他人即地狱"等非道德主义意识开始渗透进一些激进作家的创作冲动之中了。

第二阶段为"批判中的沉寂"阶段(哲学阶段)(1950—1980)。作为一个左翼思想家,萨特对新中国怀有特殊的亲近之感,他甚至为"文革中国"进行辩护。也许这和他"左"的情愫有关。他确实拒绝批评中国。1955年,萨特受邀参加中国的国庆庆典,并登上天安门城楼观礼。可是,其后不久,中国主流意识形态对萨特的态度发生变化,他被界定为"资产阶级唯心主义思想家""帝国主义的代言人""马克思主义的凶恶敌人""资产阶级唯心主义的代表"等。④ 但是,在这一历史时期,萨特的一些代表性著作和西方学者的萨特研究专著仍然冲破阻力而得以在中国内地翻译出版。如《存在主义还是马克思

---

① 汪溟:《结不结婚,这是一个问题:萨特与波伏瓦的情爱札记》,河南文艺出版社2013年版,第1页。
② 黄怀军、詹志和:《外国文学史》,湖南师范大学出版社2015年版,第283页。
③ 转引自解志熙《生的执著——存在主义与中国现代文学》,人民文学出版社1999年版,第82页。
④ 柳鸣九:《关于萨特的评价问题》,载柳鸣九《"存在"文学与文学中"存在"》,社会科学文献出版社1997年版,第309页。

主义》(卢卡奇著,韩润棠译,商务印书馆1962年版)、《存在主义简史》(让·华尔著,周清槐译,商务印书馆1962年版)、《存在主义哲学》(中国科学院哲学研究所西方哲学史组编,商务印书馆1963年版)、《辨证理性批判》(商务印书馆1965年版)、《存在与虚无》(商务印书馆1965年版)、《厌恶及其他》(郑家壁译,上海作家出版社1965年版)。可见,在这一历史时期,中国思想界不管是无情的批判还是偷偷的暗恋,都没有远离萨特的存在主义哲学。

第三阶段为"从爆发到理性"的阶段(1980年至今)。从1980年开始的思想解放运动,首先对"文化大革命"进行了思想上的反思和清算,伤痕文学应运而生。这种特殊的文学运动和萨特哲学中的虚无主义在诸如"人的异化""人道主义"等问题上"一拍即合",中国青年和知识分子掀起了一股轰轰烈烈的"萨特热"。[①] 20世纪80年代的前5年,萨特存在主义在中国遭受了无限热捧和无情宰杀的水火两重天。但是,在随后的10余年间,萨特哲学在中国的传播和影响达到了巅峰。萨特的文学、哲学和美学等著作几乎陆续全部被翻译成汉语在中国内地出版。今天,在中国的大学里,在那些有思想追求的青年学者和文科大学生中,很少有人没听说过萨特的名字。萨特的非理性主义哲学及其所包含的非道德主义思想在现当代中国产生了很大的影响力。而认为自己"比较了解""非常了解"萨特的人数高达15.9%(见表1-15)。

表1-15　　　　　　　　对萨特的认知程度　　　　　　　　单位:%

		人数(人)	百分比	有效的百分比	累积百分比
有效	非常了解	90	4.7	4.8	4.8
	比较了解	210	11.0	11.1	15.8

[①] 1988年,某大学对200余名文科大学生调查,在"存在主义代表人物中,你最感兴趣的是哪一个"一项中,回答萨特的达80%以上,60%的人认为存在主义的人学思想最有价值。1989年对华东6省20所高校780名大学生调查表明,12.43%的人认为对其影响最大的思想家是萨特,居第5位,32.69%的人认为对其影响最大的学术思潮是存在主义,居第2位。资料来源:吴格非:《萨特与中国新时期文学中人的"存在"探寻》,苏州大学2003年博士学位毕业论文,第8页。

续表

		人数（人）	百分比	有效的百分比	累积百分比
有效	一般	507	26.7	26.8	42.6
	比较不了解	663	34.9	35.0	77.7
	非常不了解	423	22.2	22.3	100.0
	总计	1893	99.5	100.0	—
遗漏	系统	9	0.5	—	—
总计		1902	100.0	—	—

三 无政府主义和民粹主义

无政府主义是一种否定权威和私有制，主张工人联合体和地区自治集团联合起来，以实现一个无政府社会的、反映小资产阶级和无产者利益需求的政治思想。它反对权威，主张个人绝对自由，主张自我主义、极端个人主义和利己主义[1]，具有清晰而明显的非道德主义或道德虚无主义思想倾向和特征。它包括三大派别，即，以马赫·施蒂纳和蒲鲁东为代表的无政府个人主义、以巴枯宁为代表的无政府工团主义、以克鲁泡特金为代表的无政府共产主义。[2] 20 世纪初，无政府主义传入中国，并在整整一个世纪里，对中国社会造成了欧洲和俄罗斯的原教旨无政府主义无法想象的影响力。严格地说，虽然虚无主义、民粹主义、无政府主义和社会主义几个概念有着明确的界限，但是，在中国 20 世纪初以来的政治伦理思想中，这些概念从开始被引入中国之时，就没有做出严格的区分。因此，无政府主义、民粹主义和虚无主义可以被看作是同义的。"虚无主义"本来指的是《父与子》出版后，自由主义贵族对于 19 世纪 50—60 年代出现于俄国的民粹主义的蔑称。因此，本书赞同马龙闪教授的看法，将民粹主义、无政府主义和虚无主义看作是同义词[3]，这样可能会更好地理解和判断

---

[1] ［德］施蒂纳：《唯一者及其所有物》，商务印书馆 1989 年版，第 76—78 页。
[2] 参阅马龙闪、刘建国《俄国民粹主义及其跨世纪影响》，广西师范大学出版社 2013 年版，第 376 页。
[3] 马龙闪、刘建国：《俄国民粹主义及其跨世纪影响》，广西师范大学出版社 2013 年版，第 376、394 页。

20世纪中国思想史上的民粹主义和无政府主义思想的原意。

无政府主义和民粹主义在中国的传播和影响可以分为三个阶段。

第一阶段为形成和发展时期（1907—1917）。1903年"苏报案"前后，梁启超、马君武、张继等人鼓吹或介绍俄国的"虚无党"及其主张，煽动暗杀、暴力、恐怖。① 也有人开始介绍西方无政府主义的理论主张。1907年《天义报》和《新世纪》分别在日本和法国创刊发行，标志着中国无政府主义的正式产生，出现了以刘师培、张继、汪公权、陆恢权为代表的"天义报派"和以李石曾、吴稚晖等为代表的"新世纪派"两个派系。它们的思想来源主要是俄国的巴枯宁和克鲁泡特金的无政府主义。从本质上说，这些思想都带有强烈的民粹主义色彩。他们反对任何权威，反对建立资产阶级共和国，主张不要国际，不要政府，"无婚姻、无家庭"，"无父子、夫妇、兄弟、姐妹"，要进行"纲常革命"，鼓吹"三纲革命""祖宗革命"②，表现出强烈的非道德主义特点。③ 1911年，江亢虎、沙淦、乐无、殷仁、蔡鼎成等人在上海创立"中国社会党"，主张无宗教、无国家；各尽所能、各取所需；非私产主义、非家族主义、非宗教主义、非军国主义、非祖国主义。1912年，刘师复在广州创立"晦鸣学社"，师复主义产生，中国无政府主义达到巅峰。师复主义将中国的无政府主义思想理论化、教条化和"世界化"。"在1914年到20世纪中期，长期占据了中国无政府主义讲坛，成了中国无政府主义的主要形式和典型形态。"④

第二个阶段为衰落时期（1917—1940）。1917年俄国十月革命和1921年中国共产党的成立，使得中国的无政府主义、民粹主义的理

---

① ［韩］曹世铉：《清末民初无政府派的文化思想》，社会科学文献出版社2003年版，第25页。

② 徐善广：《二十世纪初无政府主义在中国的传播和五四时期反对无政府主义的斗争》，《江汉论坛》1979年第3期。

③ ［韩］曹世铉：《清末民初无政府派的文化思想》，社会科学文献出版社2003年版，第138页。

④ 蒋俊、李兴芝：《中国近代的无政府主义思潮》，山东人民出版社1990年版，第177—193页；［韩］曹世铉：《清末民初无政府派的文化思想》，社会科学文献出版社2003年版，第393页。

论和实践都发生了很大的变化。它们竭力将自身和马克思主义、列宁主义划清界限。黄凌霜就将社会主义区分为"共产社会主义"和"集产社会主义",对马克思主义的"集产社会主义"进行了激烈的攻击。朱谦之则将佛老与黑格尔、叔本华、伯格森和克鲁泡特金等人的非道德主义柔和在一起,主张怀疑一切、否定一切、打碎一切,主张进行"宇宙革命","把宇宙的存在物,都一概消灭他"。[①] 李大钊(1919)、蒋光慈、廖抗夫、恽代英、李宗邺、巴金等人则将克鲁泡特金的互助论大加发挥,使得互助论思想在当时颇为流行。而吴稚晖、梁冰铉、刘石心、李大钊、瞿秋白、戴季陶等人则提倡泛劳动主义。李大钊(1918)、邓中夏、黄日葵等人则宣扬平民主义。周作人(1919)、黄光祈、左舜生、施存统、晏阳初、梁漱溟、陶行知和卢作孚等人则宣扬明显具有乌托邦主义色彩的新村主义,组织工读互助团的社会实验。

第三个阶段是残存阶段(1949—今)。中华人民共和国的建立,标志着无政府主义和民粹主义在中国最后走向消亡。但是,无政府主义,尤其是民粹主义的影响力还是在很大范围和程度上继续存在。尤其是中国共产党党内的"左倾"民粹主义,还不时产生,并对社会主义革命和建设造成很大的负面影响。大革命失败后的三次"左"倾冒险主义,以及后来的人民公社化和"文化大革命"都和"左"倾民粹主义有着一定的关系。

在当代中国社会的道德生活中,民粹主义和无政府主义仍然具有一定的影响力,它所产生的破坏性力量是不可等闲视之的。"仇官""仇富""仇权威"已经演化成一种道德舆论危害。在网络上充斥着民粹主义喊杀声。就是在相对理性的青年知识分子和大学生中,民粹主义的声音也是不太低的。数据显示,在对于"'官二代''富二代'现象在中国很严重,必须彻底根除"一题的回答中,有29.9%的受访者表现出对于"仇富""仇官"这种典型的民粹非道德心理的认同(见表1-16)。

---

① 蒋俊、李兴芝:《中国近代的无政府主义思潮》,山东人民出版社1990年版,第190页。

表 1-16　"'官二代''富二代'现象在中国很严重，必须彻底根除"调查结果　单位：%

		人数（人）	百分比	有效的百分比	累积百分比
有效	非常同意	162	8.5	8.5	8.5
	比较同意	405	21.3	21.4	29.9
	一般	762	40.1	40.2	70.1
	比较不同意	465	24.4	24.5	94.6
	非常不同意	102	5.4	5.4	100.0
	总计	1896	99.7	100.0	—
遗漏	系统	6	0.3	—	—
总计		1902	100.0		

四　后现代主义

产生于20世纪70年代英语世界的后现代主义，因为它的反传统特殊主张，迅速溢出文学语言领域，而成为当代的一种具有巨大影响力的世界性哲学思潮。如前所述，后现代主义社会思潮，对现代主义的一元论、基础主体、理性主义、整体主义、普遍主义、西方中心主义等采取否定态度。从某种意义上说，"颓废的"后现代主义比较深刻地反映了现代资本主义所出现的深层社会矛盾和文化危机。"后现代哲学打破了传统哲学家和思想家们杜撰的关于世界的神话，用一个不确定的、开放的、复杂的、多元的世界概念取代了传统的、给定的、封闭的世界概念。"① 在后现代主义道德哲学条件下，似乎像有人所宣称的那样，"怎么都行"，道德价值的客观性和道德真理的可能性似乎烟消云散、荡然无存了。虽然这种判断对于建设性后现代主义是不公正的，甚至对于破坏性的后现代主义也是不公正的，但是，从道德哲学角度看，从"非道德主义"的严格哲学定义看，后现代主义属于非道德主义确实是没有问题的。这种道德意识显然是在从现代性到后现代性、从工业社会向后工业社会的社会转型中产生的，而

---

① ［美］D. C. 霍伊：《后现代主义：一种可供选择的哲学》，王治河译，《国外社会科学》1998年第4期。

当代中国正处在这样的一种社会转型中，因此，它非常适合当代中国社会。20世纪80年代，后现代主义就传入中国，并且产生了令西方后现代学者也感到意外的效应和影响力。

后现代非道德主义在中国的传播和影响大致可以分为三个阶段。

第一阶段为翻译和介绍阶段（20世纪80年代）。后现代主义在中国的传播首先是在文学领域展开的。1980年，马丁·埃斯林的后现代主义作品《荒诞派之荒诞性》、后现代主义作家约·巴思的论文《后现代派小说》先后在中国重要文学期刊发表；1981年，罗兴·罗德威论述后现代主义的论文《展望后期现代主义》在中国发表。这些论著的发表，在国内都产生一定的影响。1980年12月，董鼎山《所谓"后现代派"小说》一文发表，标志着"后现代主义"登陆中国。1982年，袁可嘉发表《关于"后现代主义"思潮》一文，对这一思潮进行了较为全面的介绍。在20世纪80年代，西方一些后现代主义大家受邀访问中国，进一步推动了后现代主义在中国的传播和发展。1983年，美国著名后现代主义哲学家哈桑（Ihab Hassan）访华。1985年，美国著名后现代主义哲学家詹姆逊（Fredric Jameson）访华。1987年，国际比较文学学会主席、荷兰著名后现代主义文学批评家杜威·佛克马（Douwe Fokkema）访华。他们在中国著名大学所做的后现代主义学术报告以及这些报告的中译本，大大推动了后现代主义在中国的传播，进一步扩大了后现代主义对于当代中国知识分子的影响。尽管如此，由于当时的中国社会还远远没有真正实现现代化，还没有真正实现工业化，现代主义还远未完成自己的历史使命。遑论建基于后工业社会基础的后现代主义。因此，社会精神生活不可能在深层次上接受所谓"后现代主义"。

第二个阶段为学习和应用阶段（20世纪90年代）。如果说在20世纪80年代后，现代主义还没有在中国内地引起较大的注意和反响的话，那么，相对而言，到了20世纪90年代，情况发生了巨大的变化，后现代主义突然迅速跃升为一股浩荡的社会思想潮流。原因在于，一方面，经历了20世纪80年代末的社会剧烈震荡，中国部分知识分子的心态发生了颠覆性转化，他们现在决意放弃那种包含在"宏大叙事"背后的现代性责任意识，并沉浸在因为自我意识陷落而带来的主体性衰竭之孤芳自赏的精神自戕之中。另一方面，20世纪90年代初的经济改革是革命性的，是"第二次革命"，中国社会开始进入中国特色社会主义市场经济。在此之前的市场庸俗道德和伦理，现在也获得了自己的合法地位，过去长时间受到唾弃和打压的"投机倒把"突然变成为符合规律和正义的时尚潮流，它所赖以成功的财富积累方式，也成为世俗艳羡对象。于是乎，"后现代主义思潮进入中国的时机终于成熟了"。① 20世纪90年代，一大批重要的后现代著作被翻译为汉语并在中国大陆或中国台湾出版，一些高质量的研究成果也陆续问世。② 王岳川对后现代主义在这一时期的影响有一段精彩的概括："部分作家迅速与大众文化联姻，在后现代式的当下操作中，丧失了后现代式的批判否定精神，而玩着欢欣的'游戏'。后现代主义原初具有的颠覆性和批判性，如今同中国市民趣味相融合，而成为一种贫乏生活的时髦点缀，正如西方摧枯拉朽的前卫性重金属摇滚，在这片黄土地上却不期然地变成成千上万老太太的'健身操'伴音一样。"③

第三个阶段为应用和创作阶段（2000年以后）。进入21世纪以来，后现代主义社会思潮已经成为当代中国最有影响力的社会思潮之一，它的影响力覆盖了哲学、文学、史学艺术、教育和法学等绝大多数人文社会科学。不仅如此，它还体现在建筑、工业设计和文化旅游

---

① 李扬：《冒险的迁徙：后现代主义在中国的传播》，《开放时代》2002年。
② 如《走向后现代主义》（杜威·佛克马，王宁等译，1991）、《后现代主义文化与美学》（王岳川，尚水编，1992）、《资本主义文化矛盾》（丹尼尔·贝尔著，赵一凡等译，1992）、《后现代转向：后现代理论与文化论文集》（哈桑著，刘象愚译，台北，1993）、《后现代状况：关于知识的报告》（利奥塔著，岛子译，1995）、《晚期资本主义的文化逻辑》（张旭东编译，1997）、《消费文化与后现代主义》（迈克费·瑟斯通著，刘精明译，2000）、《后现代主义文化研究》（王岳川，1992）、《后现代主义文化与美学》（王岳川，1992年）《中国后现代文学丛书》（赵祖漠主编，1994），《多元共生的时代》（王宁，1994）、《无边的挑战》（陈晓明，1993）、《解构的踪迹：历史话语与主体》（陈晓明，1994年）、《后现代主义之后》（王宁，1998）、《扑朔迷离的游戏：后现代哲学思潮研究》（王治河，1998）、《人文困惑与反思：西方后现代主义思潮批判》（盛宁，1997）、《中心与边缘：后现代文化思潮概论》（张国清，1998）。
③ 王岳川：《90年代中国的"后现代主义批评"》，《作家》1995年第8期。

等日常生活之中。当代中国的后现代主义理论思维和生活方式，甚至对西方的后现代主义产生了一定程度的影响。美国著名学者霍伊教授（David Hoy）说："从中国人的观点看，后现代主义可能被看作是从西方传入中国的最近的思潮。而从西方的观点看，中国则常常被看作是后现代主义的来源。"① 虽然这是就诸如福柯、哈贝马斯等其他后现代主义大师而言的，但是，就霍伊教授所提供的论证来推理，这话可能更加适合对于当代中国后现代主义思想和生活的评价。其一，生活似乎"太'尼采式的'或'虚无主义的'"。其二，"中国式的"就是："中国通常象征着不可把握和巨大"。福柯借用如下"中国式的"百科全书词条学，展开对于西方思想中有关"秩序"和"逻辑"的"瓦解和颠覆"。在这本百科全书中，"动物被区分成（a）属于皇帝的；（b）以香油涂尸防腐的；（c）驯化的；（d）哺乳的；（e）土鳗属两栖的；（f）传说中的；（g）迷途的狗；（h）包括在现行分类中的；（i）疯狂的；（j）数不清的；（k）拖着美丽的驼绒尾巴的；（l）等等；（m）刚刚打破水罐的；（n）来自远方看上去像苍蝇的"。② 这种"瓦解和颠覆"具有"后现代性"作为对象的双重意义，它既是后现代主义的根据，又是后现代主义的证据——一种近似"普遍的"道德失序所引发的虚无主义游荡！在传统分类法中所包含或隐藏的现代性秩序及其论证完全被消解了。它深入到现代性思维和语言结构的深处，然后开始大肆破坏。现代性思维赖以立足的基础被颠覆了，现代性所自觉或不自觉维护的一切，包括道德秩序在内，都再也无法维持下去了。在某种意义上说，这里的秩序，包括道德秩序在内，完全可以用后现代性的语言做如下表述。即，这里怎么都行，没有什么是不合理的。

后现代主义及其所包含的非道德主义对当代中国的影响，从广度和深度上看，都是不小的。从哲学到史学，从文学到艺术，从教育到文化，几乎都能看到后现代主义影响的痕迹。就以其所包含的非道德

---

① 转引自王治河《后现代主义与中国》，《求是学刊》2001年第5期。
② ［美］D. C. 霍伊：《后现代主义：一种可供选择的哲学》，王治河译，《国外社会科学》1998年第4期。

主义思想来看，它对于当代中国的青年知识分子和学者来说，就有明显的影响。调查数据显示，在对于"后现代社会没有绝对。在这里，'怎么都可以'，'存在即合理'"一题的回答中，表示赞同的人数比例为27.2%，表示不赞同的人数比例为30.9%（见表1-17）。在中国道德生活中，超过四分之一的人对后现代主义的消极道德态度表示认同（见表1-18）。也说明，后现代主义非道德思想在中国存在一个不小的市场，值得有关方面高度重视。

表1-17　"后现代社会没有绝对。在这里，'怎么都可以'，'存在即合理'"调查结果　单位：%

		人数（人）	百分比	有效的百分比	累积百分比
有效	非常同意	84	4.4	4.4	4.4
	比较同意	432	22.7	22.8	27.2
	一般	795	41.8	41.9	69.1
	比较不同意	477	25.1	25.2	94.3
	非常不同意	108	5.7	5.7	100.0
	总计	1896	99.7	100.0	—
遗漏	系统	6	0.3	—	—
总计		1902	100.0	—	—

表1-18　对后现代主义社会思潮主要观点的认知程度　单位：%

		人数（人）	百分比	有效的百分比	累积百分比
有效	非常同意	99	5.2	5.2	5.2
	比较同意	405	21.3	21.3	26.5
	一般	567	29.8	29.9	56.4
	比较不同意	585	30.8	30.8	87.2
	非常不同意	243	12.8	12.8	100.0
	总计	1899	99.8	100.0	—
遗漏	系统	3	0.2	—	—
总计		1902	100.0	—	—

第二章 非道德主义社会思潮的理论主张及其错误

人是一种伦理存在，也是一种道德存在。在实践唯物主义看来，如果离开一定的社会伦理关系，我们就无法思议人的现实存在。马克思和恩格斯说过："动物不对什么东西发生'关系'，而且根本没有'关系'，对于动物来说，它对他物的关系不是作为关系存在的"，而人要存在于包括伦理关系在内的各种社会关系中。① 有了人，就有了伦理关系，或者说，有了伦理关系，就有了人。这是同一问题的不同侧面。但是，这并不是说所有人所担负的具体伦理关系都是完全同质的。人们之间的伦理关系和伦理道德观，在现实生活里常常是彼此差异甚至对立的。既然如此，一部分人自觉不自觉地把自己的伦理道德观作为道德真理，而将另一部分人的伦理道德观看作是道德谬误，看作是非道德，就成为伦理思想史上的一种普遍现象。基于这种道德史实，一些思想家就将道德看作是没有客观性、没有必然性的主观意见或情感，否认道德能够发挥正确的历史作用。这就是非道德主义（Immoralism/Amoralism）的基本观点。本章将分析非道德主义的内涵和外延，梳理不同非道德主义共有的基本理论主张及其错误。

第一节 非道德主义社会思潮的理论主张

无论是从道德哲学理论还是从道德生活实践的角度看，"非道德

---

① ［德］马克思、恩格斯：《德意志意识形态》，人民出版社1961年版，第24页。

主义"都是一个非常重要的道德哲学概念。非道德主义亦称"非道德论""反道德主义""后道德主义"和"道德虚无主义"等,是与"道德主义"相对而言的一种道德哲学理论,是"一种摒弃道德规范,否认道德的存在及其社会作用的伦理学理论和思潮"。[1] 本节将在实践唯物主义道德哲学的视域下,分析非道德主义的内涵和外延。

一 一般理论主张

所谓非道德主义的内涵就是对使非道德主义成其为自身的东西的理论把握。换言之,就是对于非道德主义"是什么"问题的回答。[2] 正是这个"是什么"才是使精神生活中的各种形式的非道德主义成其为"非道德主义"的本质性的东西,也就是一切形式的非道德主义的共同本质。

第一,非道德主义是与道德主义相对而言的。只有在与道德主义的对比之中,我们才能深入理解非道德主义的精神实质。"主义"就是"理论"[3],但是道德主义绝不是字面意思上的"道德理论"。在通常的道德语境中,"道德主义"大致包括以下两个方面的意义。

首先,"道德主义"具有本体论的意义,即将本体归结为道德的哲学意谓,或者说具有"本体道德论"的含义。也就是把道德或某种伦理存在看作是整个世界的本体、源泉或本质。在中国伦理学的历史上,儒家就有非常明显的"道德本体论"的思想倾向。梁漱溟认为,中国哲学文化有一个不同于西方哲学文化和印度哲学文化的显著特点,这个特点就是"智慧的早启",就是从一开始就创立了一种所谓的"宇宙伦理模式"。他说:"宇宙是先前的'我'","调和折中是宇宙的法则"。[4] 虽然梁漱溟对理学诸子不以为然,但是,在"本

---

[1] 朱贻庭:《伦理学大辞典》,上海辞书出版社2002年版,第10页。
[2] 张志伟:《西方哲学十五讲》,北京大学出版社2004年版,第58页。
[3] "主义"就是"对客观世界、社会生活以及学术问题等所持有的系统的理论和主张。"见中国社会科学院语言研究所词典编辑室《现代汉语词典》,商务印书馆1999年版,第1643页。
[4] 许全兴、陈战难、宋一秀:《中国现代哲学史》,北京大学出版社1992年版,第170页。

体道德论"上,他并没有超越理学诸子。朱熹把"理"看作宇宙的本体。他说:"未有天地之先,毕竟也只是理,有此理,便有此天地;若无此理,便亦无天地,无人无物,都无该载了!"① 这个"理"是什么?就是"三纲五常"的道德规范。"三纲五常"于是不再仅仅只是伦理规律和伦理事实,更重要的也是整个宇宙的基本规律和事实。这是一种非常典型的"本体道德论"哲学思想。

其次,"道德主义"还包含有道德决定论的含义。道德决定论就是主张社会道德尤其是英雄人物的道德品格决定着社会存在和发展的一种唯心主义道德哲学理论。在道德决定论者眼里,似乎是道德英雄"一言可以兴邦,一言可以丧国"。儒家的道统思想,就是将中国传统社会的治乱原因归结为道德圣贤和道德奸佞的出现,它用历史人物的道德善恶来解释一个历史时代。"内圣外王"就是用道德来解决所有的社会问题。"修齐治平"就是用道德修养来治理天下。在梁启超看来,国家之所以衰落,是因为存在贪官污吏,之所以有贪官污吏,是因为社会道德滑落。所以,要实现国家的发展就必须建设社会道德,培养大量的"新民"。可以看出,在梁启超这里,道德似乎成为了解决近代中国所有社会问题的灵丹妙药。与这些道德主义理论完全相反,非道德主义走到了另外的一个极端,它们坚决反对将道德看作是整个世界的本体,认为道德是不能解决任何实际社会历史问题的。

第二,非道德主义常常是以反叛者的角色出现的。恩格斯说:"善恶观念,从一个民族到另一个民族、从一个时代到另一个时代变更得这样厉害,以致它们常常是相互直接矛盾的。"② 每一个历史时代都有其自身的道德要求。这种道德要求使得时代道德精神被以规范的形式确定下来,并被赋予可尊重的权威性(康德和科尔伯格)。正如康德所讲,道德规范是具有很大强制性的。通过道德规范的强制性力量,从而使得社会的利益结构保持特定的秩序,换言之,将社会阶级斗争控制在一定范围中。③ 就具体的历史道德事实、道德现象来看,

---

① (宋)黎靖德编,王星贤点校:《朱子语类》卷一,中华书局1986年版,第1页。
② 《马克思恩格斯选集》第3卷,人民出版社2012年版,第469—470页。
③ 同上书,第471页。

一个时代"主流的"、占统治地位的道德要求，总是与这个时代占统治地位的社会经济关系相一致的，是与社会政治权力密切地联系在一起的。通过对道德事实历史的这种简单考察，可以发现，这里存在一个宏观的、笼统的但不是错误的规律性的东西。任何时代所谓"主流的"道德要求必然要引起那些处于不利社会地位人们的反抗、抵制甚至革命。而当这种道德反抗情绪或者道德革命精神，能够吸引到足够深刻的知识关怀时，它们就能够以一种经过深入的道德哲学反思的形式，以被后来的人们称为"非道德主义"的伦理学术语的形式流传下来。在中国历史上、在古希腊历史上，我们没有看到奴隶对于国家的、对于城邦的民主道德激烈斗争的"非道德主义"伦理思想之记录。可是，这种情况很快就会被随之而来的因社会阶级、社会阶层分化的日益复杂化而改变。如果说奴隶的道德反抗不能吸引足够的知识分子，那么，自由民、农民和手工劳动者的道德反抗却可以比较容易地找到自己的反思者。社会转型期、社会震荡期，同时也是反叛岁月，正是非道德主义容易流行的历史时期。正如蔡元培先生所说："老子之学说，多偏激……其盛行之者，唯在不健全之时代，如魏、晋以降六朝之间是已。"[①] 在西方哲学史上，非道德主义也大致如此，多流行于动荡的历史时期。对此，后文详述。

第三，非道德主义在道德哲学基本关系问题上常常奉行片面性的思维方式。在道德的客观性与主观性、整体性与个体性、逻辑性和历史性、内在性和外在性、绝对性和相对性的关系等问题上，表现出非常强烈的反对辩证法、反对唯物主义的理论立场。从总体上看，它与马克思辩证否定的实践理性精神是不相容的，同马克思主义的实践唯物主义是相互对立的。

首先，在道德本质问题上，非道德主义实质上属于伦理主观主义。在道德的主观性和客观性的关系问题上，非道德主义一般采用了将主观和客观割裂开来、片面夸大道德主观性的方法，从而选择了一条主观主义的理论路径。非道德主义否认在现实世界存在客观的道德

[①] 蔡元培：《中国伦理学史》，中华书局1999年版，第25页。

事实。在元理论学思想产生之前，在非道德实在论产生之前，非道德主义对于道德客观性的否定是十分露骨和粗糙的，常常武断地否定在经验世界存在客观的道德现象、道德事实。在韩非子看来，根本就没有所谓的道德现象，那些所谓的道德现象都不过是一种假象而已。君臣之间如此，父子之间也是如此。韩非子说："父母之于子也，产男则相贺，产女则杀之。此俱出父母之怀衽，然男子受贺，女子杀之者，虑其后便，计之长利也。故父母之于子也，犹用计算之心以相待也，而况无父子之泽乎！"① 另外，非道德主义还否认道德价值的客观性，认为根本就没有客观的道德标准。在庄子看来，不仅无是无非，而且无善无恶。他说："自我视之，仁义之端，是非之涂，樊然淆乱，吾恶能知其辩！"② 既然不存在客观的道德事实和道德价值标准，因此也就不可能存在所谓客观的道德真理了，道德认识因此就不可能是正确的。非道德主义于是成为典型的伦理主观主义。

其次，在道德价值问题上，现代非道德主义理论属于价值形式主义。在道德价值的研究方法上、在对于道德价值的评价内容上，非道德主义都表现出重视甚至夸大形式、无视甚至否定历史内容的一般性特征。现代元伦理学中的非道德主义像整个的元伦理学一样，认为伦理学的研究对象就是道德语言问题，认为伦理学研究就是探讨道德词语、句法和逻辑等问题，至于道德语言所内含的历史内容，那是它们所鄙视的。道德哲学所包含的丰富的历史和社会信息"被格式化"了，因此，社会学和心理学的实证科学方法，还有人类学的历史主义方法，也就顺理成章地被排除了。所以，当它们将道德语言形式所包含的经验现象全部排挤出去后，剩下的只能是干枯的、僵死的道德木乃伊。活生生的道德价值、充满张力的道德动力，都被谋杀了。可是这时，非道德主义却在洋洋得意于自己的伟大发现：不存在客观的道德价值！在情感主义者维特根斯坦看来，那些"应该型"的陈述（Ought-Statements）是毫无意义的。"一个命题只有当它是同义反复或者是当它符合感官认知的直接证据的时候，才是可能被验证（的）。

---

① （清）王先慎撰，钟哲点校：《韩非子集解》，中华书局1998年版，第417页。
② 杨柳桥译注：《庄子译注》，上海古籍出版社2007年版，第28页。

这个理论使得形而上学，使得作为教义制度的宗教，也使得理论伦理学等，都变得一文不值。"① 现在，对于具体的道德价值的判断也就变得异常简洁了，不再需要那些难以逻辑化的生活历史反思了，拿着那个非逻辑尺度，即情感主义的尺度，大胆地宣判，一切道德价值都不过是虚张声势的虚伪或阴谋。这一切就是非道德主义的道德形式主义的必然恶果。

最后，在道德认识论问题上，非道德主义理论属于相对主义，或者属于非认识主义。既然在非道德主义看来，并不存在客观的道德事实和客观的道德价值标准，那么，就如上文所示，在它们那里，因此也就不可能有道德真理了。可以看出，这一切就是非道德主义通过将道德事实、道德价值的绝对性和相对性割裂开来的方法而得出来的必然结论。既然道德事实是偶然而不确定的，既然道德判断只是主体的个人直觉、情感和欲望等个性的、相对的精神表达，那么，道德认识对象的客观性和道德判断标准的唯一性也就不再存在了。而这些正是正确的道德认识所需要的最基本前提。除此之外，道德认识将变为不可能。非道德主义事实上就是这样做的，沿着道德相对主义和道德不可知论的路子，极端地发挥着道德怀疑论的狐疑。

还需要说明的是，在非道德主义的内涵上，除了上文所提及的道德主义和非道德主义之外，我们还需要正确认识"非道德"和"反道德""不道德"等概念之间的关系。在现代汉语中，"非道德"的含义是有分歧的。在非专业语境下——比如在一些心理学或社会科学语境下，人们常常将"非道德"和"不道德""反道德"绝对地区分开来。本书认为这是需要审慎斟酌的。因为，首先，如果认为"非道德"即"不是道德的"就"不一定是不道德的"，那么，这在逻辑上是很难讲通的。我们无法思议，既然"不是道德的"，那么，它怎么能够"不一定是不道德的"。其次，我们退一步说，假如承认相反的观点，即承认在善恶的领域之外，还存在美丑、真伪等其他价值形式的话，可还是有明显的问题令人困惑，即，难道思辨过后的"丑的"

---

① ［美］布尔克：《西方伦理学史》，黄慰愿译，华东师范大学出版社 2016 年版，第 366 页。

"假的",即,真正意义、彻底意义、广泛意义上的"丑的""假的"不是恶的吗?不是说真善美是统一的吗?因此,在一种广泛伦理意义上,在这个基于人类实践的"感性世界"上,对于所有存在物,对于所有"创造物"(Creatures),都可以做出善恶评价。

二 具体理论主张

在中国传统主流道德文化中,道德主义在绝大部分时间里,都占据显赫地位。因此,在很多道德语境里,非道德主义常常是被作为异端看待的,是难登大雅之堂的。可是,无论是在现实的道德生活实践中,还是在伦理理论和道德哲学的历史上,非道德主义并没有完全销声匿迹,而且还有复杂多样的变体和表现。下面我们以西方伦理思想为背景,按照时间和内容对这些形态各异的非道德主义进行初步的宏观梳理和分析。

按照时间和思想内容,可以将非道德主义区分为现代性非道德主义和后现代性非道德主义。"现代性"(Modernity)和"后现代性"(Postmodernity)之间的区分,不仅仅具有表层的时间意义,而且还有更深层的思想内容和态度上的对立意义。[①]"后"不仅仅具有"在……之后"的意思,而且还具有"反对……"的意思。因此,当我们将"现代性"和"后现代性"的概念引入对于西方伦理学史上的非道德主义的分类时,就必须充分考察"现代性的"非道德主义和"后现代性的"非道德主义之间的重要的区别。不仅如此,还要说明,"现代性"不单纯是一个历史范畴,更重要的是,它还是指包含自柏拉图以来的基础主义哲学文化气质和态度的社会思潮。所以,哲学上的"现代性"所指涉的对象可能涵盖或包括历史学的"古代的""近代的"和"现代的",甚至是"当代的"。这样,对于非道德主义外延的"现代性"和"后现代性"的区分,就具备了逻辑上的合理性。以此为分类依据,可以说,非道德主义要么是"现代性的",要么是"后现代性的"。

[①] 陈嘉明等:《现代性与后现代性》,人民出版社2001年版,第2页。

因此，所谓"现代性非道德主义"就是指非"后现代性非道德主义"。在西方道德哲学历史上，非道德主义景象虽然迷雾重重，但它还是大致给我们显现出了一个现代性非道德主义的轮廓。即，古希腊以智者及其诡辩论为代表的非道德主义、前基督教时期异教诺斯替的非道德主义、文艺复兴和启蒙时期的世俗非道德主义和现当代非理性主义的非道德主义。这大致表现出四个比较明显的形式，即古代诡辩型、近代经验型、现代非理性型和当代分析型的非道德主义。这些非道德主义都有比较明显的共同特征，即，它们都奉行伦理主观主义，都以这种或那种形式过度地凸显着人的主体性地位。这就是现代性的一个非常明显的伦理理论诉求。尽管如此，这些不同的非道德主义理论形态又各自有其特点。

它们有着不同的历史内容和哲学表现手法。智者所要解决的问题是，如何帮助人们通过在公共场合、集会和法庭上的雄辩而蜚声扬名，从而能够"生活得更好"。为此，像普罗泰戈拉这样的哲学家提供的思路和论证就是，"人是万物的尺度"。通过这种个体相对主义[1]，从而消解存在和价值的确定性。道德的合理性因此也随之烟消云散。近代经验性非道德主义是与宗教和社会革命联系在一起的。要让人性在神性面前苏醒，要让新兴阶级冲破教会和等级制度的禁锢，就必须打破那些所谓"道德"的约束。可是，它们却在对于旧道德的破除中试图将道德本身也全部抛弃。法国哲学家蒙田（Michel Eyquem de Montaigne）说："'烦扰我们的，是我们对于事物的意见，而不是事物本身'，依据古希腊格言这样说。假如这格言能够事事处处都树为真理，我们这可哀的人类景况，至少可得到一大解放。"实际上，"善恶的评价，大部分依赖我们的意见。"[2] 这是对于教会势力的有力打击。至于现代非理性非道德主义或者说唯意志论非道德主义，与前面的非道德主义相比较，其不同之处则是，把人的主体性力量发挥到了更极端。尼采自诩为现代"第一个反道德

---

[1] [美]阿拉斯代尔·麦金太尔：《伦理学简史》，龚群译，商务印书馆2003年版，第40页。

[2] 周辅成：《西方伦理学名著选辑》上卷，商务印书馆1964年版，第407页。

者",自视是自苏格拉底以来西方颓废道德文化堆下的"炸药"和"彻底的破坏者"。① 迄今为止,"一切生活价值的判断都是不合逻辑的发展,因此,都是不公道的"。② 所以,他要"重估一切价值"。与前面的三种形式不同,当代分析型的非道德主义的方法是逻辑实证主义。它借助于语言形式主义,排除了道德的历史内容和价值干涉,最后,必然将道德看作是主观的直觉、个人的情感或所谓"普遍的规定",从而否定道德的客观性、现实性和合理性。它宣称:"没有任何客观合理的方式能够证明一种道德规则或一整套道德判断是正当的,而另一种规则或判断是不正当的。"③

后现代非道德主义是一种从后现代主义哲学立场出发,对传统道德问题秉持否定性态度的社会思潮。下面我们以齐格蒙特·鲍曼这位温和的后现代主义伦理学家的观点为例加以说明。

在现代性伦理学看来,伦理话语描述的并不是生活中的"正确""体面""正义""正当"。鲍曼说:"这些有关伦理的描述并不是完全针对人们在做或他们认为应该做的事情。"④ 在鲍曼看来,传统伦理学的"伦理"并不先在于生活,传统道德形而上学的根、伦理之本体根据,并不存在于生活世界里。或者准确地说,传统伦理学的那个道德本源——伦理根据,并不是像传统唯物主义和道德实在论所认为的那样存在于客观社会生活之中。所以,道德生活的根据并不先在地存在于生活之中、正确道德生活的根据没有存在于日常生活中(哪怕是成功舒服的感性生活)。所以,"如果有关伦理的描述和人们所从事或者相信的事情彼此之间是不一致的,它意味着,错误的正是人们"。⑤ 这也就是说,在现代性思想看来,错的不是"伦理描述",而是"现代生活"。这个"伦理描述"指的就是先验的道

---

① [德]尼采:《瞧!这个人》,刘崎译,中国和平出版社1986年版,第109页。
② 万俊人:《现代西方伦理学史》上卷,中国人民大学出版社2011年版,第64页。
③ [美]艾伦·格沃斯等:《伦理学要义》,戴杨毅等译,中国社会科学出版社1991年版,第220页。
④ [英]齐格蒙特·鲍曼:《生活在碎片中:论后现代道德》,郁建兴等译,学林出版社2002年版,第2页。
⑤ 同上。

德规范。鲍曼说:"只有道德规范能够说明,为了达到公正,人们应该做些什么。在观念上,伦理是一种法律体系,它对普遍正确的——在任何时候,所有的人都认为是正确的——行为作出判定,还将正义和邪恶断然分开。"① 可以看出,在鲍曼看来,现代性道德哲学给自己在形而上学领域塑造了一个先验的作为法的道德规范,在政治学和价值论领域塑造了一个具有神祇地位的道德权威。而这个一身二兼(规范与权威)的神,是被看作高于生活本身的。这是后现代思想所坚决反对的。

由于现代性伦理扮演的这种神学、哲学和政治教化角色,鲍曼很快就在现世生活中找到了它的代理人——哲学家、教育家和传教士。鲍曼说:"这恰当地说明了为何作出伦理规定是哲学家、教育家和传教士这类特殊的人的专职;也将这些伦理专家推上了一个相对权威性的位置,而处于权威之下的人们在行动时只是运用他们所信守的规范(不能够真正讲清这些规范到底是什么)。"这样,与先在的权威"道德规范"相对应,存在着一个后在的道德权威(哲学家、教育家、传教士)。前者在天上,后者在人间。这些权威性体现在道德生活的所有领域,"不仅体现在立法上,同时也体现在司法上。专家们宣告法律,对判断是否被忠诚而正确地执行作出判断"。② 像康德那样,不仅颁布道德命令和法则,而且解释道德责任和原则。从善良意志一直到具体行为——不要自杀、偷盗、撒谎……但是,鲍曼始终像其他后现代哲学家那样,以嘲讽的口吻戏说着这些道德专家,他认为,这种权威是道德专家们自己加封的。鲍曼说:"他们宣称之所以能这样,是因为他们掌握了常人无法利用的获得知识的途径——与先人的思想进行对话,研究神圣的手稿,或者是阐明理性的规定。"③ 这里,可以解读为,现代性的客观—先验伦理观念是以传统哲学/形而上学为基础的,是以传统的宗教神学为基础的,同时也是以诸如"契约精神"/

---

① [英]齐格蒙特·鲍曼:《生活在碎片中:论后现代道德》,郁建兴等译,学林出版社2002年版,第2页。
② 同上。
③ 同上。

"无知之幕"/"自然状态"一类的理性假设为基础的。[①] 也许，鲍曼在这里是正确的，现代性的伦理神话实际上就应该被看作是传统哲学、神学和教育学的产物。哲学形而上学的武断、宗教神学的跋扈和教育哲学的自以为是，这一切正是那个先验的伦理精神的支柱。

最后还需要说明的是，对非道德主义的外延分析，除了"现代性—后现代性"的角度和分类标准以外，我们还可以从文化形态上，将它区分为中国非道德主义（传统的和现代的）和国外的非道德主义；从思想内容本身上，将它区分为本体非道德主义、价值非道德主义、认识非道德主义和规范非道德主义；从伦理学的理论形态上，可以将非道德主义区分为规范伦理学中的非道德主义、描述伦理学中的非道德主义、美德伦理学中的非道德主义和元伦理学中的非道德主义；按照意识形式。可以将非道德主义区分为理论非道德主义和实践非道德主义（即心理非道德主义）；按照理论化程度，可以将非道德主义区分为学术层面的非道德主义和日常语义下的非道德主义。对这些概念，我们还有必要进行深入的历史考察和逻辑梳理。因篇幅关系，这里不再赘述。

第二节　非道德主义社会思潮的非实在论

道德哲学发展的历史以及人们日常道德思维的经验，都可以证明，如果离开对对象"是什么"的追问[②]，那么，我们对于对象的"接下来的"思考，将会是极其不自然的，或者说是难以想象的。道德实在论的思考离不开道德实在论思考的前提；同样，非道德主义的思考也必须以对于"非道德""是什么"的思考为基本前提。康德道德哲学体系也证明了，道德哲学显然离不开道德形而上学。道德虚无主义反对形而上学，可是，就连海德格尔也认为，即使是对形而上学的反对，也仍然是一种形而上学。那是一种反形而上学的形而上学。

[①] 从西方近代思想家如霍布斯一直到罗尔斯所持有的契约精神和理论解释模式，都强烈地反映了一种约束、妥协的理性精神。

[②] 张志伟：《西方哲学十五讲》，北京大学出版社2004年版，第58页。

一　道德事实、道德关系主观性的僭越

非道德主义本体论是从对于道德事实、伦理关系、道德价值和规范的非实在化开始的，这是一次对于道德客观性的僭越。如前所述，这种哲学努力是和历史上的主体性苏醒和发展密切相关的。从古希腊到文艺复兴、启蒙运动，再到后现代社会，都充分反映了非道德主义的哲学冲动就是这种主体性自觉的某种极端显现。[①] 而当代非道德主义对于道德客观性的否定是肇始于休谟所发现的伦理学"牛顿定律"的。休谟（David Hume）的道德动机被许多伦理主观主义者作为自己的理论基础。也有人将休谟的观点看作是伦理主观主义的经典阶段或"第一阶段"。[②] 因此，对休谟的了解是非常重要的，这无论是就道德主义还是就非道德主义而言都一样。可以说，现代非道德主义对于道德实在性的否定在很大范围内都是从休谟这个起点开始的。下面主要考察休谟对道德实在论的批判。

在休谟看来，一切科学形式都与人性有或多或少的联系，而对于伦理学而言，尤其如此。伦理学研究要以人性为基础。休谟通过逻辑归纳和心理分析方法对人类的思想、感觉和行为进行了考察，并自称发现了与旧哲学所不同的新"真理"。

首先，在人性中决定道德行为的不是理性，而是激情、情感或欲望。理性不能单独成为任何意志活动的动机，它永远无力激起或组织任何行为，而只有当下的直接的情感和欲望才能发动意志并产生行为。正是由"七情六欲"发动了人的行为。虽然理性对人的行为也产生作用，但它不直接激发行为，它的作用只是选择、优化人们实现自身目的的途径和手段。那种具有普遍客观性的理性，被休谟从道德动机论的清单中排除了。而那种具有比较强烈主观差异性的感性，现在被他看作是发动包括道德行为在内的所有行为的最为直接、最为基

[①] 后现代主义对于传统"主体性哲学"的反动，实际上不过是一种极端的主体性的表现。

[②] ［美］斯图亚特·雷切尔斯：《道德的理由》，杨宗元译，中国人民大学出版社2009年版，第39页。

本的策动力。

其次,通过理性和推理而形成的信念,也不是发动行为的直接动因。信念只有通过影响主体的心理而转化为、产生出好恶的情感后,才会引起人们的行动愿望,进而策动人们的行为。比如,当我站在山巅的悬崖旁边的时候,看到茫茫的远处,只有一片绿色,是那样的纯、那样的静,是那样的单一和简单。可我知道,这远处的"贫瘠"景象,就像我刚才上山时所看到的浅山再深一些处的景象一样多彩。那里照样有欢乐嬉戏的孩子,有满脸沧桑的农夫。我坚信,那似乎"死寂"的远山里也一样充满生机和诱惑。可是,此刻,我却因疲惫而丧失再行前进探索的欲望,我不再前行。这类似中国哲学的"无欲则刚"。① 这里,"欲望"和"行为"之间的关系被看作是最为直接的动因。即,没有私欲,就不会有恶行和妄动。

再次,理性、信念、欲望/激情三个概念之间具有密切的联系。休谟所讲的"理性"是什么?这首先要介绍两个概念——"印象"和"观念"。休谟说:"人类心灵的一切知觉可以分为显然不同的两种,这两种我将称之为印象和观念。"② 休谟所讲的"印象"是指感觉、情绪和情感,而"观念"则是"印象"在思维和推理中的微弱的意象。③ 二者的区别仅仅在于他们的强弱程度和生动程度不同。理性把握的就是"观念"。但是,和贝克莱一样,休谟否认外界的物质实体的存在。但休谟比贝克莱更进一步,他认为连精神实体也是不存在的。他说:"当我亲切地体会我所谓我自己时,我总是碰到这个或那个特殊的知觉,如冷或热、明或暗、爱或恨、痛苦或快乐等等的知觉。任何时候,我总不能抓住一个没有知觉的我自己,而且我也不能观察到任何事物,只能观察到一个知觉。当我的知觉在一个时期内失去的时候,例如在酣睡中,在那个时期内我便觉察不到我自己。因而真正可以说是不存在的。"④ 也就是说,心灵把握的是知觉而不是实

---

① 《论语》和《老子》都有类似表达。
② [英]休谟:《人性论》,关文运译,商务印书馆1980年版,第13页。
③ 同上。
④ 同上书,第282页。

体，知觉又分为"印象"与"观念"，而理性则把握"观念"这种比较弱、比较不生动的知觉，在"印象"里就包含着激情或者欲望。那"信念"又是什么呢？这个概念比较模糊。休谟认为，根本就没有所谓的必然性、因果性。既然如此，即我们不知道吃了面包是否能维持营养和生命，也不能确定太阳明天是否还会从东方升起，那么人又怎样生活呢？休谟认为，虽然必然性并不存在，但"或然性确实是有的"，我们可以凭"信念"知道它会大致如此，并借以采取行动。所以，"信念"就是我们"相信"它。至于为何会相信它，经验使然。所以，这三个概念之间的关系大致可以这么说，理性辅佐着信念，信念辅佐着欲望/激情，而直接发动我们行动的是欲望/激情。所以休谟说："理性是并且应当仅仅是情感的奴隶，它除了服务和服从于情感外，绝不能自命还有什么别的功能。"①

最后，理论和情感（欲望/激情）在道德判断中的作用是不同的。理论区别事实真相，情感断定善与恶。道德判断需要理性来辨别事情的真相，然后，"一旦每个细节，每种关系都搞清楚了，理解的作用也就结束了……随之而来的赞扬或谴责，不可能是判断力的作用，而是情感的结果；不是一个思辨的命题或断言，而是一种灵敏的感受或情感"。② 由此可见，人们对道德正义和道德堕落的决定是一种感知，它不是关于事实的客观描述，而是关于情感和态度的表达。休谟的类似叙述让我们深刻地感受到了他在道德哲学上的主观主义气息。他说："道德因此是适合于感觉，而不是判断。"③ "感受到德行不是别的，只是在凝视某人时感受到某种特别的满意。正是这种感觉构成了我们的赞扬或敬意。"④

所有的道德判断因此只不过是主观的"意见"，道德判断没有客观性，道德真理因此也就是不存在的。主观性在休谟伦理学中的"僭

---

① ［美］麦金太尔：《伦理学简史》，龚群译，商务印书馆2003年版，第228页。
② ［英］休谟：《道德原理探究》，王淑芹译，中国社会科学出版社1999年版，第107页。
③ ［美］麦金太尔：《伦理学简史》，龚群译，商务印书馆2003年版，第229页。
④ 同上。

越",彻底动摇了人们对于道德事实的信念,道德事实和道德认识不再是"实在的",而是主观的,道德的客观普遍性被彻底消解了,非道德主义结论似乎也就"顺理成章"了。

二 道德语言和逻辑的"可普遍化"

现代非道德主义还有另一种不同的关于道德客观性的叙事范式,它就是,与伦理学历史上的契约论相关的规定主义或称为归约主义。道德客观性被看作是文化约定或语言约定。道德的客观性问题被道德普遍性、确定性问题替代了。其最为典型的代表人物是英国著名伦理学家黑尔(Richard Mervyn Hare)。黑尔使用逻辑和语言分析法,卓有成效地探索了道德语言和道德判断的性质、意义、功能;揭示了道德语言、道德判断的两重性质,即规定性和可普遍性;提出了所谓的"普遍规定主义"元伦理学体系;从而在"批判"情感主义的基础上,把元伦理学发展到一个新的阶段。下面讨论黑尔的普遍规定主义,分析黑尔与元伦理学之前阶段上的史蒂文森、维特根斯坦、卡尔纳普等人的区别。黑尔的思想仍然是综合性的、调和性的,虽然他反对激进而极端的情感主义,但是,从总体上说,他仍然停留在伦理主观主义的水平上,仍然没有脱离非道德主义窠臼。

(1) 道德语言是一种规定性语言

黑尔将语言从功能和性质上做了区分,即把语言区分为描述语言与功能语言。功能语言就是规定语言。规定语言又可以分为祈使句与价值判断语言,具体区分如图 2-1 所示:

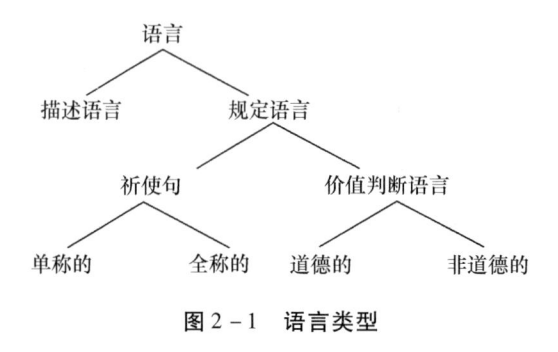

```
                语言
               /    \
         描述语言    规定语言
                    /      \
                祈使句    价值判断语言
                /    \      /      \
            单称的  全称的  道德的  非道德的
```

图 2-1 语言类型

描述语言就是如实地描述对象,不夹杂主观因素或主观判断,是纯粹客观性的东西。如客观的科学知识——"在宏观常速条件下,外力等于质量乘以加速度"。这就是描述性语言。"狄更斯《双城记》和达尔文《物种起源》都出版于1859年","栀子花的颜色是乳白色的",这些都是描述语言或描述性判断。而规定语言,或者说规定性语言与此不同。规定语言具有规定、规范、主观限定的意义,具有范导性、引导性、教导性、限制性的特点。比如"请勿喧哗""请勿吸烟""一天,两个强盗闯入圆明园,一个掠夺,一个纵火"。这些都是规定语言。而规定语言又可以区分为祈使句与价值判断。祈使句是单纯的命令句,要某人去做某事。价值判断显然又可以区分为道德判断与非道德判断。道德判断当然是善恶判断,除此之外诸如美丑、真假等判断皆属于狭义的"非道德"判断。这里需要特别注意的是,在黑尔的论述中,事实上,他对于描述语言与规定语言,祈使句与价值判断的分界,都不是被看作是绝对不可逾越的。恰恰相反,它们彼此之间是可以或过渡、或包含、或转化的。

在黑尔看来,"道德语言是一种规定的语言"。① 这是因为,"道德语言最重要的效用之一就在于道德教导"。② 在黑尔看来,道德判断虽不同于命令句,但是,道德判断隐含着命令句,包含着命令句,能够从道德判断中推导出命令句。当我们说"做A事是正当的",我们所表达的或者说我们所希望的,就是这样一个祈使句:"请做A事吧!"或者"做A事!"当我们说"卖官是错误的",我们实际上还表达了如下的意思,"别卖官了吧!"这是显而易见的。但是,黑尔不同于史蒂文森。在史蒂文森、卡尔纳普、维特根斯坦和赖欣巴哈等极端情感主义者看来,道德语言仅仅是一种规定语言,只表达言说者的情感、意愿、态度、发泄,进而把道德判断看作是没有意义的伪命题、伪判断,最后完全否认伦理学的客观性和科学性,并陷入彻底的伦理主观主义泥潭。黑尔试图纠正维特根斯坦等人的偏颇,试图避免

---

① [英]理查德·麦尔文·黑尔:《道德语言》,万俊人译,商务印书馆1999年版,第5页。
② 同上书,第6页。

非理性主义地、主观地解释道德语言，试图把道德语言的分析建立在理性的基础上，并还给道德判断甚至是整个伦理学以合理根据。所以，在黑尔看来，道德判断可以推导出命令句，但不能还原为命令句，即不能将道德判断简单地等同于命令句。如果把道德判断完全归结为命令句，那就意味着只把道德判断看作是完全规定性的，因而就是完全"说服性"的规定。① 在黑尔看来，如果把道德判断完全看成是规定语言，那就意味着道德判断被完全主观化了。那样的话，道德判断、道德教育也就和"道德宣传"没有区别了。黑尔赞同史蒂文森的观点："认为道德判断的功能是说服的提议，导致了一种把道德判断之功能与宣传之功能区别开来的困难。"② 在这里，我们应该明确黑尔的如下意思：如果道德判断不完全是规定语言，那就是说道德判断、道德语言同时还是描述语言，理解这一点很重要。我们因此就明白了，黑尔是如何来校正以往情感主义者的主观主义偏颇的——尽管黑尔的调和并没有使自己彻底脱离伦理主观主义的阵营。比如，当我说："不要卖官，买官是错误的"时候，我同时也就是如实地描述了我的一种心情，即我不喜欢政治腐败。也描述了某种社会实际情况，最少，我听到了"查理"这一个人卖过官。必须注意，黑尔把"描述性"引入道德判断只是一种技术性考量，是一种手法，是为了纠正激进伦理主观主义者的那种极端性，并使自己的规定主义不同于元伦理学的前辈们，从而给自己的规定主义立场找到一种貌似"客观的"、合理的基础。黑尔明确地讲述，规定性是道德判断的首要的、第一位的特性。所以，他并没有完全排除非道德主义。

如果道德判断普遍地与命令句相符，即道德判断蕴含着命令，道德判断可以被重新改写为命令句，道德判断能够推出一个命令，那么承认或肯定一个道德判断，就意味着承认或肯定一个道德判断内所蕴含着的道德命令。这里，黑尔显然像苏格拉底那样把知识与信念给统一起来了。但是，他们之间的发号施令者是不同的。在苏格拉底那

---

① ［英］理查德·麦尔文·黑尔：《道德语言》，万俊人译，商务印书馆1999年版，第4页。
② 同上书，第17页。

第二章 非道德主义社会思潮的理论主张及其错误

里,这个命令的最后根据是"神"这种"客观性"力量(客观精神力量),而在黑尔这里,这个命令的最后主宰则是个人自己的主观性态度。

(2)道德判断的"可普遍性"

作为一位元伦理学家,如果不想把道德判断宣布为伪判断、如果不想把伦理学宣布为伪科学,他就必须赋予伦理学以逻辑性、就必须赋予道德判断以逻辑性。这是元伦理学家的逻辑主义、实证主义、科学主义的理论特征所要求的。黑尔显然试图避免情感主义的极端观点(像维特根斯坦、卡尔纳普、赖欣巴哈等),如果不想把道德判断看成是卡尔纳普所讲的那样,把道德判断当作是随意的个人情感表达,那么,他就必须寻找某种"客观根据"。黑尔的"可普遍性"概念于是出场了。这个概念就是用以纠正或避免"规定性"概念所包含的走向主观主义极端的可能性的。显然,"可普遍性"与康德道德哲学的"普遍立法"有着某种相似性。

什么是道德判断的"可普遍性"呢?所谓"可普遍性"是指在理性即逻辑规则基础上可以使道德判断得以普遍实现的形式。[1] 用黑尔的话说,就是:"作出一个道德判断就是说,如果另一个人处于相同的境遇,就必须对他的状况做出相同的判断。"[2] 或者用否定语言形式来表达:"如果我们承认各种描述特征是相同的境遇,但又对它们做出不同的道德判断,那么我们就会自相矛盾。"[3] 可以看出,黑尔的"可普遍性"概念,主要包含着以下两个方面基本内容。

首先,"可普遍性"的表现及其作用,就是充当一种保证,为行为的道德性提供保证。在黑尔看来,"普遍化"是道德行为的必要条件,是道德行为的标准之一。他说:"我们考虑采取某个行动的时候,如果发现它经过普遍化便产生我们无法接受的规定,我们就否定这个是我们道德问题的一个解决方案——如果不能把这个规定普遍化,就

---

[1] 万俊人:《现代西方伦理学史》上卷,北京大学出版社1990年版,第500页。
[2] 孙伟平:《论赫尔德普遍规定主义伦理思想》,《求索》2002年第2期。
[3] 同上。

不能成为'应该'。"① 这也就是说，当道德境遇相同时，应当得出相同的道德判断，采取相同的道德行为。或者说，道德判断意味着做相同的道德行为。这是某种绝对性。现在让我们分析这个案例，为了解救那些马匹而放火烧掉马肉屠宰场是否是正当的呢？我们现在就要考察下面这个判断是否具有"可普遍性"的特征："为解救牲畜而烧掉屠宰场是正当的。"这个道德判断能不能普遍化呢？这就意味着不仅烧掉马匹屠宰场，而且烧掉所有屠宰场如宰杀牛、猪、羊、鸡等所有屠宰场都是正当的吗？任何人去放火都是正当的吗？显然不能，这个分析，让我们好像突然间来到了康德哲学中了。② 黑尔的"可普遍性"概念显然具有明显的康德义务论痕迹。但是，黑尔的"可普遍性"与康德的"先验性"相比，与其说它是某种"客观性"的幌子，还不如说它只是"主观性"的遮羞布。

其次，"可普遍性"的前提基础或根据不是外在的，也不是先验的，它不存在于理性和"逻辑规则"之外。黑尔说，道德原则"仅仅是一种逻辑规则，从这种原则中不可能推出任何道德实体"。③ 也就是说，道德判断的"可普遍性"所依赖的道德规则的根据/合理性/绝对性/普遍性等，不是某种实体（上帝、绝对现象等等）给予的，而是道德语言的逻辑规则（这种特殊的理性形式）给予的。道德判断、道德命题的"可普遍性"是由其逻辑前提所保证的。也就是说，这种"可普遍性"是对于其逻辑前提里所包含的可普遍性的反映。黑尔说："从命题可能相互矛盾这一事实中，我们可以推出如下结论：为了避免自相矛盾，命令也必须像陈述一样遵循某些逻辑规则。"④ 黑尔还说："如果我们承认各种描述特征是相同的境遇，但又对它们做出不同的道德判断，那么我们就会自相矛盾。"⑤ 这话也就是说，"可普遍性"是由逻辑规则保证的，而不是由某种实体所保证的。那

---

① 孙伟平：《论赫尔德普遍规定主义伦理思想》，《求索》2002年第2期。
② [德]康德：《实践理性批判》，韩水法译，商务印书馆1999年版，第31页。
③ 万俊人：《现代西方伦理学史》上卷，北京大学出版社1990年版，第501页。
④ [英]理查德·麦尔文·黑尔：《道德语言》，万俊人译，商务印书馆1999年版，第36页。
⑤ 同上。

么，一种命令或一种陈述所要遵守的逻辑规则是什么？有以下两条。

其一，只要我们不能从陈述句中有效地引出一组前提，则我们就不能从这组前提中有效地引出任何陈述式结论。

其二，如果一组前提中不包含至少一个祈使句，则我们就不能从这组前提中有效地引出任何祈使句结论。①

可以看出，一个道德判断所具有的两部分意义，即描述意义和规定意义都是从其逻辑前提中有效地推导出来的。"可普遍性"不是来自外界，而是来自于逻辑前提。而至于包含于逻辑前提中的"可普遍性"来自何方，黑尔的语言/逻辑哲学是不会去讨论的。即使要讨论，那也只能被元伦理学家，包括黑尔在内，从本质上将其看作是一个形而上学问题而"加上括号"。这样，黑尔伦理学的主观主义色彩就表露出来了。他的"可普遍性"绝不是一种客观的"可普遍性"，而是在主观范围里的一种"可普遍性"。如：

①放火是错的（祈使句）。

②动物解放前线放火烧了屠马场（陈述句）。

③动物解放前线放火烧屠马场是错的（普遍性：放火皆错）。

在这里，大前提①是全称祈使句，正是这个"全称"保证了以此祈使句为前提的所有类似情境（境遇）的道德判断（只要是正确的）都有了所谓的"可普遍性"。可以看出，至于为什么"放火是错的"，这已经不再是元伦理学的事情了。于是，黑尔通过"可普遍性"概念，部分地、不彻底地纠正了极端情感主义。但是，黑尔本人实际上，从总体上看，仍然属于伦理主观主义。这可以，也应当从与伦理客观主义（宗教伦理、义务论等）的对比中来理解。黑尔用这个概念给人的自由选择的道德推理设置了一种客观性制衡机制。但我们始终应当清醒，这种"可普遍性"原则只是一种纯粹的逻辑和形式方法，而且必须借助道德主体的角色转换/换位思考（像在康德哲学中那样），道德主体才能判断行为的正当性。因而，它仍是主观主义的。

---

① ［英］理查德·麦尔文·黑尔：《道德语言》，万俊人译，商务印书馆1999年版，第30页。

（3）道德语言、道德判断的"规定性"和"可普遍性"的关系

黑尔元伦理学真正具有特色的地方在于它把道德语言、道德判断的规定性与普遍性统一了起来，并在此基础上提出了所谓的"普遍的规定主义"。在黑尔看来，"规定性"与"可普遍性"是道德判断的两个最基本的特征，而且这两个最基本特征还是互相统一的。这两个方面的特征是不可或缺的，缺少其中的一个，就不能构成道德判断。道德判断有规定性与描述性的双重意义。在这里，黑尔直接把描述性与普遍性等同起来。可是，这好像是有问题的。如果说描述指向了事实，那么它可能就具有普遍性；可如果描述了一个全称祈使句所表达的那种对象，这时候，祈使句也具有了描述意义。所以，全称祈使句也具有普遍性。换言之，全称祈使句这种判断本身就既是规定的，又是描述的。那么，陈述句是否既是描述的，又是规定的呢？黑尔好像处于摇摆之中，而且，让人感觉到有时他好像是隐蔽地摇摆着的。我们不知道，这是有意的，还是无意的。在这样的一番思考以后，我们现在好像可以放心地把规定性与描述性就理解为是"规定性"与"可普遍性"。当我们说规定性与描述性二重统一时，也就是"规定性"与"可普遍性"的统一。反之亦然。

道德判断的"规定性"与"可普遍性"是如何统一的？道德判断的"规定性"应该也必须是可普遍化的。就从字义上来理解，如果"规定性"还存在着例外，这种"规定性"就不能称其为"规定性"。"规定性"必须体现在所有类似的道德境遇中。"放火是错的"，指的必须是在所有的场合中，"放火"都是错的。当然，战争中使用喷火器与点燃香烟是不能算"放火"的。它们不在"放火"的外延之列。这地方的"放火"最少是指刑法里的"放火"。另外，道德判断的"可普遍性"的实现则必须通过道德判断的规定性，进而发挥自己调节和引导行为的普遍作用。如：

①撒谎是不道德的（祈使句；全称；规定性）。
②为了邀功而谎称 GDP 增长（陈述句）。
③为了邀功而谎称 GDP 增长是不道德的（陈述＋规定）。

我们可以把前提①看作一个有普遍性要求的道德判断，可以看

出，这种不许撒谎的普遍性道德要求，最后要通过结论③来实现。当然，这不是说，前提①的普遍性要求，它的"可普遍性"要求只能通过结论③来实现，而是说，前提①的普遍性要求，要通过无限个类似结论③这样的具体去规定（具体祈使句，如为了其他目的而撒谎……）而最终实现，发挥其作用。正像：

①屠杀动物是错的。

②猫是动物。

③屠杀猫是错的。

前提①的普遍性要求、普遍性规定，它正是通过"屠杀狗是错的""虐杀马是错的""虐杀猪是错的"等具体的祈使句（表现具体的规定性）而实现其调节社会行为的道德作用的。

可以看出，"可普遍性"是道德判断得以实施的内在逻辑根据；"规定性"则是道德判断功能的逻辑特征。正因为道德判断具有"可普遍性"，所以，道德判断才得以从抽象的共性转化为具体的、现实的个性，即得以实施。正因为道德判断是"规定性的"，所以道德判断才具有了某种内在的张力，或者像康德所讲的那种"道德所具有的强制性"。[①] 总之，道德判断是"可普遍性"与"规定性"的统一。

黑尔正是通过这种立场与观点把自己与形式主义和自然主义给区分开来。也可以说，形式主义（情感主义）与自然主义正是因为否认或忽视这种统一关系才走向了错误。"形式主义"（即感情主义）只看到道德判断的规定性意义，而否认道德判断的普遍性/描述性意义。所以，它只是把道德判断与单纯的命令句相等同。这种失去描述意义/普遍意义的命令句，不再属于道德判断，不可能保持永久的可普遍性，因为它不再说明逻辑理由，变的就像道德"宣传"。黑尔举了这样一个例子，"任何人不得与其姐妹结婚"就是这种"日常命令句"，而不是道德判断"任何人不应该与其姐妹结婚"。后者由于给出了充分的理由，所以，才能有效地调节人们的行动。自然主义的错误是，它们把描述意义看作是道德判断的唯一意义。它们完全排斥道

---

① [德] 康德：《实践理性批判》，韩水法译，商务印书馆1999年版，第91页。

德判断的规定性意义,只承认道德判断的普遍意义,并最后走向描述主义。于是规定性的独立地位丧失了,规定性成为描述性的附庸。价值不再是独立的,命令不再是独立的,而是从事实中推导出来的。"应该"成为"是"的结论和附庸。黑尔说道:"道德词语的'描述意义'并未穷尽它们的意义,在其意义中还有其他的因素可以产生与这些推理中的这些词语之逻辑行为不同的东西,这就是我们关于是否可以从'是'中推出'应该'的争论焦点所在。"① 也就是说,描述性的"是"与规定性的"应该"是同阶级的不同意义,互不隶属。它们分别遵循着不同的逻辑(像休谟惊讶地发现的那样)。很显然,自然主义却把这两者混淆了起来,也就是说,混淆了道德表达与描述表达、价值与事实的界限。黑尔赞同休谟的观点和立场,价值性的东西是不能从事实中推导出来的。而自然主义正好犯了这样的错误。可以看出,黑尔自己承认他自己是休谟这样的伦理主观主义的继承者。② 这样,黑尔这位看起来并不极端的调和者,到最后还是倒向了否定道德客观性的非道德主义。

第三节　非道德主义社会思潮的道德不可知论

在伦理学研究领域,虽然道德认识论直到今天还没有得到应有的重视、虽然康德《实践理性批判》就是一例非常深刻的道德认识论典范,但是,这并不意味着道德认识论就已经被普遍地看作是道德哲学的一个不可或缺的领域。③ 把道德的合理性证明仅仅建立在道德事实和道德价值的客观性基础上,还是远远不够的。如果人们不能形成真理性的道德认识,道德的合理性就无法得到证明。因此,不管是道德主义还是非道德主义,都十分重视道德认识论问题。道德主义用道德真理来论证道德的合理性、合法性;与此相反,非道德主义则通过

---

① 转引自孙伟平《论赫尔德普遍规定主义伦理思想》,《求索》2002 年第 2 期。
② 本节内容,可参阅高兆明《伦理学理论与方法》;[美]休—拉芙莱特《伦理学理论》,特别是前者,有比较详细的叙述。
③ 杨国荣:《伦理与存在:道德哲学研究》,上海人民出版社 2002 年版,第 172 页。

否定道德真理而消解道德的合理性与合法性。在非道德主义看来,既不存在客观的道德认识的对象,进而,也不存在检验道德认识真理性的客观标准。因此,如果还有所谓的"道德真理"的话,那也不过是人们的主观欲望、情感、态度或意见而已。

一 道德认识论的基本关系

如果说实践和认识的关系问题是认识论的基本关系的话,那么,道德实践和道德认识的关系就是道德认识论的基本关系。道德认识就是道德主体在道德实践的基础之上的对于道德客体的主观反映。对这个关系的不同处理和回答,是我们划分道德可知论和道德不可知论的唯一标准。

道德认识主体是与道德认识客体相对而言的,是指从事道德实践和道德认识活动的现实的、社会的人,是道德实践活动中的自由性、能动性的因素。道德认识主体担负着设定道德实践对象、操作道德实践中介、改造道德实践客体的作用。道德认识主体包括个人主体、群体主体和类主体等三种形式。由于道德认识活动是一种对象性活动,因此,道德认识主体总是要指向特定的道德认识客体。所谓道德认识客体,是物质世界中确实存在的事物,是道德实践和道德认识所指向的对象。道德客体总是以系统的方式存在着,有其自身的结构和功能,有其自身的性质和数量。一个系统总是处于与要素、环境的相互作用中,并在这种相互作用中将其自身的性质、属性、数量等基本的信息表现出来。因此,道德客体性具有可知性,包含着转化为道德主体性的可能性。

实践唯物主义把肯定道德认识客体的逻辑优先性作为自己在道德认识论上的首要前提。"当我们从认识论角度考察认识客体的时候,我们首先必须坚持唯物主义的本体论前提,肯定作为认识客体的事物具有一种优先的地位。但是,何种事物优先地成为现实的认识客体,则是同作为主体的人在一定的具体历史条件下已经获得了的本质力量和已经形成了的认识定势密切相关。"[①] 这对于作为人为事物的道德

[①] 萧前、杨耕:《唯物主义的现代形态:实践唯物主义研究》,中国人民大学出版社2012年版,第396页。

客体是不难想象的，但是，对于作为自然事物的道德客体而言，好像是不符合常识思维的。这种和旧唯物主义完全一致的常识思维，总是习惯于自然主义地从纯自然的意义上、从纯直观的形式上看待客体，不是从主体现实的本质力量和认知定势及其现实作用方面，也不是从主体的能动方面去理解客体。我们能够很坦然地把一个"好人""好事"当作道德认识客体，并且自觉地坚守这"好人""好事"的"好"（Good，善）的客观性。但是，对于"好山""好水"的"好"（Good，善）和"穷山""恶水"的"穷"和"恶"（Evil）的客观性、优先性存在却并不乐意接受。在这个问题上，实践唯物主义和当代生态哲学中的内在价值论，在认识上是一致的，但是所提供的道德理由却并不相同。实践唯物主义从历史实践的角度赋予道德客体的客观性以优先性。阿伦·奈斯的深层生态学则从对象角度赋予其道德性以客观优先性。

从理论上抽象地说，整个世界的一切事物都可能成为道德认识的客体，但是，实际上，业已成为道德客体的事物和整个世界相比，只不过是沧海一粟。什么样的事物或事物的什么样层面能够成为现实的道德认识客体，是由道德认识主体的认识能力和实践能力决定的。换言之，客体是主体的客体。客体确证和实现着主体的本质力量，渗透着主体性力量；客体是主体的认知定势能够结合和同化的客体。圣贤和恶魔分别会把世界看作是善和恶的。正所谓"进行思索的人，也许会被墨菲斯特利斯嘲笑为：'有如在绿色的原野上吃枯草的动物'"。[1]

道德主体和道德客体的相互作用的过程就是道德实践过程，道德认识和道德实践的统一关系是道德认识论的基本关系和课题。根据对它的不同回答，我们将道德认识论划分为道德可知论和道德不可知论。道德可知论认为道德事实和道德意识是具有同一性的，道德现象是可以认识的，道德判断是有真假的。而道德不可知论则相反，认为道德现象是不可认识或不可完全认识的，道德判断是没有真假的，根本就不存在道德言说的真理问题，因此，道德言说只不过是私人利益

---

[1]　［日］西田几多郎：《善的研究》，何倩译，商务印书馆1965年版，第6页。

和态度的掩饰而已。这样，道德不可知论最后走向了非道德主义，变成了一种反对伦理学的伦理学理论。伦理学因此从科学的行列中被它驱逐出去了。

道德不可知论常常通过否定道德价值的客观性来否定道德认识的客观性，并将道德认识排除出科学认识。它认为，既然道德判断只是人们的主观态度、感情，因此，道德判断就无所谓真假问题。事实上，对道德价值的认识是可以按照它是否符合客观实际而区分出真假的。

首先，可以通过衡量一种态度是否真正反映了道德主体自己的评价标准和主观感受，来判断体现这种态度的道德认识的真假。当有人说"我赞成（或不赞成）老人倒地应该扶"的时候，我们完全可以根据他的经验生活的系统事实判断他说这话是否是违心的。如果没有违心，那就是真实地反映了自己的道德观念结构和道德情感状态。不仅如此，它还会使人最少形成如下真实的道德认识："社会上还是有好人的。"

其次，可以通过衡量一种态度是否真正符合道德主体的客观需要、根本利益来判断包含这种态度的道德价值判断是否是真实的。当有人说"我赞成（或不赞成）老人倒地应该扶"的时候，我们可以从他的后续道德实践判断他说的是不是真的。我们更能根据这种道德认识所最终导致的社会道德风气的进步、退步、未变化的结果，是否和这人说"我赞成（或不赞成）老人倒地应该扶"所期待的社会道德变化相一致，来判断这种道德态度的真和假。

最后，也是最根本的，可以通过考察一种态度由以形成的根据是否符合历史必然性、客观现实性而辨别包含这种态度的道德判断是否是正确的，即是否符合社会和历史规律——符合的就是道德真理，否则就是道德谬误。

二 道德真理的伦理相对主义取向

采用相对主义立场和态度，是非道德主义在道德真理问题上的一种比较普遍的做法。只要开始并持续地对道德问题和现象进行反思，哲学家就可能无法回避对于道德现象、道德问题的基于"一"和"多""普遍性"和"特殊性""共性"和"个性""确定性"和"不确定性"等范畴的反思所造成的深刻分歧。这其中，对于"一""普遍性""共性"以及"确定性"等范畴的偏颇，将导致绝对主义理论路线。相反，对于"多""特殊性""个性"和"不确定性"等范畴的执拗，将导致相对主义理论路线。在相对主义看来，根本就不存在客观真理。至于道德真理，更是一种纯粹的"社会建构"而已。芬兰社会哲学家爱德华·韦斯特马克说："根本就没有道德真理，它也不可能成为旨在规范人类行为的伦理科学的对象。"[1] 但是，随着人类步入现代社会，非道德主义现在更多地不是从形而上视角，而是从文化多样性或多元文化视角进入对道德真理的攻击阵地的。

伦理相对主义按照其内容和视角，可以区分为规范性伦理相对主义和描述性伦理相对主义。在此，我们主要讨论规范性伦理相对主义。规范性伦理相对主义是建立在规范相对论的基础之上的，而且是把规范的差异作为道德判断之差异的依据的。显然，规范性伦理相对主义认为，人们对同一道德行为作出完全不同的价值判断，这既完全可能，又完全可以理解，这种差别肇因于规范内容本身的区别。[2] 保罗·泰勒（Paul W. Taylor）说："当一个规范伦理相对主义者说道德规范因社会不同而不同，他的意图并不仅仅是断定不同社会奉行不同规范。他宣称，一种道德标准或规范，只有对于采用这些标准或规范而为其现行道德的一部分的特定社会成员，才是正确的。"[3] 显然，在规范伦理相对主义看来，道德规范、道德标准的正确性是相对于不同个人和不同社会而言的，对于一个人或一个社会是正确的，但对另外一个人或另外一个社会未必是正确的。比如，"撒谎"在规范性相对主义看来，就是相对的。所以，规范性伦理相对主义的"相对性"程度是要高于文化伦理相对主义的。

---

[1] Edward Westermark, *Ethical Relativity*, New York: Harcourt Brace, 1932.61.
[2] ［美］理查德·T·德·乔治：《经济伦理学》，李布中译，北京大学出版社 2002 年版，第 48—54 页。
[3] 王海明：《论伦理相对主义与伦理绝对主义》，《思想战线》2004 年第 2 期。

文化伦理相对主义则是建立在文化相对论基础之上的，它把文化差异作为道德判断差异的根据。因而，文化相对主义也许在表面上可以谈论不同的个人之间在道德判断上的差异，并因此主张道德的相对性，但它实际上论述的是两个不同文化背景下的个人在道德判断上的分歧。因而，说到底，是论述两个不同的文化体系在对某种道德现象或道德行为判断问题上的分歧。比如对于"溺婴"问题，一个无神论者与一个基督徒的看法是完全相反的，但这绝非仅仅是两个人之间的分歧，而是两种宗教或两种文化之间的分歧。无神论国家的计划生育政策，完全可能被当作国策，从而堕胎现象便公开且被许可，不会受到谴责。可是，这种情况在基督教国家是难以被接受的，它们认为这亵渎了神灵。

不管是规范性伦理相对主义，还是文化性伦理相对主义，它们都是伦理绝对主义的对立面。但是，与伦理绝对主义相对立的除了有相对主义外，还存在着虚无主义，比如说情感主义的虚无主义（维特根斯坦、赖欣巴哈等人）（如图2-2所示）。本书将聚焦于文化相对主义。[1]

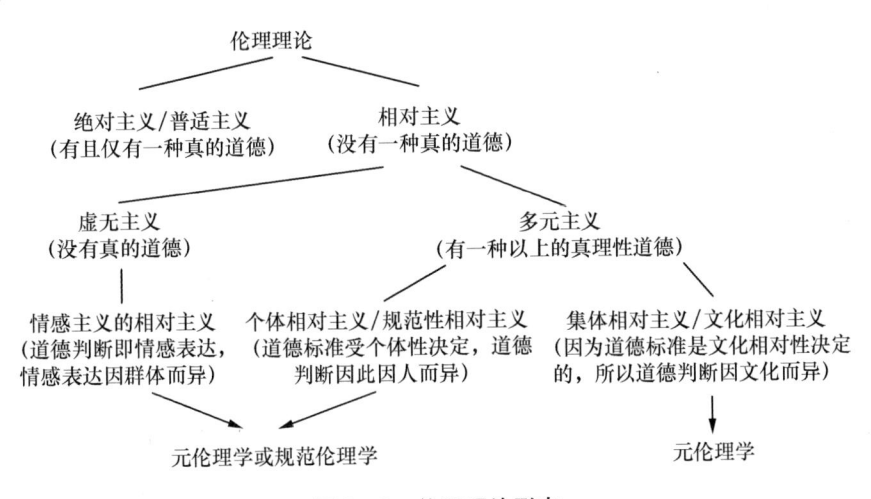

图 2-2　伦理理论形态

---

[1] 需要说明的是，这个图中的划分界限不是绝对的。参阅 [美] 史蒂文·卢坡尔《伦理学导论》，陈燕译，中国人民大学出版社2008年版，第49页。

下面分析相对主义是如何为自己辩护的。显然，只是文化相对主义是有讨论的意义和价值的，个体相对主义则过于微观、琐碎了。有趣的是，就连文化相对主义者本身都对个体相对主义不屑一顾，那种谈论也许是真正意义上的，是彻底意义上的"相对"，它表现出某种"难以言说的私人性"。

文化相对主义有两个最主要的论据，这就是文化的"多样性"和"宽容"。文化相对主义者以此作为自己理论的最主要基石。而且，这其中的第一个论据因为它与流行文化、通俗意见的接近而显得似是而非，有时候确实看起来是相当有说服力的。因为它的和解姿态、"中庸"（不如说是调和的）态度，第二个论据也颇具吸引力——尤其是对那些置身于文化劣势中的学者和置身于文化优势中但又持同情心态的学者。我们经常能够看到处于文化心理优势地位的学者对于保护落后地区文化遗产的高昂热情。鲁迅先生曾说，对于中国文化，对"中国固有的文明"，"外国人中，不知道而赞颂者，是可恕的；占了高位，养尊处优，因此受了蛊惑，昧却灵性而赞叹着，也还可恕。可是还有两种，其一是以中国人为劣种，只配悉照原来的模样，因而故意称赞中国的旧物。其一是愿世间人各不相同以增自己旅行的兴趣，到中国看辫子，到日本看木屐，到高丽看笠子，倘若服饰一样，便索然无味了，因而反对亚洲的欧化。这些都是可憎恶"。可在鲁迅看来，"所谓中国的文明者，其实不过是安排给阔人享用的人肉的筵宴。所谓中国者，其实不过是安排这人肉的筵宴的厨房"。[①]

那么，文化为什么具有多样性呢？对此，可以从理论和实际两方面加以解释。

首先，从理论上看，也就是从形而上角度看，这是一个自身就是其自身原因的问题。也许可以说，多样性在逻辑上具有自足的价值，世界本来就是以多样性的形式存在的。也许可以说，"多"是十分自然的事情，而"一"只是后来随着人的出现，随着精神力量中的统一性逻辑要求的出现而出现的。而且，这"一"也许还是一种理想，

---

① 吴中杰：《鲁迅杂文》上卷，复旦大学出版社 2000 年版，第 185 页。

一种柏拉图式的理想（Forms，或 Eidos，或 Ideas），实际情况是，不是"一优于多"，而是"多优于一"。正如"完美的白色——更普遍地说，完美的勇敢、完美的美，以及完美的三角形——也许就像完美的英国牛头犬一样是虚构的，不真实的"。[①] 巴门尼德认为"多是不可能的"的观点是错误的，需要批判。在辩证逻辑看来，世界上绝对相同的事物是不存在的。就像李政道先生所说："当我们说左—右对称时，其含义是不可能观测到左与右之间的绝对差别（人们自然知道'左与右'是不同的）。换句话说，假如能够找到它们之间的绝对差别，那么，我们就有左—右对称的破坏，或左—右不对称了。"差异性是一种普遍现象。

其次，从实际的感性生活世界来看，不同文化背景下的人们"被抛"在彼此相对隔绝的自然环境里。假设他们从一开始的时候就必须面对不同的对象世界，相应的，当他们改造这特殊的对象时，这特殊的对象也以特有的方式改造了人这种改造者。所以，马克思说："资本的祖国不是草木繁荣的热带，而是温带。不是土壤的绝对肥力，而是它的差异性和它的自然产品的多样性，形成社会分工的自然基础，并且通过人所处的自然环境的变化，促使它们自己的需要、能力、劳动资料和劳动方式趋于多样性。"[②] 并且，在多样性的劳动方式的基础上，形成了不同的社会风俗习惯，甚至是完全相对立的价值观。比如，像有的文化表现出对诸如食人、男性卖淫、弑亲、杀婴或杀害老年人的"厚爱"。而在另外的文化中，这些现象则受到严厉的谴责。在妇女受教育问题上，有极端宗教组织就表现出强烈的抵触情绪。

文化相对主义是如何进行道德推理的？

首先分析"相对性""相对主义"概念。无疑，"相对性""相对主义"分别是与"绝对性""绝对主义"相对而言的。这些概念都属于形而上学范畴。所以，关于它们的意义，如果放在当代哲学的反形而上学背景中来看的话，显然是没有意义的。退一步说，关于它们的

[①] ［美］布鲁斯·昂：《形而上学》，田园等译，中国人民大学出版社 2006 年版，第 48 页。

[②] 《马克思恩格斯全集》第 23 卷，人民出版社 1972 年版，第 561 页。

意义，在当代哲学里，存在很大的争论。让我们再引入辩证法和经验论，并在此基础上，假设：任何事物既是其自身，又不是其自身。

在这里，当我们说"任何事物"时，我们引入了经验论，我们的意思是说，经验证明，所有的事物都是如此这般；当我们说"既是……又不是……"的时候，我们引入了辩证法，我们引入了历时态/变化的观念，我们也引进了"是"与"不是"的矛盾形式，一种肯定与否定的形式关系，两个层面的辩证意义。

当我们说事物"既是其自身"的时候，我们表示事物具有其确定性的一面，它此时此地就是其自身，这是确定的、无条件的、永恒的、绝对的。当我们说事物"又不是其自身"的时候，我们表示事物具有其不确定性的一面。它以前、它以后、它离开此时此地又不是现在所是，事物因而又是不确定的、有条件的、暂时的、相对的。以上就是事物的绝对性与相对性。在辩证法看来，任何事物都是绝对性与相对性的统一。但是，正如列宁所说，辩证法包含相对性，但不能将其归结为相对主义。列宁指出："马克思和恩格斯的唯物主义辩证法无疑地包含相对主义，可是它并不归结为相对主义。"[①] 相对主义只看到了事物的不确定性、相对性、暂时性的一面，而否定了事物的确定性、绝对性、永恒性的一面。因而，相对主义是一种可能导致怀疑论、诡辩论的破坏性思维形式。这就像皮浪（Pyrrhon）的"莫衷一是"、庄子的"齐物论"。庄子说："仁义之端，是非之涂，樊然淆乱，吾恶能知其辨。"[②] 当然，庄子的相对主义很难说是一种文化相对主义，它可能更多地属于一种个体相对主义，一种规范性的相对主义。

一些相对主义的人类学家持这种文化相对主义观点。威廉·格雷海姆·萨姆纳（William Graham Summer）典型地表述了他的道德相对主义。他说："社会习俗是满足所有利益的'正确的'方式，因为它们是传统的，并且事实上存在……'正确的'方式就是祖先们使用并且相传下来的方式。传统就是它自身的正当理由。他并不需要受到

---

① 《列宁选集》第2卷，人民出版社1995年版，第97页。
② 杨柳桥译注：《庄子译注》，上海古籍出版社2007年版，第28页。

经验的证实，正确的观念在社会习俗之中……因此，正确从来就不是'自然的''神授的'或任何意义上绝对的。一个群体在某个时候的道德是社会习俗中的禁忌和规定的总和，正确的行为就是由这些禁忌和规定所限定的。"[1] 可以看出，道德判断的正确标准，取决于"传统""习惯"这样的内部客观标准，这种标准在不同的群体——文化背景不同——中是不同的，是不能够通约的。也就是说，正确的道德标准从来就不是"自然的""神授的"。所谓"自然的"，指的是一种顺从自然客观性的意思。或者说，当我们把一种道德标准看作是"自然的"时候，我们是说，这个道德标准合乎"自然"。而"自然"显然是公平地展现自己于所有不同群体面前的，"自然"是那种能够对不同文化背景下的人一视同仁的那种存在。这样，不同文化背景下的道德判断者，就可以在同一调色板上比较谁的颜料更为出彩。所谓"神授的"，像"自然的"一样，也是试图给道德判断寻求一个绝对性的客观标准。在这种安排中，或者说道德标准体系的建构中，不同的道德判断也是能够且应当进行比较的，最后还可以得出唯一性的道德推理结论。正因为这样，文化相对主义者否认"自然的""神授的"道德标准。

那么，像萨姆纳这样的文化相对主义者是如何论证他们的观点的呢？他们的论证公式可以简化为如下形式：

前提：道德判断因文化取向（"路线"）的不同而不同。

结论：

①公认的道德标准因文化取向/线路的不同而不同（描述性的）。

②每个个体的文化标准规定了该个体的道德应该（规范性的）。

这就是说，不同文化背景下的人们所采用的道德判断的标准是不同的，因为这些文化体系彼此可能具有不同的价值观。这是就群体的道德主体而言的，不同文化群体具有不同的道德判断。这同时也就意味着，在相同文化群体内部，不同的道德判断个体有着大致相当的道德判断。举例说明：

---

[1] [美]史蒂文·卢坡尔：《伦理学导论》，陈燕译，中国人民大学出版社2008年版，第50页。

①在极端教派看来，妇女是不应该接受教育的。

②在中国：

第一，传统儒家，女子无才便是德。

第二，当代中国，女性有权接受教育，也应该接受教育。

第三，当代中国，落后地区，女孩也不能上学接受教育。

从以上的公式和举例中我们可以看出，文化相对主义似乎从表面上能够提醒我们，在评价不同文化背景下的道德行为时，人们是非常容易犯先入为主的错误的，或以君子之心度小人之腹，或以小人之心度君子之腹。所以，在这种道德认识情境中，人们一定要慎重。否则，可能会鲁莽地遣责不同于自己的生活方式和思想方式。"这些审判式的人似乎为他们自己的文化为每个人应该怎样行为提供了最终命令，并且甚至有可能将自己的文化习惯强加于他人。但是，文化相对主义似乎与这种气量狭小的观点不相容。"① 可以看出，文化相对主义用自己特有的方法消解了任何文化霸权或道德霸权，他们的观点成为反对这种霸权的一个非常流行也很有力量的理论根据。

尽管有上述的优点，但文化相对主义的论证仍然存在很多问题，它在一些地方存在很大漏洞，而且也与传统形而上学观点是不相吻合的。与后现代主义相似，它过分地强调了多样性、差异性。在具体分析文化相对主义的弊端之前，让我们再对以上论证做一个简单的界定：结论①（公认的道德标准因文化取向/线路的不同而不同）显然是描述性判断，因而持这种观点的人，我们可以将其叫做描述性的文化相对主义者；结论②（每个个体的文化标准规定了该个体的道德应该）从实质上看显然是规范性判断，因而持这种观点的人，我们可以将其称为规范性的文化相对主义。可以看出，基于文化相对主义道德判断存在着各种问题和缺陷：

结论①说明，差异是描述性的，即，事实是：不存在普遍道德真理。

结论②说明，差异是规定性的，即，事实是：道德真理无非群体

---

① ［美］史蒂文·卢坡尔：《伦理学导论》，陈燕译，中国人民大学出版社2008年版，第51页。

约定。

既然如此，那就证明了，道德真理是不存在的，道德真理认识是不可能的。在道德认识论上，文化相对主义在本质上就是一种非道德主义。

三 实践知识的实用主义视域

当代实用主义所使用"实践知识"概念，是在亚里士多德哲学意义上来说的，也就是后来我们所习惯的与"实践哲学"相关的知识，具体地说，就是和道德哲学、法哲学、社会哲学等相关的知识。这里，我们将它限定为"道德知识"。肇端于美国的实用主义哲学思潮，因为自身的实践性特点，必然将自己的实用主义真理观拓展到道德认识论领域。从杜威和詹姆士到罗蒂（Richard Rorty）和普特南（Hilary Putnam）等，传统的实用主义和当代的所谓"后实用主义"，在道德真理问题上，都表现出其共同的哲学特征，这就是主观主义的道德真理叙事方式。不管后来的实用主义哲学家如何对自己的"唯心主义"立场进行什么样的矫正，他们从整体上来看，都没有摆脱人们对他们的道德怀疑论、道德工具论的指责。正因为这个缘故，实用主义的道德观也就被合乎情理地划入到非道德主义的行列之中。也许，实用主义者会对人们的这种评价感到难以接受，并将这种观点看作是传统的"实践知识的固定目的说"（即传统的伦理绝对主义）这一早已过时的立场在作祟。[①] 下面以美国当代伦理学家托德·莱肯（Todd Lekan）的实用主义道德思想为例，分析实用主义的非道德主义真理观。

在实用主义看来，"有用即真理"，"实践至上"（Practice is Primary）。从这个基本思想前提出发，在道德认识论上，它必然也用道德的"有用性""价值性"来论证道德的合理性，否定道德认识的科学性、客观性和真理性，并最终有意无意间实际上滑向了非道德主义泥潭，从而也就把自己和伦理客观主义严格区分开来。莱肯的实用主

[①] [美] 托德·莱肯：《造就道德：伦理学理论的实用主义重构》，陶秀璈等译，北京大学出版社 2010 年版，第 13 页。

义道德认识论就是从对于传统伦理客观主义的批判开始的。

莱肯将传统的伦理客观主义、伦理绝对主义思想统称为"实践知识的固定目的说"。他说:"把固定目的说作为一种'观点'可能是一种误导,因为它并非真正的一种关于理性行为的完整理论,而毋宁是一个各种理论背后的普遍假设。"[1] 他认为,"实践知识的固定目的说"是建立在自以为是的"三个无可非议的"前提假设基础之上的。

首先,"实践知识和某个作为目标的价值是理性行为的两个主要构成部分"。[2] 这里的"实践知识"是相对于"理论知识"而言的,用亚里士多德的德性伦理学的术语来说就是"实践智慧",就是技艺知识。与"实践知识"和"某个"价值目标相对应的是"理性行为",这个"理性行为"就是道德行为。既然如此,那就是说,一个道德行为、一个道德存在是因为"先在的"特定实践知识和"某一个"价值目标而成为自身的。现在,在"实践知识""价值目标"与"理性行为"之间的最少是时间上的决定论思想显现了出来。也就是说,莱肯是反对传统伦理客观主义、伦理绝对主义的决定论思想的。而这种"决定"思想,像爱因斯坦所讲,是全部现代性科学思维的基石。基石业已陷落,遑论其上之真理和科学。

其次,存在着合理的"单纯的意向性活动和基于实践推理的活动"。莱肯认为,在一些传统的伦理客观主义、伦理绝对主义的道德解释、道德认知中,包含着上述的"意向性活动"和"实践推理"两个前提假设。而这两个前提假设都不能说明和保证道德认知的合理性。在意向性的活动中,人们给予的道德理由还不是一种"反思性的慎思(Deliberation)"[3],甚至在很多情况下,这种意向性的活动还是不自觉的,是没有经过哪怕是最低限度的道德考量——比如,我们给予陌生人彬彬有礼的微笑。类似这种意向性的活动,莱肯说,在很多情况下仅仅是一种"适当反映的技能"。所以,基于这个假设,传统

---

[1] [美]托德·莱肯:《造就道德:伦理学理论的实用主义重构》,陶秀璈等译,北京大学出版社2010年版,第14页。

[2] 同上。

[3] 同上书,第15页。

伦理绝对主义将类似这样的意向性活动认定为道德活动是不妥当的。我们再看实践推理的前提假设。实践推理就是在行为之前，传统伦理绝对主义假设了人们在头脑里运演了"何种目标是值得追求的和有关实现这些目标的信息的某种信念"。① 但是，莱肯认为，这个假设也是有缺陷的。他认为："我们必须将一个人为什么采取这一行为的问题和这一行为是否经过判断的问题区分开来。"② 这就是说，一个人采取行动的直接理由和真正的道德判断不一定是统一的。当一个人在超市以"助人为乐"的理由而让另一个人在自己前面插队时，他实际上没有想到他已经损害了排在他后面人的权利。因此，这个"助人为乐"是有问题的。这也就意味着，道德行为和道德动机之间并不一定是统一的。而传统伦理绝对主义在这个问题上并没有进行充分的批判。

最后，传统伦理绝对主义和伦理客观主义还假设了"理性行为是由于作了某种严肃的实践考虑而被激发的"。也就是，经过"反思性的慎思"的道德行为，就是在基础主义的视域找到行为的最终辩护、根据或理由。这就是行为的目的。但是，仅仅考虑直接的目的那就不是"反思性的慎思"。"反思性的慎思"还要考察目的的目的。这样，这个前提假设就出现了"无穷后退论证（Regress Angument）"的严重逻辑问题了。为了解决这个问题，像亚里士多德和休谟这样的伟大哲学家都不得不斩断这个无穷后退的目的链条了。"在某些要点上，我们必须把某种目的作为自在之善（A Good in Itself）而终止辩护的链条。"③ 休谟找了"激情""欲望"，亚里士多德找到了"实体""神"。看来，上帝和神只不过是一种逻辑上的无可奈何了。这也就是传统伦理绝对主义的逻辑尴尬了，哪里还有什么道德真理。如果硬要说道德真理的话，也只能说：有用即道德真理。道德不过是人们实现自己目的的一种手段而已，是一种工具理性。

---

① ［美］托德·莱肯：《造就道德：伦理学理论的实用主义重构》，陶秀璈等译，北京大学出版社2010年版，第15页。
② 同上书，第18页。
③ 同上书，第19页。

通过对于这三条共同基本假设的批判，莱肯就将传统绝对主义和伦理客观主义的道德认识、道德真理或道德理由的根据全部"消解"了。道德行为和道德认识的根据就是人的目的和价值观念。但是，莱肯否认自己是像罗蒂那样的极端主观主义者。他说："我们生活在美国文化中的一个时代，在这种文化中，对道德的解释在极端主观主义和极端绝对主义之间摇摆。"[①] 虽然莱肯用自己的"习惯论"来避免身陷极端主观主义的危险境地，但从整体上，他的道德认识论还是没有摆脱实用主义的主观主义窠臼。对此，我们将在后文具体论述，这里不再赘述。

第四节 非道德主义社会思潮的道德价值虚无论

道德价值是指道德现象、道德事实能够满足主体需要的性质。比如个人和集体的行为、品质对于他人和社会所具有的道德上的意义。非道德主义作为一种道德思维和道德行为的否定性思想，它不仅否定道德事实的客观性、否认道德认识和道德真理的可能性，而且，也否认道德价值的客观性。它们对道德价值的否定，既表现在对于道德价值的内在性的否定上，也表现在对于道德价值的外在性的否定上。也就是说，既否定道德价值的客观性，也否定道德价值的现实性，否定道德的社会规范功能。可以看出，非道德主义在道德价值问题上持一种价值虚无主义立场。

一 通常的道德价值理论

回顾哲学的历史发展，体察人的心灵世界，可能会发现，客观主义哲学家和科学家，尤其是深受实证科学影响的科学理性和世俗理性，已经自觉不自觉地踏实或习惯于把自己的精神存在托付给某种让人在逻辑和心理上感到放心的"客观力量"——即，那个也可以称为"终极关怀"的东西（如上帝、存在、物质或理念等）。这种观点认

[①] [美]托德·莱肯：《造就道德：伦理学理论的实用主义重构》，陶秀璈等译，北京大学出版社2010年版，第8页。

为，在客观的外界，在对象、客体中存在着某种我们所欲望的东西，如果人们的理性意识到了这些自己所欲望的东西，他们就会说，那个对象中存在着能够满足主体需求的客观价值，或者叫价值事实。于是，人们就从这种理性中衍生出某种信念，即相信上述的所谓的"知识"。换言之，这种理性知识已转换成精神性的"信念"。正如苏格拉底以及整个西方理性主义者所宣称的那样。在苏格拉底看来，知识就意味着确信。他说："未经审查过的生活是不值得过的。"[①] 正是信念驱动了人们的行为，所以，理性主义者、客观主义者强调，正是对客观价值的信念为人们提供了行动的根本的动力。当然，它们也不完全否认欲望在发动人们行为过程中的作用。简言之，主要是信念发动了人的行为，而这种信念是建立在对客观价值把握的基础之上的。这样，人的行为就不再是主观随意的，而是由"客观性"作为保障的。这种"客观性"，即，所谓的客观精神，既为人们提供客观的价值目标，又为人们实现这些价值提供客观的、可行的行动方案。

可以看出，在客观主义、理性主义那里，主观性的欲望是被理性、"客观性"加以限制的魔兽，它不能为所欲为。如果我们通过研究和考察发现，动物也像人一样有快乐与痛苦的体验，也就是因为形成了这样的知识或理性，我们就会相信虐杀动物是错误的。而当我们在现实中一旦遇到如何对待动物的道德问题时，这一信念（即虐杀动物是错误的）就会给我们施加一种强制力量，唤起我们阻止杀害动物的自觉行动。总之，客观的价值事实，通过它对我们形成的理性进而再形成的信念影响着我们的意愿、影响着我们的行为。在理性主义、客观主义的思索中，隐含着的基本思路就是：理性有它的客观依据，这就是"客观价值"；信念是有它的客观依据的，这就是"客观真理"；道德行为是有它的客观依据的，这就是"客观信念"。所以，我们有充分的理由践履德行，我们也有充分的理由建立起一门关于道德的科学理论。这就是通常的道德价值理论。

这个基本思路是：事物→价值事实→理性信念→道德行为。

[①] [古希腊] 柏拉图：《申辩篇》，王晓朝：《柏拉图全集》第1卷，人民出版社2002年版，第1页。

但是，非道德主义并不这样看待道德在个人生活和社会生活中所发挥的上述作用。非道德主义认为，诸如"善""好""正当""应该"的道德范畴，既不能也不应该规范人的行为。道德概念在行为的实践辩护中，"不是"也"不应该"提供合理性证明。在现实的社会生活中，正是道德导致了种种社会问题，道德成为了社会动荡或危机的根源。这就是非道德主义在价值论上的基本观点，即道德价值虚无主义。从上述界定中可以看出，道德价值虚无主义有两个基本的表现形式，一个是从价值本体论的角度消解道德价值的存在和意义，另一个是从现实生活经验的角度来消解道德的积极功能和作用。我们分别将它们叫做道德价值结构性虚无主义和道德价值功能性虚无主义。它们都是某种主观主义思维方式在道德价值论上的具体表现。

二 道德价值结构性虚无主义

道德价值结构性虚无主义从内在理论结构角度否定道德价值的客观性和合理性，是对于道德价值的存在和意义的本体论言说。如休谟所说：它"通过形而上的推理和通过从知性的最抽象的原则出发的演绎来说明这些"。[1] 除了经验主义、自然主义、诡辩论和元价值论以外，还有一些非理性主义，一般是沿着这条进路消解道德价值的存在和意义的。就现当代哲学而言，道德价值虚无主义的源头之一就是休谟的道德价值论。下面以此为例展开对道德价值结构性虚无主义的分析。

休谟反对理性主义、客观主义的"通常的"道德价值理论。休谟主观经验主义认为：那些鼓动我们道德行为的东西不是道德价值理性，不是信念，而是欲望、激情。他说："理性要引出道德推论是绝不可能的。"[2] 这样，休谟就不像理性主义那样通过理性（反映外部客观价值）把人的行为与外界联系起来，而是把人的行为直接看作是纯粹的主观行为，因为人的行为直接受驱于纯粹的主观欲望、激情。客观价值像客观世界一样，那是我们根本无法证明的。客观价值与

---

[1] ［英］休谟：《道德原则研究》，曾晓平译，商务印书馆2001年版，第22页。
[2] 同上书，第23页。

"独角兽""安娜·卡列尼娜"或者"孙悟空"一类的虚构物一样,都不属于现实世界。在客观事物中,并不存在某种形式的"可追求性"或"不可为性"。① 即,客观的道德价值是不存在的。

如果说虚无主义就是对于存在和意义的消解和否定的话,显然,从最后的、本质的立场看,休谟实际上否认了道德价值的客观存在,那也就是道德价值虚无主义了。至少是一种比较弱的道德价值虚无主义。之所以这么认为,原因在于,休谟确实没有明确地提倡道德价值虚无主义。尽管他的"道德价值"是以经验的"个人价值"的方式表达的,但是,他并没有完全放弃这种基于个人主义的"欲望和情感"所拥有的某种"普遍性"和"客观性"。从逻辑上来看,一方面,他的道德价值是取决于主体性的,但是,另一方面,他的道德价值认知又是建立在"内感官"的基础之上,而"内感官"由于具有某种"类性质"而包含着一定程度的"普遍性""客观性"。现在我们先分析休谟经验主义的个人主义性质的论据。休谟说:"我们将分析形成日常生活中我们称之为'个人价值'(Personal Merit)的东西的各种心理品质的复合,我们将考虑一个人心灵中导致其成为或者敬重和好感或者憎恨和轻蔑之对象的每一种属性,并将考虑那如果被归于任何个人则意味着对他不是称赞便是谴责、并可能影响对他性格和作风的任何颂扬或讽刺的每一种习惯、情感,或能力。"② 可以看出,休谟的道德价值论是基于个人主义的。这种个人主义又包含着走向个人主义肆意妄为的理论可能性。这种肆意妄为是由"内感官"甚至神秘现象等一些普遍性的力量加以平衡的。在休谟看来,道德价值源于激情和感情,而激情和感情源于"兴趣",而兴趣的"标准来自动物的永久的构架和组织,并最终派生于那个最高的存在物的意志"。③ 需要说明的是,对于个人随意性的这种限制,在休谟哲学中的地位是十分有限的,并不能从整体上影响他的哲学的主观经验主义的整体基

---

① [美]史蒂文·卢坡尔著:《伦理学导论》,陈燕译,中国人民大学出版社,第32页。
② [英]休谟:《道德原则研究》,曾晓平译,商务印书馆2001年版,第25页。
③ 同上书,第146页。

本性质。

休谟认为，在道德价值领域里，并不存在传统理性主义习以为常的唯一的"是"与"不是"的直观范畴，存在的只是"应该"与"不应该"。我们不能指望在后一类系词中找到客观标准，这就是休谟的主观主义观点。休谟自称发现了道德领域的"牛顿定理"。这就是，确切地说，道德命题的联系词不是科学命题中的"是"与"不是"，而是"应该"与"不应该"。① 休谟认为，道德命题与事实命题之间有很大的区别，反映的内容不同。前者反映人与人的关系，后者反映人与自然的关系；前者是评价，后者是描述；前者借助情感进行判断，后者依靠理性来判断。这一切都显示出休谟道德情感主义的主观主义色彩。休谟说："理性要么判断事实，要么判断关系。"② 而情感则判断的是善和恶。如果说事实判断和关系判断是持久的、永恒的、绝对的，那么，道德的判断恰恰相反。他说："于是，那种随机发生的赞许或谴责就不可能是判断力的作品，而只能是心（Heart）的作品，就不是一个思辨性的命题或断言，而是一种生动活泼的感受或情感。"③ 既然道德价值只可能是一种主观的情感，那么，道德价值就失去了客观的判断标准了。

因此，我们完全有理由将休谟的道德情感主义看作是他的认识论怀疑主义在道德哲学上的具体表现。两者分别在认识论和道德论中起着类似的否定性消极作用。尽管如此，笔者认为，休谟绝不会甚至坚决反对将他自己界定为一个道德价值虚无主义者。他自己的"启蒙"角色也绝不赞同这样的一种"指责"。这就像绝大多数的虚无主义坚决反对对于自己的虚无主义称谓一样。

从休谟道德哲学的"牛顿定律"，到摩尔的"自然主义谬误"，再到维特根斯坦的"情感主义"，最后到黑尔的"普遍规定主义"，完成了对于道德价值的"弱否定——强否定——弱否定"的回环运动。这构成了英国近现代广义非道德主义思想，同时也是近现代非道

---

① 宋希仁：《西方伦理思想史》，中国人民大学出版社2004年版，第237页。
② [英]休谟：《道德原则研究》，曾晓平译，商务印书馆2001年版，第139页。
③ 同上书，第142页。

主义的基本历史脉络和逻辑线索。其特点和作用是从根本上，即从道德本体论的批判中，从哲学的反思中，有意无意间给非道德主义提供理论上的支持。

最后还需要说明的是，道德价值结构性虚无主义的外延远不止上述的经验主义思路，远不止上述的这种英国思路。也仍然以近现代西方道德哲学为例，还有非理性主义的非道德主义的道德价值结构性虚无主义，还有欧洲大陆和东欧的理论样式。这里，因为本书篇幅和笔者能力所限，只对道德价值结构性虚无主义的经验主义基本思路做了初步的梳理。

三 道德价值功能性虚无主义

道德价值功能性虚无主义是相对于道德价值结构性虚无主义而言的。它不是从内在的、本质的、本体论的、抽象的、结构性的方面主张道德价值的虚无主义。相反，是从外在的、现象的、非本体论的、具体的、功能性的方面消解和否定道德价值的存在和意义。实用主义、诡辩论、部分非理性主义和庸俗哲学常常沿着这条道路，通过否定道德的社会作用和功能，来否定道德价值的合理性和积极意义。道德价值功能性虚无主义具体表现为道德工具论、道德阴谋论和道德无用论等。其中，道德工具论和道德阴谋论是肯定性/积极性的道德价值功能性虚无主义，道德无用论是否定性/消极性的道德价值功能性虚无主义。

道德工具论，或道德工具主义，就是以某种抽象人性的存在为前提，将道德看作是外在于人性的、并且是为了实现人性目的的工具理性的道德哲学观点。换言之，道德工具论认为，在任何条件下，道德永远只能是手段而不能作为目的而存在。美国实用主义的道德哲学思想就是这样定位道德的社会本质作用的。

有人将詹姆士（William James）比喻为实用主义家族内部的柏拉图，足见詹姆士对于实用主义哲学的影响之深。詹姆士将实用主义观点贯彻到自己的道德哲学领域之中，也必然合乎实用主义逻辑地否认道德的内在价值，否认道德所具有的目的理性的本质规定性，并必然将人类的道德看作是实现自身利己主义欲望的工具理性。他反对"先在性"的道德原则和规范,反对用道德规范而不是"实践"来说明人们行为的道德属性。詹姆士说:"它(实用主义——引者注)避开了抽象与不适当之处,避免了字面解决问题、不好的验前理由、固定的原则与封闭的体系,以及妄想出来的绝对与原始等等。它趋向于具体与恰当,趋向于事实、行动与权力。"① 可以看出,一切对于当下的生活、当下的实践这一根本目的的僭越,都必须在实用主义的思维中被排除出去。抽象的、主观的、先验的、静止的、绝对的甚至是神圣的"僭越",在詹姆士的道德判断中都是"不适当的",因而是必须"避免的"。为什么呢?詹姆士总结道:"简言之,'真的'不过是有关我们的思想的一种方便方法,正如'对的'不过是有关我们的行动的一种方便方法一样。"② 前者是事实判断,后者是道德判断。因此,这就无异于说,真理、懿德无非手法,良知、良能全是伎俩。这种观点,显然在理论上是多有偏颇的,在道义上是难以高尚的。

所以,后来的杜威和当代的建设性实用主义者,都对詹姆士的这种观点做了一定程度的改良。美国当代分析的实用主义者托德·莱肯就用自己的"习惯论的实用主义"改造传统实用主义、古典实用主义的上述偏颇。莱肯心目中的实用主义是这样的:"实用主义坚持认为道德是'客观的',不只是在这种意义上:我们可以确定人们称为'道德'的那些行为和信念模式,而且也在这种意义上:道德规范与其他实践规范一样,存在于规范支配的、超越特殊群体生活的实践当中。"③ 这里有三个重要概念,即通过提高实用主义关于道德规范的"普遍性"和"社会性"来确认道德规范的"客观性"。也就是说,莱肯显然意识到了人们对于实用主义的主观主义、个人主义和个性主义的激烈批评,并在一定程度上通过历史性的、传承性的"习惯"

---

① [美] W. 詹姆士:《实用主义》,商务印书馆1983年版,第29页。
② 同上书,第114页。
③ [美] 托德·莱肯:《造就道德:伦理学理论的实用主义重构》,陶秀璈等译,北京大学出版社2010年版,第133页。

来改变人们的印象。事实上，这是没有太大帮助的。因为，一个人的主观性和一群人的主观性的任性程度的分野，根本不足以使得它们彼此呈现质性的区别。这种建设性的实用主义并没有使得实用主义彻底摆脱道德工具主义的窠臼。

道德无用论是否定性的道德价值功能性虚无主义。如果说道德工具论还只是一种比较温和的道德价值功能性虚无主义的话，那么，道德阴谋论和道德无用论则是比较极端的道德价值功能性虚无主义了。道德阴谋论片面夸大道德的阶级性、主观性的特征，并进而否认道德的进步性和客观性的特征，将道德看作是一定阶级伪装自己权力不合法性的"好看的"外衣。这样，全部人类道德就被看作是一种阴谋了。在道德阴谋论看来，"只有道德才是不道德的"。道德无用论和道德阴谋论都否定道德的积极社会作用。与道德阴谋论所不同之处在于，其一，道德无用论对道德社会作用的否定更为彻底。其二，道德无用论更多的是从与法律社会作用对比的角度来审视道德的社会作用的。其共同之处在于它们都否定道德的合理性意义。

在伦理学的历史形态中，道德无用论和道德阴谋论实际上是难以严格区分的。叔本华的道德哲学就给人们描绘出一种道德悲观主义。在他看来，世界是盲目奋斗或意志的表象，宇宙和个人都是没有意义和价值的。人的内在本性是意志，思想只是它的伪装形式，生活是盲目的、残酷的和毫无意义的。但是，这种情况被人类的思想所掩盖。"我们把我们所追求的种种目的合理化，宣称在实现它们时发现了善；而真相则是：我们是由意志的盲目努力所构成的，我们的思想不能改变我们自身的任何东西。"[1] 具体的思路是这样的：道德根源于人性，人性中有三种道德动机，即"利益""恶"和"同情心"。而不管是它们中的哪一个，它所发动的道德行为，就其最终后果而言，都是对于生命意志的否定。从某种意义上说，道德和艺术、自杀一样，都是对于欲望所不能满足带来的痛苦的否定，它使"我们从个人的重负中解脱出来"了。这时，"我们面对的是完美的神圣，是意志的否定和

---

[1] ［美］麦金太尔：《伦理学简史》，龚群译，商务印书馆2003年版，第290页。

放弃，并因此，也是我们已经看到其所有的存在都是痛苦的这个世界的解放。它看起来就像是消亡在一个空洞虚无之中。我们面对的，的确是虚无"。① 道德因此不过是一种"巧妙的自私自利"，是一种"好看的罪恶"。②

事实上，道德价值功能性虚无主义，在一般情况下，是建立在以下三个假设的基础之上的。这就是"动力假设""善恶假设"和"人性假设"，"三个基本预设及其逻辑后果概括如下：①动力预设：情感是一切行为的动因→享乐主义②善恶预设：善是欲望的满足→纵欲主义→道德虚无主义。③人性预设：人生而自私→伦理上的利己主义。"③ 所以，享乐主义、纵欲主义和伦理利己主义的非道德主义都可以看作是道德价值功能性虚无主义。

---

① ［美］布尔克：《西方伦理学史》，黄慰愿译，华东师范大学出版社 2016 年版，第 255 页。
② 罗国杰：《伦理学教程》，中国人民大学出版社 1986 年版，第 69 页。
③ 文学平：《论道德工具主义的内在逻辑及其后果》，《马克思主义研究》2011 年第 3 期。

第三章 实践唯物主义对非道德主义社会思潮的超越

对非道德主义的理论认识和批判，不能停留在只是把握它的概念、内涵、外延、特点和历史发展上，也不能仅仅停留在对现实道德生活中的非道德主义的指认的肤浅水平上。仅仅在理论上回答非道德主义是什么，仅仅在实践上认识非道德主义的表现有哪些，这是不够的。对非道德主义的批判必须上升到一个应有的历史、价值和逻辑的高度。只有这样，才能形成对非道德主义精神批判的理论自觉，也才能形成对非道德主义生活拒斥的实践自觉。非道德主义思想的产生，具有其现实的社会历史根源，它一般出现并流行于社会转型的历史时期，或不成功的转型社会之中。除此之外，非道德主义的产生和流行，也有自己的逻辑和认识根源。或者说，道德自身在解决社会伦理问题时，也存在着一些内在的逻辑矛盾。毋庸置疑，道德规范总是有条件的，是符合"条件论"之一般要求的。① "道德的"和"非道德的"之间并不存在绝对凝固的界墙。不错，甚至可以在一定条件下相互过渡。"通过将个人挣得的财富输入家庭或宗族从而使其完成从非道德性用途向道德用途的转化，是许多文化中一种较为典型的变换。"② 而非道德

---

① 在列宁看来，唯物辩证法就是条件论。如果离开条件，辩证法就与相对主义、诡辩论无异。列宁在"研究对立面怎样才能够同一，是怎样（怎样成为）同一的"的时候，始终强调的是"条件"问题。参见列宁《哲学笔记》，人民出版社1974年版，第111页。参阅易杰雄《列宁在〈哲学笔记〉中论辩证法与诡辩论的界限》，《河北师范大学学报》1988年第2期。

② ［美］欧爱玲（Ellen Oxfeld）：《饮水思源：一个中国乡村的道德话语》，钟晋兰、曹嘉涵译，社会科学文献出版社2013年版，第206页。

主义就是对这种相对性、条件性的极端化，它在逻辑上片面地处理确定性和不确定性、普遍性和特殊性、整体性和个体性之间的辩证关系，并最终在价值取向上走向虚无主义和个人主义。笔者认为，只有用马克思主义的实践唯物主义，在理论上排除非道德主义的逻辑错误，在实践上涵养拒斥非道德主义的价值精神，才能实现对非道德主义的逻辑学和价值论的双重超越。

第一节 道德规范的"非道德性"限度

在实践唯物主义道德实在论视域，道德事实、道德价值和道德真理等之所以成为其本身的根本规定性，就在于它自己的"合理性"。伦理关系，既属于经济基础范畴（婚姻家庭伦理关系，就是人口生产的关系），又属于上层建筑范畴（婚姻家庭伦理关系同时也是道德思想关系的一种基础和产物）。"它（伦理/道德关系——引者注）一方面包含着社会的经济基础成分，另一方面又属于社会上层建筑的一部分。"[1] 这也就是马克思在《资本论》中，看起来好像只对资本主义进行经济批判而没有进行道德批判的深层原因。可以说，对资本主义的经济批判包含着对资本主义的道德批判。只是那些"狭隘经济决定论"者，或者那些对唯物史观只是做出"狭隘经济决定论"解释的人，看不到这一理论安排，并在此"论据"基础上将马克思本人看作是非道德主义者。在马克思那里，生产在道德中获得自己的合理性，道德在生产中获得了自己的现实性。这样，就使得人类生产在整体上不再是动物性的，也就使得人类的道德在宏观上不再是简单的乌托邦的幻象性的。生产和道德在彼此的相互限定中获得了各自的合理性。看来，道德具有自己的"非道德性"限度。一种是外在的"非道德性限度"，如"生产"；另一种是内在的"非道德性限度"，如"恶"。[2] 所以，道德在某种意义上可以说是一种否定性的、消极性的合理生活方式。至少，在道德生

---

[1] 罗国杰：《伦理学》，人民出版社1989年版，第286页。
[2] 下文只论及内在的"非道德限度"。

活的某些阶段、某些层面、某些范围包含着一些否定性的、消极性的内容。而正是这些内容，以"恶"的形式①，使得道德成其为道德。

一　道德规范"强制性"的合理性问题

毫无疑问，道德规范首先是一种社会性力量，而不是一种基于个体生存而言的自然力量，对于道德主体个人而言，它具有某种强制性。道德规范在本质上是主观和客观的统一。一方面，道德规范是对于一定社会关系、道德关系或道德要求的主观反映，它的对象是不以道德主体的主观意志为转移的。这是它的客观内容。另一方面，道德规范又具有主观思维的形式，以道德概念、道德范畴、道德判断等主观形式表现出来。因此，可以说，道德"实现"就是站在社会关系、道德关系的角度对于道德主体个人生活的"范导"②，或者直截了当地说，就是"强迫""限制"③。于是，社会性的道德要求和私人性的个人生活就出现了对立和冲突。在此，出现了道德规范"强制性"在什么意义和限度上是合理的问题。

在道德哲学的历史上，对于道德规范的"强制性"所带来的问题，哲学家们很早就给予了密切关注。这种"强制性"问题，就是道德行为所引发的诸如"迷思""牺牲""代价"之类的道德怀疑论问题。但是，与非道德主义不同，道德主义显然试图通过"理性的狡计""自然的意图"或"彼岸世界""极乐世界"来搪塞敷衍道德的"强制性"问题。在理性主义看来，道德规范是唯一正确的道德价值认识和道德价值判断。从启蒙思想家的"自然状态"到现代思

---

① 马克思说："个性的比较高度的发展，只有以牺牲个人的历史过程为代价……因为在人类，也像在动植物界一样，种族的利益总是要靠牺牲个体的利益为自己开辟道路。"(《马克思恩格斯全集》第 26 卷，人民出版社 1973 年版，第 125 页；参考林艳梅《马克思恩格斯论"恶"的历史作用》，《北方论丛》2003 年第 6 期)

② 亚里士多德所谓"实现"是与"潜能"相对而言的。

③ [德]康德：《实践理性批判》，韩水法译，商务印书馆 1999 年版，第 86—87 页；[德]康德：《实践理性批判》，邓晓芒译，人民出版社 2003 年版，第 109—110 页。

想家如罗尔斯的"无知之幕"①,他们的道德结论或道德建议无非是:"牺牲吧,接受强制性吧,这就是最好的妥协。当然,前提是,你是那个没有任何感性特征和社会具体角色的'平均的人'!"这里至少存在着两个"骗局"。其一,它设想了,或者说它潜在地隐藏着一个基本假设,即,现存的选择景况是不可更改的,是不可选择的。其二,道德主体不可能是那个抽象的"平均的人"。人们既存在先天生理和心理区别,又存在后天社会地位和角色差异。如果道德契约是在这种情境中形成的,那么,这种道德契约即道德规范不过是对于"强制性"的一种委曲求全的妥协或自我欺骗。在信仰主义或蒙昧主义看来,来源于神或上帝的道德规范、道德条目是神圣的,是至高无上的绝对义务和责任。天主对"每一个人的召叫都是个别的和独特的,但不是孤立的、与全人类的共同召叫不相联系的;天主不仅对个人有他的计划,对整个人类和整个世界也有他的普适性计划;每个人的召叫应该和更高级的普适计划相联系并且归根结蒂要为之服务。"② 因此,让自己成为天主的那个宏伟普世性计划的一部分,服服帖帖地接受"原罪",做出牺牲,不仅仅天经地义,而且是灵魂得到救赎的唯一通道。理性主义和信仰主义都没有解决好道德规范的"强制性"问题,没有解决好道德规范的"强制性"的道德评价和道德哲学地位问题。

实践唯物主义道德哲学承认道德规范的"强制性"问题。这是因为:

首先,道德规范在本质上就是用来调节人们的现实物质利益关系的,而现实中人们的利益关系常常是有差异的,甚至是根本对立的。所以,当道德规范满足一些人的实际利益需求的时候,就意味着它必然贬损甚至牺牲另外一些人的利益。个人和他人,个人和共同体,个

---

① 从近代启蒙思想的社会契约论到现代社会契约论的一个共同的理论前提假设。霍布斯、孟德斯鸠等人使用"自然状态",罗尔斯使用"无知之幕"概念,用以说明,其一,道德和法的合理性根据;其二,排除立法过程中的任何基于私利考量的个性经验因素。

② [德]卡尔·白舍客:《基督教伦理学》第1卷,静也、常宏等译,上海三联书店2002年版,第73页。

人和国家、民族乃至整个社会，既是统一的，但同时也是对立的。在对于这种利益关系的调节中，如果个人仅仅是以道德义务的缘由接受了道德规范的约束作用，换言之，是以某种被动的、消极的、否定性的形式接受了道德规范的约束作用，那么，这种"接受"就是被强制的。所以，在康德看来，"在客观实践上按照这一法则（即道德律——引者注）并排除一切出自爱好的规定根据的行动叫做义务，它为了这种排除之故在自己的概念中如此不情愿地包含有实践上的强迫，即对行动的规定，不论这些行动如何发生"。①

其次，道德规范作用的发挥就其心理发生过程来看，也存在着"他律"的"强制性"问题。道德规范就其发生而言，它不是先天存在的，而是道德主体在后天的社会化过程中形成的。在儿童的心智形成过程中，那些违背道德规范的语言和行为，由于受到社会、家庭、学校力量的惩罚而被淘汰，相反，那些符合道德规范要求的语言和行为，由于受到社会、家庭、学校力量的奖励而被强化，最后形成道德主体对道德规范的道德意识和道德情感。在对于道德规范认识形成的初级阶段，显然，道德规范作用的发挥是以"他律"的形式实现的。也就是说，在类似情形下，道德规范的作用是以"强制性"的形式实现的。

再次，在阶级社会里，道德规范是具有阶级性的，是为特定阶级利益服务的。恩格斯说："从动产的私有制发展起来的时候起，在一切存在着这种私有制的社会里，道德戒律一定是共同的：切勿偷盗。这个戒律是否因此而成为永恒的道德戒律呢？绝对不会。在偷盗动机已被消除的社会里，就是说在随着时间的推移顶多只有精神病患者才会偷盗的社会里，如果一个道德说教者想庄严地宣布一条永恒真理：

---

① ［德］康德：《实践理性批判》，邓晓芒、杨祖陶译，人民出版社2003年版，第110页。韩水法译《实践理性批判》的译法为："由于这种排除而在其概念里面包含了实践的强制性，亦即包含了对行为的决定，无论这些行为是如何不情愿地发生的。"（参见韩水法译本，1999年版第87页）康德有关道德规范的强制性的论述，还可参考刘同舫的《康德道德观及其对现实道德教育困境的开解》一文（《教育研究》2014年4期），还可参考汤剑波《普遍性、强制性和自律性——康德伦理学的形式主义及其现实意义》一文（《浙江省委党校学报》2006年第5期）。

切勿偷盗，那他将会遭到什么样的嘲笑啊！"① 在恩格斯看来，就连"切勿偷窃"这样一个简单法律规范都具有阶级内容，"偷窃"是与"动产的私有制"相联系的。这还是比较直观的"偷窃"，还有比较复杂的情况，这些复杂情况能够更加清晰地表现"偷窃"的阶级立场。资本家为了获得相对剩余价值而改进生产工艺，是不是"偷窃"呢？马克思使用了"压榨"这样一个道德色彩浓烈的概念。工人的"怠工"是不是"偷窃"呢？在资本家看来，当然是"偷窃"。② 但是，在资本主义条件下，"偷窃"的定义，无论是法律的，还是道德的，说到底，是由资产阶级议会或意识形态来确定的，并且最后要通过资本主义国家机器"强制"执行。

正因为这种"强制性"的限定，道德规范才成其为道德规范，我们根本无法思议没有"强制性"的道德规范的存在（康德）。但是，如若从这种"强制性"出发，去否定道德规范的客观普遍性意义，那就走向错误了。一些非道德主义正是通过夸大道德规范的"强制性"而彻底否定道德规范的道德价值和道德合理性的。实践唯物主义的道德哲学肯定道德规范的"强制性"，承认道德义务和责任，承认道德他律的重要作用，承认道德规范的阶级性和历史性。但是，它坚决反对道德相对主义，反对非道德主义的观点。这是因为，道德规范虽然包含着强制性的力量，但是，这种强制性力量，一方面，是暂时的，是初级的，是基础性的；另一方面，它并不是完全与道德主体相敌对的，恰恰相反，它具有在本质上和道德主体力量相统一的可能性。严格地说，当道德规范仅仅以"强制性"力量存在的时候，它还不是真正意义上的道德规范，它还处在道德他律的初级阶段，它还只是一种"前道德"（Premoral）③，它还没有将自身和法律等其他社会规范区分开来。但是，它的存在不可或缺，因为它是道德自律得以形成的前提基础。只有上升到道德自律阶段，道德规范才能成其为现

---

① 《马克思恩格斯选集》第 3 卷，人民出版社 2012 年版，第 471 页。
② 可参考"窃国""窃钩"关系说。
③ ［英］伯纳德·威廉斯：《羞耻与必然性》，吴天岳译，北京大学出版社 2014 年版，第 84 页。

实的道德规范。所以，真正的道德哲学理论包含着"非道德性"的强制性力量，但不能因此而将其归结为非道德主义。在一定社会历史条件下，道德主体和社会主流道德规范之间，可能具有完全的统一性，如"社会主义道德规范"和"无产阶级"之间；也可能完全不具有统一性，如"封建主义的道德规范"同"资产阶级"之间。既然如此，那么在"完全统一"的条件下，我们就无法从"强制性"得出非道德主义的结论。

二 道德规范"前提性"的合法性问题

实践的辩证法认为，如果没有前提条件，一切科学陈述都可能是错误的。在罗素看来，哲学的任务就是前提批判和澄清概念。这是正确的，严肃认真的哲学思考应该首先从对于知识和观念的前提反思开始。任何科学体系应该包含科学观、科学和科学规范三个层面。[①] 其中，前者是后者的前提条件，后者是前者的逻辑延伸。对于道德哲学而言，也应该包含伦理观、伦理学、伦理规范，或者说道德观、道德理论和道德规范三个层面的问题。其中，道德观是道德理论的前提条件，道德理论是道德规范的前提条件。显然，对于道德规范的正确而深入的研究是应该建立在对于道德规范的这种前提，即道德理论形式和道德观样式的考察的基础之上的。也只有在这种对话背景之中，伦理话语的沟通交流才是可能的。虽然这种沟通交流不像在自然科学领域那样顺畅，那样容易达成共识，但是，道德哲学家在这种沟通交流中起码清楚地知道了自己所坚决反对或赞成的对象的意义到底是什么。他们现在有机会把对方的非道德主义指责，从表面观点上的分歧转向潜在的深层逻辑前提的对立上。他们现在有条件深入思索善恶评价分歧的合法性问题了。

在某种意义上说，道德哲学史上的学讼可以被看作是对道德判断前提的争议及其延伸。也就是说，与其说是道德规范的争端，还不如说是道德理论的分歧，与其说是道德理论的分歧，还不如说是

[①] 肖士英：《由非前提性批判走向前提性批判：从默顿规范既有批判局限性看科学规范批判的合法形态》，《自然辩证法研究》2014 年第 9 期。

道德观的对立。我们就以中国道德哲学史上的法家和儒家对于对方的非道德主义的指责来分析，就能比较典型地看到这种现象的宏观逻辑理路和微观语言路径。韩非子在中国道德哲学史上被看作是比较典型的非道德主义者，可是，像在整个人类哲学史上一样，没有哲学家承认自己就是虚无主义者、道德虚无主义者、反道德主义者或者非道德主义者。可是韩非子对于儒家"道德主义"的批判，实际上所依据的两个最根本论据，一个是"实利"，另一个就是"道德"本身。说到底，就是用一种所谓的"真"道德，反对另一种所谓的"假"道德。韩非说："夫卖庸而播耕者，主人费家而美食，调布而求易钱者。非爱庸客也，曰：'如是，耕者且深，耨者熟耘也。'庸客致力而疾耘者，尽巧而正畦陌畦時（埒）者，非爱主人也，曰：'如是，羹且美，钱布且易云也。'此其养功力，有父子之泽矣，而心调于用者，皆挟自为心也。故人行事施予，以利为心，则越人易和，以害之为心，则父子离且怨。"① 佣工之所以"尽巧""致力"地"深耕""熟耘"，并不是因为他们在道德上是勤勤恳恳、兢兢业业的，也不是因为他们"爱主人"。因此，无论如何都不能说这些作为失去土地的"下人""庸客"，就是勤劳的，就是道德的。他们不过是同"主人"在做一种交易，这样做，便能得到更多的报酬。而使得这种交易成为现实的原因，就是因为人在本性上是"皆挟自为心"的。概括地说，在韩非子看来，"深耕"的前提是"美食"，"美食"的前提是"自为心"。换言之，利己实际行为是以利己道德原则为前提的，而利己道德原则是以人性私恶论为前提的。而对于同样一个事实，在孟子那里，结论则完全相反。在孟子看来，一个人的行为之所以是"勤劳"的，就是因为他遵循了"勤劳"的道德原则，而"勤劳"的道德原则之所以是正确的，是因为"勤劳"的道德原则符合"人性公善"的道德本性前提假设（见表3-1）。

---

① （清）王先慎撰，钟哲点校：《韩非子集解》，中华书局1998年版，第274页。

表 3-1　　　　　　　道德行为的两级前提示例

理论形态	行为道德价值/规范	第一级前提：道德理论	第二级前期：道德观
韩非	一般合法行为	交易的非道德原则	人心私恶
（案例）	"深耕""熟耘"	粪且美，钱布且易	人心
孟子	一般道德行为	勤劳的道德原则	人心公善

在此，我们不是要证明对于同一个道德事实，可能会因为评价者的道德观不同，就会呈现出不同的道德价值。而是说，对于同一个事实，由于道德评价者所秉持的道德观是不同的，因此，他们彼此的道德理论也肯定就是不同的，最后，他们对于同一个道德事实的道德评价就截然不同，甚至相反。但是，并不能由此走向道德相对主义，不能由此走向非道德主义。对于"事实"的道德争议，并不能证明"事实"没有客观的道德价值。这种"客观性"分歧的澄清需要进入二级前提批判。

梳理前提批判意识，对于比较准确地把握当代中国社会流行的种种社会道德思潮，是非常重要的。只要仅仅求索那些流行的种种社会道德思潮价值判断的深层次理论前提，就能够比较直观地解释这些社会道德思潮的逻辑规律和价值取向，解释当代一些流行社会思潮的非道德主义的理论和价值实质。有学者在论及甲午战争时期中国的"清流民族主义"时说："连慈禧太后也在这种清流民族主义的优势话语压力下，担心自己的统治失去道义合法性而受到巨大的压力。她的态度从主和到主战的转变，就与这种话语压力有关。在甲午战争以后，她曾告诉刘坤一[①]，她之所以主战，就是因为她害怕言官说她主和，'抑制皇上不敢主战，史书书之，何以对天下后世？'"[②] 我们暂且假设这段文字所描述的事情是史实，然后分析这段话所包含的伦理道德思维及其理论前提。这里，无论如何，慈禧之历史形象并没有得到当

[①] 刘坤一（1830—1902），晚清军事家、政治家，湘军宿将。1891 年受命"帮办海军事务"，并任两江总督。

[②] 萧功秦：《超越左右激进主义——走出中国转型的困境》，浙江大学出版社 2012 年版，第 189 页。

代中国一般历史虚无主义所希望的那种"重估":慈禧主战,战败了,她的决策失败了——功利主义者会这样评价。慈禧主战,动机在于担心垂帘之遗臭万年,而不在国家命运,她是卑鄙的——道义论者这样评价。因此,作者对慈禧历史罪人负面形象的初步开脱并不太成功。然后,再考察具体的论证过程及其理论前提所包含的道德信息。在当代中国社会思潮中,对于慈禧、甲午战争等近代历史人物和重要事件的历史评价,大致包含截然相反、互为论敌的两类道德评价观点(见表3-2)。

表3-2 甲午战争两种道德评价的两级前提批判示例

理论形态	行为道德价值/规范	第一级前提:道德理论	第二级前期:道德观
肯定主战论 否定主和论	"善":败犹荣	"激情大义" "泛道德主义"	民族主义、爱国主义等
(案例)	"战败事实"	抗/反战直接理由	抗/反战间接理由
肯定主和论 否定主站论	"恶":可避免	"理性现实" "军事理性主义"	历史虚无主义、自由主义等

一些持否定观点的学者认为,甲午战争就是"清流民族主义""泛道德主义"的恶果,甲午战败"鼓励"了日俄德等后起列强,刺激了英法等老牌列强,在外交上不必再"平等"对待大清这个"技穷之黔驴",尽管上去扑而分食之。①"西方民族身上的'狼性'也就从此被激活了。"② 可以看出,在这种自命折中当代"左派"和"右派"极端的"新权威主义现代化理论的代表学者"看来,"甲午开战是错的"。这个道德判断包含两个前提,其一,"泛道德主义""清流民族主义是错的"。其二,由"清流民族主义"发展而来的现代中国的"高调民族主义"、当代中国"愤青式""激进式"民族主义具有"同构关系"。现在,这种新权威主义就一方面羞羞答答地提出了自

---

① 萧功秦:《超越左右激进主义——走出中国转型的困境》,浙江大学出版社2012年版,第190页。

② 同上书,第191页。

己的政治道德诉求，另一方面也比较直观地表现出他们在逻辑学上的任性和历史学上的武断。他们的逻辑，简洁地说就是，在新权威主义、新自由主义等看来，"高调民族主义""激情爱国主义"等就是错误的。其潜台词，或者说最后的、最根本的前提假设是：我们在道德上是正确的。因为，我们是"理性、宽容、温和"的"中等收入阶层"，而你们是"激进""虚骄与高调"的"草根""刁民"。①

通过前述可见，道德真理和道德规范是具体的。任何道德判断、道德规范、道德认识、道德真理实际上都是有其自己的前提假设的，是有其自己的使用条件的。这给人们的启示在于，做出道德判断的时候，一定不能离开它的"前提"或"条件"，提出道德观点时，一定要清楚这个观点是有条件的。实践唯物主义的道德哲学包含相对主义，但是，不能归结为相对主义。正如列宁所说："辩证法，正如黑格尔早已说明的那样，包含着相对主义、否定、怀疑论的因素，可是它并不归结为相对主义。马克思和恩格斯的唯物主义辩证法无疑地包含着相对主义，可是它并不归结为相对主义，这就是说，它不是在否定客观真理的意义上，而是在我们的知识向客观真理接近的界限受历史条件制约的意义上，承认我们一切知识的相对性。"② 所以，在实践唯物主义看来，在道德事实、道德价值和道德认识，或者说在道德本体论、道德价值论和道德认识论上，如果没有清醒的"条件论"意识，就不能认识和践履道德真理，就可能陷入相对主义的旧形而上学逻辑困境，就可能走向非道德主义。在实践的辩证法看来，从赤裸裸的道德相对主义的观点出发，可以证明任何道德诡辩都是正确的。③

第二节　非道德主义社会思潮的逻辑思维困境

非道德主义社会思潮作为一种绝对否定性的道德思维或伦理思

---

① 萧功秦：《超越左右激进主义——走出中国转型的困境》，浙江大学出版社2012年版，第198页。
② 《列宁选集》第2卷，人民出版社1995年版，第97页。
③ 同上。

想，与作为一种绝对肯定性的道德思维或伦理思想的道德主义一样，都失误于对二元结构中的其中一方的片面强调，从而使自己身陷逻辑困境。在它们绝对地肯定着自己的同时，也使得自己的基础更趋薄弱；在它们绝对地发展着自己的同时，也使得自己更加接近"死亡"。反过来也是一样，在它们绝对地否定着自己对立面的同时，也使得自己的合理性更趋式微；在它们绝对地限制着对立面成长的时候，也使得自己被绑住了手脚。关于相对性的绝对思维，似乎在形而上层面注定了无法超越历史理性的理论命定，无法摆脱自相矛盾的逻辑困境。在实践唯物主义看来，非道德主义至少在确定性与不确定性、普遍性与特殊性、整体性与个体性的关系问题上，背离了实践理性条件性思维的正确道路，从而陷入自相反对的理论逻辑困境。

一 道德规范非确定主义的逻辑困境

非道德主义常常身陷确定性与非确定性矛盾关系的旋涡之中而难以自拔。在此，它们往往选择非确定主义的摆脱路线。可是，这条路线没有理想的理论终点，只有形而上的逻辑困局。

在西方哲学史上，巴门尼德—苏格拉底等人实现了哲学基本主题由宇宙论向存在论、本体论的革命性转向。这种转向的一个非常重要的理论成就就是"是什么"问题变成了哲学思维的最重要问题之一。在苏格拉底那里，它似乎成为哲学理论的唯一问题。柏拉图笔下有关苏格拉底的对话录，几乎都涉及"是什么"的对话和辩论。令人感到失望的是，苏格拉底在智慧的"助产"努力中，从来没有迎来智慧的产儿。他从来没有清晰地告诉那些智慧的"难产婆"，到底什么是作为智慧的"是什么"。"诚实本身""美本身""正义本身"或者"虔敬本身"等到底"是什么"，柏拉图笔下的苏格拉底确实未曾明确告诉人们。这件事情本身也许具有隐喻或象征意义："是什么"就是"不是什么"，"是什么"就是"非什么"。马克思的实践辩证法认识到了这一问题。马克思说："辩证法在对现存事物的肯定的理解中同时包含对现存事物的否定的理解，即对现存事物的必然灭亡的理解；辩证法对每一种既成的形式都是从不断的运动中，因而也是从它

第三章 实践唯物主义对非道德主义社会思潮的超越

的暂时性方面去理解；辩证法不崇拜任何东西，按其本质来说，它是批判的和革命的。"① 马克思所讲的"既成的形式"，即"形式"，就是苏格拉底苦苦追寻的"是什么"。马克思思维中的作为"是什么"的"形式"，和苏格拉底—柏拉图所不同的地方在于，苏格拉底—柏拉图将"是什么"看作是巴门尼德所认为的那样的"唯一不动"。而马克思的实践辩证法则从赫拉克利特—伊壁鸠鲁路线上，将"是什么"看作是"暂时性的"。这个"暂时性"作为过渡形式，不同于克拉底鲁的"虚幻性"。对这个过渡性的、暂时性的、现实性的"既成的形式"，卢卡奇做过比较精当的概括。他说："辩证的过程把客体本身的对象性形式变为一个流动的过程。"②"既成的形式"就是"对象性的形式"，它不过是一个"流动的过程"。它是一个确定性与非确定性相统一的流动过程。在思想领域，如果只承认确定性，就会导致僵化和绝对；如果只承认非确定性，或者，同时承认确定性和非确定性，但是认为两者之间的转化是无需前提条件的，就都会导致虚无和诡辩。

在道德哲学中，道德规范的非确定性，往往成为一些非道德主义伦理思想的入口和出口。普罗泰戈拉主义、高尔吉亚主义、诺斯替主义都是如此，马基雅弗利主义、尼采主义、叔本华主义、萨特主义也是如此。西方哲学史上的非道德主义如此，中国哲学史上的非道德主义也是这般。老子、庄子、韩非子的非道德主义思想都是如此。因此，与其将老子论道说德之五千言叫作"道德经"，还不如叫作"非道德经"。在庄子伦理思想中，对当时颇有影响的道德规范，尤其是儒家的道德规范进行了非常尖锐的非道德主义批判。

庄子反对作为抽象"道""德"具体化的"仁""义""礼"等伦理规范的道德性。庄子说："失道而后德，失德而后仁，失仁而后义，失义而后礼。礼者，道之华，而乱之首也。"③ 道德的规范化过

---

① [德]马克思：《资本论·1872 年第二版跋》，《马克思恩格斯选集》第 2 卷，人民出版社 2012 年版，第 94 页。
② 卢卡奇：《历史与阶级意识》，杜章智译，商务印书馆 1992 年版，第 267 页。
③ 杨柳桥译注：《庄子译注》，上海古籍出版社 2007 年版，第 247 页。

程，就是非道德化的过程。他还说："仁义之端，是非之涂，樊然淆乱。吾恶能知其辩？"① 这就是说，抽象的、普遍的"道"和"德"是确定的，是善的。当这些普遍的、抽象的、无限的确定性"善"，转化为具体道德情境中的个性的、有限的伦理规范时，就变成了"恶"，变成了"乱之首也"。为什么会出现这样的情况呢？可以从两个方面加以解释。

首先，就历史发展的质料层面来看，人类向所谓"文明"社会的发展过程，在庄子看来，就是由善到恶的发展过程。人类社会原本是自然和谐的，后来随着物质技术和欲望的发展，"道"失去了，所以才有了"德"。继而，"德"失去了，才有了"仁"。以此类推，直到最后的"义"和"礼"。"礼"和"乱"是互为因果的。

其次，就理论逻辑的形式层面来看，"道""德"精神向伦理规范的转化过程，就是有关"道""德"精神判断的条件具体化过程，道德判断所顾忌的条件越多，道德判断的相对性显现得就越充分，至少在现象上，道德判断及其要求看起来就越"不道德"。越是接近生活本身，发轫于特定"道""德"精神和要求的伦理规范的确定性，与生活本身的不确定性之间的矛盾就越突出。在庄子看来，它也就越虚伪。所以，庄子说："说明邪，是淫于色也；说聪邪，是淫于声也；说仁邪，是乱于德也；说义邪，是悖于理也；说礼邪，是相于技也；说乐邪，是相于艺也；说知邪，是相于疵也。"② 伦理规范越具体，导致的虚伪淫巧之计就越严重。这是儒家道德绝对主义、规范确定主义的逻辑困境。

庄子如何破解这个逻辑困境呢？在老庄看来，儒家道德主义是在将"道""德"精神向伦理规范的具体转化过程中，陷入道德虚伪境地的，是把具体道德条件绝对化而出现问题的。因此，老庄现在要走完全相反的路——即，将抽象的、宏观的、整体的"道"要求和"德"要求绝对化，以此保证道德思维和道德行为不像儒家那样走向"非道德主义"。可事实上，"道德确定性的绝对化"和"道德非确定

---

① 杨柳桥译注：《庄子译注》，上海古籍出版社2007年版，第28页。
② 同上书，第111页。

性的绝对化"这两条道路在逻辑上的最后终点是相同的,这就是非道德主义。所不同的是,老庄的道德相对主义比孔孟的道德绝对主义,更加消沉。准确地说,与孔孟的高调道德主义相比,老庄字里行间已经影影绰绰地承认自己的"非道德主义"立场了。他们似乎准备安命于道德确定性与道德不确定性的逻辑旋涡了,道德自由似乎已近乎达到了。

老庄如何解决现实社会的道德乱象并实现个人的道德自由这一问题呢?老子是从对于儒家道德规范的批判开始解决这一问题的。《庄子·天道》有如下描述,基本能够反映老子的思想。[①]"老聃曰:'请问:何谓仁义?'孔子曰:'中心物(勿)恺,兼爱无私,此仁义之情也。'老聃曰:'意!几乎后言!夫兼爱,不亦迂夫!无私焉,乃私也。夫子若欲使天下无失其牧乎,则天地固有常矣,日月固有明矣,星辰固有列矣,禽兽固有群矣,树木固有立矣。夫子亦放德而行,遁遁而趋,已至矣!又何偈偈乎揭仁义,若击鼓而求亡子焉!意!夫子乱人之性也。'"[②] 也就是说,宇宙万物本来就是按照"道"运行的,何必还要有"仁义"之号召呢?鼓吹和强求诸如"仁""义""礼"这样一些具体性的、个别性的、相对性的、不确定性的道德规范和道德要求,不仅仅南辕北辙,而且会祸乱人的本性和社会的自然和谐。正确的做法与之相反,就是坚决反对人为的道德干预,对于社会和人生的道德干预都是"不应该的",就是回到那种"恍恍惚惚""玄之又玄"的作为绝对确定性的不确定性的"道",回到那种"玄同的"自然和谐状态。具体地说,就是"塞其兑,闭其门;挫其锐,解其纷;和其光,同其尘;是谓玄同"。[③] 这就是道德自由境界了。庄子更加极端,在他看来,为了达到道德自由,不仅仅要否定伦理德性和规范,甚至还要拒绝理智德性和方式。这就是所谓"坐忘"的真理体悟途径和道德实践方式。"堕肢体,黜聪

[①] 《天道》系《庄子》外篇之一。但是,本章所论,一于内篇,合于老子。
[②] 杨柳桥译注:《庄子译注》,上海古籍出版社2007年版,第150页。
[③] 高明:《帛书老子校注》,中华书局1996年版,第98页。

明，离形去知，同于大通，此谓坐忘。"①"夫虚静、恬淡、寂漠、无为者，天地之平，而道德之至。"② 不必介意现实，自由只在自己的精神世界，在内部去探寻，而不是从外部世界去寻找。这样，就会看到，其实，"无物不可"！一切道德规范都是多余，都是枷锁，都必须忘掉。即所谓"善恶俱泯，两忘而化其道，所谓游于至虚也"。③ 于是，如清人孙嘉淦所说，"死生、存亡、穷达、贫富、毁誉、饥渴、寒暑，不以滑和，不以入于灵府，而惟缘督以为经，则外累不撄，内守不荡"。④ 这样，就能达到"至人""神人""圣人"的"无己""无功""无名"的道德精神自由状态了。

可以看出，老庄在对儒家道德规范的"非道德性"的批判中，自己最后也走向了非道德主义。它们在逻辑上无法摆脱反对形而上学的形而上学困境和命运。在逻辑上，对于确定性的祛魅越是热切，就越是在自己的语言系统里强化了确定性的逻辑地位。反过来说也一样，对于非确定性的祛魅越是热切，就越是在自己的语言系统里强化了非确定性的逻辑地位。看来，在道德形而上学问题上，非形而上学、非决定论的"确定性的终结"之类宣言，难以实现。⑤

二 道德规范非普遍主义的逻辑困境

非道德主义常常身陷普遍性和非普遍性关系的旋涡之中而难以自拔。在此，它们往往选择非普遍主义或者说特殊主义的摆脱路线。但是，这条路线没有理想的理论终点，只有形而上的逻辑困局。

普遍性和特殊性的关系问题，在某种角度上看，也就是"一"和"多"的关系这一形而上学基本问题。从形而上学的产生开始，直到

---

① 杨柳桥译注：《庄子译注》，上海古籍出版社 2007 年版，第 81 页。
② 同上书，第 143 页。
③ （清）王先谦、刘武：《庄子集解·庄子集解内篇补正》，中华书局 1987 年版，第 28 页。
④ 方勇：《庄子学史》第 3 册，人民出版社 2008 年版，第 139 页。另参阅李加武《"人间世"中的"养生主"——"为善无近名，为恶无近刑"新释》，《重庆第二师范学院学报》2014 年第 5 期。
⑤ ［比］伊利亚·普利高津：《确定性的终结——时间、混沌与新自然法则》，湛敏译，上海科技教育出版社 1998 年版，序言。

当代哲学，这一问题就一直困扰着哲学家。巴门尼德将世界归结为"唯一不动的存在"，在他看来，"多"和"运动"因其自身发生矛盾而是不可能的。对于爱利亚学派而言，如何证明这一难题，始终是一个需要前赴后继的使命。柏拉图创造了"理念世界"和"感性世界"以及这两个世界之间的紧张对立。它们之间也是"一"和"多"的关系。而在基督教哲学理论中，唯一性的"神"和多样性的"大千世界""芸芸众生"之间则是一种主宰和服从的关系。诸如此类的哲学理论，在"一"和"多"的关系问题上，在"普遍性"和"特殊性"的关系上，都更加重视"一"和"普遍"的一方面，而忽视甚至否认"多"和"特殊性"的另一方面。这就是所谓普遍主义哲学理论，与之相反的就是特殊主义。像赫拉克利特、德谟克利特、普罗泰戈拉等就更加倾向于具体、流动、变化、多样性的一面，也就是更加倾向于特殊性的一面。

在马克思辩证否定的实践理性看来，无论是普遍主义还是特殊主义，都是错误的。这是一种片面性的逻辑错误，是一种自我否定（自己否定自己，非辩证法所谓"自我否定"，如黑格尔辩证法之同名术语）的形而上学错误。这就如同，将 A 一分为二，即 a 与 -a，然后宣布，a 是真的，-a 是假的。它们各自的困难还远不止这些荒谬，当这些思想在进一步强化自己的存在，摧毁对方的基础的时候，最大的困惑就真正来临了。这就是，越是消除对方的基础，自己的前提就越是薄弱。当对方的基础冰释的时候，也就是自己的前提崩溃的时候。普遍主义和特殊主义之间的战争，就如同是魔鬼与自己的影子之间没有胜利希望的混战。

当特殊主义思维方式应用于价值观和道德观领域的时候，常常就走向了价值虚无主义和道德虚无主义错误，走向了非道德主义的错误。这种道德哲学思维方式，从对于道德主体、道德客体或道德情景的特殊性的绝对凸显开始，最后走到了对于这一切特殊性的剿灭而收场。这表面上好像突出了特殊性的地位，实际上却将特殊性一笔勾销。普罗泰戈拉选择"人是万物的尺度"的理论进路，通过夸大道德主体性的方式，最后走向了非道德主义。在逻辑上，以夸大主体性的方式，否定了主体性的合理性。庄子通过对于万物个性的强调，在相对性力量的帮助下，在"万物齐一"的玄同中，消灭了万物的个性合理性，最后走向了非道德主义。

与此不同，弗莱彻尔的境遇伦理学是从道德情景的特殊性角度提出道德特殊主义主张的。弗莱彻尔公开申明自己的境遇伦理学就是实用主义、相对主义、人格主义的统一体。因此，他将任何事物都看作是"偶然的""不确定的"，也就是"特殊的""特别的"，甚至可以把任何事物都看作是一个典型的"意外"或"例外"。它反对基督教的绝对主义的律法主义，即基督教伦理学把普遍性原则绝对化的先验思想或先验原则，拒绝一切诸如"绝不""圆满""永恒""规则"或"美满"之类的事物、思想或存在的合理性。很显然，就是要将经验存在的特殊性绝对化，就是要选择一种"绝对的相对主义"，选择一种"规范相对主义"的道德哲学路径。[1] 弗莱彻尔说："倘若要有什么真正的相对性，就一定要有某种绝对和标准，这就是境遇伦理学的规范相对主义的中心要素。"[2] 因此，在做出道德行为决断时，考虑的不应该是普遍性的、先验性的原则、教条、律令，而应该是特殊性的、经验性的情景、时间、地点或条件。他说："境遇的因素十分重要，以至可以认为'境遇改变规则或原则'。"[3] 现在问题出现了，即，境遇是否可以改变"境遇改变规则或原则"？让人感到意外的是，弗莱彻尔对于将他的这种特殊主义指责为"非伦理学的基督教体系""非伦理学的非基督教体系"甚至更难听的"非伦理学的非基督教非体系"等论调，"他似乎以一种自豪的心情接受了"。[4] 也许，这是行为主义者对于对自己理论逻辑悖谬指责的最富有行为主义特征的回答。也可以说，境遇论者，尤其是彻底的境遇论者，对于走出道德规范的特殊主义逻辑困境不抱希望。

---

[1] 万俊人：《现代西方伦理学史》下卷，中国人民大学出版社2011年版，第834页。
[2] ［美］J.弗莱彻尔：《境遇伦理学》，廖申白等译，中国社会科学出版社1989年版，第32页。
[3] 同上书，第20页。
[4] 万俊人：《现代西方伦理学史》下卷，中国人民大学出版社2011年版，第828页。

到了20世纪90年代，普遍主义和特殊主义之间的论辩开始在当代中国出现，直到今天，这种争论还在持续进行中。"全球化"在人们看来，应该伴随或包含着一个"文化全球化"。但是，这个"文化全球化"的方向、方式、主体是什么？学者间发生了非常激烈的争论。"世界性"与"民族性"在种种利益因素的干涉下，发生了猛烈冲撞。争论的两方就是普遍主义和特殊主义。普遍主义认为存在着普遍正义的具有强制力量的共同道德规范。而特殊主义恰恰相反。"特殊主义则以人的个性、认识的主体性和价值的特殊性为基础，在价值问题上持个性化、相对主义和多元论的观点。特殊主义认为世界上不存在唯一的、终极不变的价值体系及其标准，必须面对人类价值多元化的事实，依据主体的具体特殊性来处理各种价值问题，只有这样才能保持人类社会的平等、自由、和谐和安宁。"① 这种观点表面上看起来似乎是有一定道理的。可是，实际的情况并非如此。对于那些严肃的特殊主义思想家而言，特殊主义往往在对"特殊化""本土化"的坚守中，最终阴差阳错地走向也许他们自己本心也不愿看到的结局。他们在对于普遍主义文化劲风的抵挡中，在对于普遍主义所裹藏的文化专制主义、文化霸权主义和文化殖民主义的斗争中，最后却与文化保守主义、文化无政府主义、文化割据主义等错误社会思潮同流合污了。学术研究、"思想生产"最后不可避免地与"资本的全球化"合流了。可以看出，特殊主义在此出现了两个问题：其一，在理论上，没有走出由于对特殊性的片面强调而导致的逻辑旋涡；其二，在实践上，没有也不可能进入超意识形态的纯粹学术道德境界。但是，对于道德规范问题上的特殊主义的研究，仅仅停留在学术良心层面是远远不够的，离开意识形态分析，对于当代中国文化保守主义的任何言说都不可能是恰当的。原因在于，文化保守主义自己首先就是一种意识形态语言或言说。对此，后文将有所论及。这里只是说，文化保守主义作为一种意识形态语言，也包含着本身无法化解的政治哲学逻辑困境，如果"汉话胡说"是错误的，那么，"古话今说"何以

---

① 李德顺：《全球化与多元化——关于文化普遍主义与文化特殊主义之争的思考》，《求是学刊》2002年第2期。

合理？如果西方道德原则和规范在中国当代存在"水土不服问题家族"，那么，就应该同理确认，中国古代道德原则和规范在中国当代也存在"食古不化问题家族"！看来，文化保守主义在这里奉行双重的逻辑标准。形象地说，"穿西装"是错误的，只有"穿汉服"才是正确的。如果在当代中国"穿西装"是"不合时宜"，那么，为何在当代中国"穿古装/汉服"就不是"不合时宜"呢？

三 道德规范非整体主义的逻辑困境

非道德主义常常身陷整体性和个体性关系的旋涡之中而难以自拔。在此，它们往往选择非整体主义或者说个体主义的摆脱路线。但是，这条路线依然没有理想的理论终点，只有形而上学的逻辑困局。

与确定性和不确定性的关系、普遍性和特殊性的关系一样，整体性和个体性之间的关系，既是一个客观辩证法的问题，也是一个主观辩证法的问题。整体和部分，还有整体性和个体性，不仅仅是客观实存的现象，同时，也是人类的语言或言语方式。在深层的语言叙述领域里，在涉及形而上学的语言条件下，比如在经济哲学、社会哲学、政治哲学和环境哲学，当然还有道德哲学的理论核心，整体和个体概念、整体性和个体性范畴从来未曾缺席。在经济学领域，从亚里士多德、马克思、凯恩斯到哈耶克，这些概念都发挥着重要作用，甚至成为经济哲学方法论的基本线索和问题。[①] 可以说，在人文社会科学领域，相应地形成了整体主义和非整体主义，或者说形成了整体主义和个体主义的两种不同的思维和叙述方式。一般来说，所谓整体主义，就是在思维和语言行为中，坚守"整体优先于个体"逻辑原则的方法论。而所谓非整体主义，或者说个体主义，恰恰相反，就是在思维和语言行为中，坚守"个体优先于整体"逻辑原则的方法论。在经济哲学、社会哲学、环境哲学和道德哲学的历史上，尤其是政治哲学的历史上，两者之间的分歧和斗争不仅由来已久，而且非常激烈。可以看出，这两种方法论都带有排他性的极端化、片面化的不足。在亚

---

① 杨立雄：《"个体主义"抑或"整体主义"》，《经济学家》2000年第1期。

当·斯密将"现实的人"分割为"经济人"和"道德人"的时候，就已经制造了"个体的人"和"整体的人"的对立。沿着"经济人"的假设思路，经济哲学开始了旷日持久的个体主义方法的远征。虽然凯恩斯的"总量分析"的宏观、整体主义思维方法[1]，对它曾经产生了巨大的冲击，但是，直到今天，虽然在不断的批评中做着持续的纠偏修正，可是，它并没有屈服，西方经济哲学的主流方法仍然是非整体主义。

在道德哲学的历史上，整体主义和个体主义之间的分歧更加古老，而且历久弥新。在前亚里士多德时期，诡辩论和朴素辩证法，已经看到了个人和城邦、个人和家庭之间的分歧和冲突，已经看到了个体生活和城邦生活之间的矛盾。它们对于道德规范的否定，一般就是从非整体主义角度展开的。"人是一个小世界"的判断[2]，既突出了个体存在，通过将"世界"看作和人一样"大"而抬高了个体，压抑了作为整体的世界，而且，彰显了个体在社会道德生活中的重要地位——伦理规范应该是建基于个体存在的。一些希腊悲剧非常形象地反映了个体和城邦之间的矛盾，并在英雄的悲剧结局中，以情感的方式，表达了对于整体主义道德规范的抗议。[3]亚里士多德在"共同体意识"的理论框架下，在个体对于城邦服从的主张下，走向了整体主义。这种情况持续到文艺复兴。个性解放席卷云涌，历史进入一个新的阶段。从此，在西方道德哲学历史上，占据主流地位的道德规范叙述和道德实践设计，成为非整体主义的天下。概言之，伦理学非整体主义、道德规范非整体主义，或者说，道德哲学个体主义、道德价值论个体主义，成为西方近现代伦理学占主流地位的方法论和表现方式。

道德规范非整体主义，即道德价值论个体主义，在道德关系上，在解释整体和个体的关系时，如前所述，遵循"个体优先于整体"

---

[1] 朱成全：《经济学方法论》第3版，东北财经大学出版社2003年版，第225页。
[2] 周辅成：《西方伦理学名著选辑》上卷，商务印书馆1996年版，第74页。
[3] 希腊道德悲剧的一般特点是，共同体的正义和个人道德追求之间的冲突导致个人悲惨命运结局。如，苏格拉底的人生悲剧就是如此。

的逻辑原则和理论假设。因此，道德规范非整体主义、道德价值论个体主义虽然并不在逻辑上直接等同于或必然导致诸如心理利己主义、伦理利己主义之类的非道德结论，但是，近代以来的非道德主义基本都是奉行道德价值论个体主义的道德思维原则的。在这种道德价值论个体主义理论中，"只有涉及他人的那部分才须对社会负责。在仅只涉及本人的那部分，他的独立性在权利上则是绝对的。对于本人自己，对于他自己的身和心，个人是最高的主宰者"。① 可以看出，它"蕴含着深刻的道德危机，这突出地体现在它直接导致了普遍性、统一性、客观性的道德信念的消失，从而使'道德共识'陷于破碎。"② 所以，道德价值论虽然并不必然导致非道德主义，但是，近现代西方的某些非道德主义的确是由道德价值论个体主义所导致的。道德价值论个体主义在道德规范问题上，面临一个比较严重的非道德主义逻辑困境。

　　道德规范非整体主义所包含的这种逻辑困境是先验性的。这是一个滥觞于其理论前提假设的逻辑困境。当亚当·斯密在《道德情操论》和《国富论》中分别做出人是"道德人"和"经济人"前提假设的时候，"亚当·斯密问题"也就出现了③，他就已经在前提中埋下了后来在理论结局上走向非道德主义悖谬的祸根。"简单地归纳一下斯密关于人是什么的观点，至少可以举出以下几个观点：'人是自利的''人是自爱的''人是有同情心的''人是有良心的''人是具有自制力的''人是追求合宜性的''人是有德性的'"等。④ 人被看作是一个有同情心的自私的人，或者说人被看作是一个自私的有同情心的人。事实上，亚当·斯密更加倾向于将人看作是有道德、有同情心的"善"的人，可是，他的这种观点，在逻辑前提和理论结构上，的确建构了一个令人遗憾的善恶二元论结构。他感觉到了这一困境，

---

① ［英］密尔：《论自由》，程崇华译，商务印书馆1996年版，第10页。
② 贺来：《价值个体主义与道德合理性基础的重构》，《吉林大学社会科学学报》2005年第2期。
③ 宋希仁：《西方伦理思想史》，中国人民大学出版社2004年版，第245页。
④ 罗卫东：《情感秩序美德——亚当·斯密的伦理学世界》，中国人民大学出版社2006年版，第349页。

并试图突破这一困境。

仔细分析就会发现，这里存在两个困境。其一，"警匪困境"。在斯密的道德规范论中，人的道德和不道德似乎是互为条件的，道德规范和非道德规范是互为存在条件的。这就注定了道德永远不可能战败非道德。因为"对正义的关切源于对一个受害者憎恨的同情。对仁爱的赞许来自对施惠者的博爱及其受益者感激的同情"。① 这里，显然，"正义"源于"憎恨的同情"。或者说，"憎恨"源于/缘于某种"憎恨"。其二，"洗钱/白手套困境"。他说：一个人"追求自己的利益，往往使他能比在真正出于本意的情况下更有效地促进社会的利益"。② 显然，他武断地认为个体主义谋划和整体利益是可以实现统一的。也就是俗语所云"主观为自己，客观为他人"。

在当代，多数的社会学家、政治哲学家和道德哲学家，并不同意个体主义和整体主义的上述转换。在个体的自利行为与整体的利益实现之间，仅仅存在一种偶然联系，而不是必然联系。因此，自私行为是不能变成道德行为的，恶行不是善行。罪恶是不能被洗白的。正如荣格所说："普通人介于对立物之间，并懂得他永远不能取消它们。没有善就没有恶，没有恶就没有善。其中的一个制约另一个，但它不会变成另一个或取消另一个。"③ 也许，大多数社会的现实道德文化生活，对此并不太严格。"通过将个人挣得的财富输入家庭或宗教从而使其完成从非道德性用途向道德性用途的转换，是许多文化中一种较为典型的转换。"④ 其实，这种"转换"只是一种"历史性淡化"⑤，而不是真正意义上的转换。在理论逻辑上，个体主义所谓的"恶"，无论如何，都是不可能转化为整体主义的"善"的。总而言

---

① ［英］安东尼·肯尼：《牛津西方哲学史》第3卷《近代哲学的兴起》，王珂平译，吉林出版集团股份有限公司2016年第2版，第94页。
② ［英］亚当·斯密：《国民财富的性质和原因的研究》下卷，郭大力、王亚南译，商务印书馆1979年版，第27页。
③ ［德］埃利希·诺依曼：《深度心理学与新道德》，高宪田、黄水乞译，东方出版社1998年版，第20页。
④ ［美］欧爱玲：《饮水思源：一个中国乡村的道德话语》，钟晋兰、曹嘉涵译，社会科学文献出版社2013年版，第206页。
⑤ 同上。

之，个体主义或非整体主义在道德规范论上的这种逻辑困境，是不可改良的。

第三节　非道德主义社会思潮的价值思维困境

在后现代科学哲学产生后，在思想界的一般层面，关于科学和意识形态之间具有内在关系的观点，已经成为了一般性的共识。至于人文科学和社会科学，它们所包含的意识形态价值取向则更加突出。如果有关价值的一切思考，还留出了本体论置身其中的空间的话，这些价值有其核心，这些价值取向的理论叙述有其基点。这些核心和基点就是同一价值运思体系的价值归宿。非道德主义作为一种道德价值叙事，从某种意义上说，就是在或直接或间接、或鲜明或隐晦地规范化着自己的价值归宿。非道德主义的价值归宿问题，像整个的非道德主义一样，因为是以否定性的形式表达的，因此，对于它的任何建构性的、肯定性的叙述和解释都将成为一个比较复杂的问题。按照从抽象到具象、从理论到现实的思路考察非道德主义的价值归宿，人们会发现，非道德主义社会思潮，在理论视域，就其一般的逻辑样态而论，就是道德价值虚无主义；在现实层面，就其价值思维所奉行的基本原则而言，就是道德价值个人主义；在当代中国意识形态领域，就其显现的价值事实来说，就是一种非社会主义道德思潮。关于第三个层面将在后文论述，本节将从前两个方面对非道德主义的价值归宿进行考察。

一　道德价值虚无主义矛盾

非道德主义思想，无论是哲学史上的，还是当代社会的；无论是以意识形式主张的，还是以社会心理或社会倾向表达的，在理论视域，就其一般的逻辑样态而论，就是道德价值虚无主义。因为日常经验生活中的非道德主义的价值虚无主义与自然思维的经验常识往往是以"统一性的假象"的形式展现的，对它们的分析也往往是特殊而琐碎的（但却意义非凡），所以，在此，我们只从哲学抽象层面考察作为比较成熟的意识形式的非道德主义的价值虚无主义的实质和表现。

虚无主义比"虚无主义"（Nihilism）这个哲学范畴出现得要早得多。无论是在古希腊罗马时期，还是在中国春秋战国时期，哲学史上，都曾绽放过虚无主义之花。[①] 对此，我们应该首先分析相对主义和虚无主义的关系。显然，相对主义指向的是一种表示方法论意义的"视域"性概念。它带有"比较性"的意义，这种比较不是对象自行展现的，而是以主体的"先在"为前提的。与此不同，虚无主义具有更加强烈的主体性特征，这种主体性表征着对象世界整体虚幻性的意义。所以，可以简单地说，虚无主义可能就是相对主义的前提或（和）结论。正因为将对象的相对性加以绝对化，从而得出关于对象的虚无主义结论。比如庄子正是从"人"与"蛆虫"的"正处"不同，从而否认存在真正"正处"的可能性，才得出"仁义之端，是非之涂，樊然淆乱，吾恶能知其辨"的结论。[②] 这就从相对主义走向了虚无主义。"虚无主义"一词是从德国近代哲学家雅克比开始使用的，但真正将虚无主义作为一个严肃的话题和概念是从尼采开始的。虚无主义、相对主义、道德相对主义、道德虚无主义在本质上是相互统一的。因此有人说："虚无主义在本质上是道德虚无主义"[③]，也有人说，尼采似乎没有关于虚无主义的单一的、统一的概念，在尼采著作中，"在某一处，我们看到虚无主义可以是一个善的标记——甚至'一种神圣的思考方式'；在另一处，它却是一种颓废的表达。在某

[①] 对此有不同观点，有人认为"虚无主义"只是一个西方现代哲学概念，中国不存在虚无主义。也有人认为，"虚无主义"是一个普遍的哲学概念，"虚无主义，自古有之"。（参阅刘森林《虚无主义的历史流变与当代表现》，《学术前沿》2015年第5期下）其实，海德格尔的看法也许是最具权威性的。他说："虚无主义在前基督教的世纪里就已经开始了，也并没有结束于二十世纪。"（参阅［德］马丁·海德格尔《尼采》，孙周兴译，商务印书馆2010年版，第29页）

[②] 《齐物论》用相对主义方法抹杀善恶的严格区别，最后走向虚无主义和非道德主义。庄子说："民湿寝，则腰疾偏死；鳅然乎哉？木处，则惴慄恂惧，猿猴然乎哉？三者孰知正处？"因此，所谓"正"，是因为评价主体不同而异的。参见杨柳桥译注《庄子译注》，上海古籍出版社2007年版，第27—28页。

[③] 张桂：《道德虚无主义的应对：列维纳斯伦理学与教的超越性》，《湖南师范大学教育科学学报》2015年第5期。

一页上,尼采写着道德虚无主义者的欺骗,但接下来他又称道德为虚无主义的解毒剂。他用强者的虚无主义反对弱者的虚无主义,完美虚无主义反对不完美的虚无主义,积极的虚无主义反对消极的虚无主义,理论的虚无主义反对实践的虚无主义。他在科学、政治、艺术、哲学和宗教各处讨论虚无主义"。① 我们可以将这种观点概括为:虚无主义就是价值虚无主义。从广义的角度看,道德虚无主义和价值虚无主义是相同概念。从狭义的角度看,道德虚无主义是价值虚无主义的特殊领域,价值虚无主义包含着道德虚无主义。由于价值包含道德价值,所以,对于价值的虚无化或否定,也就包含着对于道德价值的虚无化和否定。总之,这就意味着,虚无主义无论在什么意义上,都是非道德主义的,都包含着对于道德价值的虚无化。

非道德主义的价值归宿就是虚无主义。原因在于,非道德主义在本质上属于道德虚无主义,道德虚无主义在本质上属于虚无主义。在尼采看来:"虚无主义:没有目标;没有对'为何之故'的回答。虚无主义意味着什么呢?——最高价值的自行贬默。它是两义的:A))虚无主义作为提高了的精神权力的象征:作为积极的虚无主义……B))虚无主义作为精神权力的下降和没落:消极的虚无主义。"② 这就是一种对作为虚无主义的非道德主义价值归宿的全面而深刻的概括。③

首先,非道德主义的虚无主义整体价值取向形态。从虚无主义思想的这一价值取向来看,它否定"最高价值",也就是以道德价值为核心的全部价值。④ 在虚无主义中,包括在对虚无主义的虚无化中,

---

① Johan Goudsblom, *Nihilism and Culture*, Basil Blackwell. 1980. p. 10. 转引自王俊《于"无"深处的历史深渊——以海德格尔哲学为范例的虚无主义研究》,浙江大学出版社 2009 年版,第 3—4 页。
② [德]尼采:《权力意志》上卷,孙周兴译,商务印书馆 2007 年版,第 400—401 页。
③ 一种虚无主义在反对另一种虚无主义的虚无主义基础时,常常是非常深刻的。列宁也曾经说过,当一个唯心主义者在批判另外一个唯心主义者的唯心主义基础时,常常是有利于唯物主义的。尼采哲学虽然是虚无主义,但他在这里对于虚无主义的批判是入木三分的。
④ 在尼采看来,包括宗教的、审美的、经济的、政治的和科学的价值在内的所有形式的价值都是依赖道德价值的。他写道:"一切价值标准对道德价值标准的依赖关系,宗教的、审美的、经济的、政治的和科学的。"([德]尼采:《权力意志》上卷,孙周兴译,商务印书馆 2007 年版,第 337 页)

无论是在理论的虚无化还是实践的虚无化过程中，那个据说自柏拉图以来哲学家所努力营造的形而上学本体所凝聚的"超感性存在"/"终极存在—终极关怀"谢幕了。虚无主义是与形而上学联系在一起的。如果我们将形而上学比喻为一个赝品市场，其商品就是"超感性存在物"的话，那么，这里有作弊造假者，有检举揭发者。柏拉图就是一个制造并销售假货的商家。① 施特劳斯认为，两千年前柏拉图就知道真相，"尼采公开表明的东西，柏拉图早就想到了，但柏拉图也想到，这些东西不宜说出来。二人对哲人是什么样的人有相同的看法，不过，尼采把这种高深的认识拿出来展示，柏拉图却将它隐藏了起来"。② 柏拉图看到了现实世界的虚无本质，可是，他并没有说出来，而是创造了一个并不真实的"理念世界""真相"。柏拉图之后的形而上学，包括神学形而上学，一直自觉不自觉地延续着柏拉图的"超感性存在物"具有"真实性"的谎言。可是，尼采不想再"在内心牢牢守住谎言，有力地让谎言变成文化的基础"③，他要揭开形而上学的面纱，他要检举揭发，于是，他借着疯子查拉图斯特拉之口高呼，"上帝死了！"④ 上帝这个"超感性存在物"的总代表死了！上帝所昭告的一切价值都错了，原本的"存在""目标"和"意义"都坍陷了，现在，要"重估一切价值"。所以，在尼采看来，自柏拉图以来的西方形而上学的历史，就是虚无主义的历史。总之，在一般意义上，非道德主义就是虚无主义，准确地说，非道德主义就是道德价值虚无主义，就是价值虚无主义。

其次，非道德主义的虚无主义具体价值取向形态。尼采将虚无主义划分为"积极的虚无主义"和"消极的虚无主义"两种形式。⑤ 尼

---

① 海德格尔笔下的尼采就认为，"虚无主义就是柏拉图主义。"参阅刘森林《物与无：物化逻辑与虚无主义》，江苏人民出版社 2013 年版，第 33 页。
② ［美］朗佩特：《施特劳斯与尼采》，田立年、贺志刚译，上海三联书店、华东师范大学出版社 2005 年版，第 20 页。
③ 同上。
④ ［德］尼采：《查拉图斯特拉如是说》，孙周兴译，商务印书馆 2010 年版，第 9 页。
⑤ 这只是许多分类中的一种。还有从"自身结构的本质丰富性"划分的，如："虚无主义的模棱两可的预备形式（悲观主义）、不完全的虚无主义、极端的虚无主义、积极的和消极的虚无主义、积极的—极端的虚无主义（作为绽出的—古典的虚无主义）。"［德］海德格尔：《尼采》下卷，孙周兴译，商务印书馆 2010 年版，第 782 页。

采所谓的"积极的虚无主义",一方面,"它可以是强者的标志"①,由于这"强者"的精神力量的增长,以往的那些"信念""目标""道德"等,已经成为他的"强制性"力量,而他是不会"屈服"于这些力量背后的"权威"的。另一方面,"它也可能是不充分的强者的标志",和前者所不同的地方在于,这"不充分的强者"在对于权威力量的不"强制性""屈服"中,把"创造性地重又设定一个目标、一个为何之故、一种信仰"作为自己的目的。比如,在粉碎旧道德规范后,又重新建立一个新道德规范。总之,所谓"积极的虚无主义",或者说,虚无主义的"积极性"就是,"进攻",把"强暴性的破坏力量"(即权力意志的"生产性的力量")发挥到"极大值"。换言之,就是重估一切价值,并否定它们。尼采所谓的"消极的虚无主义",它"作为弱者的象征:精神力量可能已经困倦、已经衰竭,以至于以往的目标和价值不适合了,再也找不到信仰"。② 这不是如上的"增长性"原因达到的虚无主义,而是内部的"困倦性"原因达到的虚无主义,其特点是精神权力的"下降""没落""颓废"。在这里,各种道德价值相互冲突并最后瓦解,各种"骗术"层出不穷。"一切令人振作、有疗效作用、提供慰藉、令人麻醉的东西纷纷出笼了,披着形形色色的伪装,宗教的、或者道德的、或者政治的、或者美学的,等等。"③ 看来,非道德主义的虚无主义价值落脚点,只有两样东西,即,亢奋和萎靡。可是,无论亢奋还是萎靡,都与精神力量所遭遇的虚无密切相关。虽然抗拒抑或消沉都无济于事,那是因为,虚无的旷野没有地平线,可是那"争"与"和"的界限,就是"高贵"与"卑劣"的分水岭。尽管如此,虚无主义对于"虚无主义"自我反对的混乱和犹豫,就宣判性地强化了那条定谳:虚无主义没有宣布"虚无主义"的死亡。虽然非道德主义道德价值思维的"下场"似乎只剩下这唯一的"入相"。

---

① [德]尼采:《权力意志》上卷,孙周兴译,商务印书馆2007年版,第401页。
② 同上。
③ 同上书,第401—402页。

二 道德价值论个人主义困局

仅仅将非道德主义的价值归宿概括为道德虚无主义，在道德认识论的层面看，这还远未达到道德真理或者说正确的道德知识。这只是从整体上来看而得出的抽象观念。对于非道德主义价值归宿的分析还必须进一步走向具体化。一般而言，非道德主义在价值取向上最终是倾向于个人主义的。非道德主义和个人主义之间的逻辑和现实关系问题，是一个比较复杂的问题。在对这一问题的道德哲学反思的几乎每一个环节，都存在着范畴、概念层面的歧途。但是，这又是一个非常重要的问题，无论对于道德哲学还是对于道德生活而言都是如此。所以，尽管存在着那么多的分歧，尽管存在着陷入"宏大叙事"（Grand Narrative）泥淖的风险[1]，也必须对非道德主义价值归宿这一问题做出梳理和概括，哪怕这种梳理和概括本身只不过是一个更高形式批判的起点而已。

在西方道德文化的历史上，个人主义不是一个近代道德哲学概念，但是，从近代道德哲学开始，个人主义成为一个普遍的道德思维方式和道德行为原则。从逻辑上看，个人主义和整体主义（共同体主义、家族主义、伦理主义等）一样久远。事实上，在普罗泰戈拉、苏格拉底、伊壁鸠鲁和犬儒主义的伦理思想中，就存在着发育程度不一的个人主义。在伯利克里时代，已经获得牢固根基的民主制度，在政治道德思想上，实际上就是以个人主义精神作为自己的理论基础的。伯利克里说："我们的制度称作民主政治，那是千真万确的，因为政权不是在少数人手中，而是在多数人手里。就法律而言，一切人解决他们私人纠纷方面都是平等的；就人的价值而言，无论任何人以何种方式显露出优于他人担任一些荣耀的公职，那不是因为他们属于特殊的阶级，而是由于他们的个人才能。"[2] 但是，在古代西方社会，个

---

[1] Jean Francois Lyotard, *The Postmodern Condition: A Report on Knowledge*, Translation by Geoff Bennington and Brian Massumi. Minneapolis: University of Minnesoda Press, 1984: 1.

[2] ［古希腊］修昔底德：《伯罗奔尼撒战争史》，谢德风译，商务印书馆1960年版，第130页。

人主义从整体上来看，远未获得主流性道德意识形态的地位。在古代中国社会，个人主义的理论地位也是如此。"个人主义的思想，早在霍布斯、洛克、亚当·斯密、边沁等人的学说中，就已得到较系统的阐述。"[①] 在那样的时代，对个人主义思想形态的评价往往毁誉参半，甚至"贬义词"的色彩更加浓重一些。可是，在19世界的美国，个人主义大爆发了，它现在更多地被理解为一个中性词，甚至是一个"褒义词"，并被凝结在《独立宣言》之中。[②] 个人主义和后来的实用主义被誉为"美国精神"。但是，不管是什么历史意义上的个人主义，最终都无法幸免于价值相对主义和道德虚无主义必然结局。

非道德主义说到底是将价值主体归结为个人的，也正因为如此，它才成其为个人主义。换言之，非道德主义就是价值个人主义，非道德主义的理论逻辑起点和终点，非道德主义价值思维和道德推理的前提，都是个人主义。如前所述，非道德主义在伦理思维和道德表现上是采用个体主义的叙事方式的。而个体主义的最基本表现样式就是个人主义，所以，非道德主义就是将个人主义作为自己最基本的叙事方式的。

毋庸置疑，绝大多数人对于将心理利己主义归结为非道德主义是没有太大疑问的。因此，我们可以通过对心理利己主义的分析，来证明非道德主义和个人主义之间的上述关系。心理利己主义的"道德原则"是：

人的本性是自私的，人的一切行为都是直接利己的（P）。

如果在现实中遇到了与上述原则（P）相悖的道德事实，心理利己主义者会做出如下道德价值判断：

某个所谓的"道德行为"（A）不可能在事实上是真的。

或者说：

"道德行为"（A）不可能真，因为它（A）是违背人的自私性的（−P）。

[①] 罗国杰：《伦理学》，人民出版社1989年版，第168页。
[②] 崔雪茹：《西方个人主义源流考》，《武汉科技大学学报》（社会科学版）2011年第2期。

例如，在心理利己主义看来，特里莎修女（Mother Teresa）"助人为乐"不过是"为乐助人"而已。① 可以看出，心理利己主义从个人主义的理论前提假设和价值前提假设出发，也就是将人从本性上看作是自私的—非道德的，从而在激烈反对道德主义的层面上走上了非道德主义。反过来讲也一样，心理利己主义这种比较世俗的非道德主义可以在理论逻辑和价值取向上还原为个人主义。进而言之，非道德主义的理论和价值归宿就是个人主义。

非道德主义在理论形式上可能是心理利己主义，也可能是伦理利己主义。而不管是哪一种形式的利己主义，都属于价值个人主义，它们都把对于个人利益和欲望的满足、个人价值的实现作为道德行为乃至所有行为的根本动机。作为价值个人主义的伦理利己主义与非道德主义之间具有内在的理论联系。伦理利己主义的"道德原则"是：

人的本性是自私的，人的一切行为都是最终利己的（P）。

如果在现实中遇到了与上述原则（P）相悖的道德事实，伦理利己主义者会做出如下道德价值判断：

某个所谓的"道德行为"（A）不可能在事实上是真的。

或者说：

"道德行为"（A）不可能真，因为它（A）是违背人的私性的（－P）或有悖实现私性的。

在伦理利己主义看来，讲道德只是出于精明盘算的"理性"。"诚信之所以是道德所要求的，按照伦理利己主义的原则，不是因为其他的原因，而是因为对讲诚信者有好处。政府、企业和个人要讲诚

---

① 在西方国家，特里莎修女（1910—1997），是一位著名的道德楷模。她的一生就是用自己的财富帮助穷人的一生，被人们普遍认为是利他主义的典型代表。特里莎修女出生于鄂图曼帝国科索沃省史科普里（前南斯拉夫联邦马其顿共和国的首都），是阿尔巴尼亚后裔。18岁时，受泰戈尔的影响而远赴印度，投身于慈善事业。1931年，特里莎正式成为修女。1950年10月，特里莎修女与其他12位修女，成立了仁爱传教修女会。1971年，教皇庇护十二世颁给特里莎修女和平奖。1997年3月13日，她退出了博济会，9月逝世，印度替她举行了国葬。特里莎修女留下了4000个修会的修女，超过10万名以上的义工，还有在123个国家中的610个慈善工作组织。参见龙红莲、汪树东编译《诺贝尔和平奖获奖演说精编》，北方文艺出版社2010年版，第148页；另外参见陈真《当代西方规范伦理学》，南京师范大学出版社2006年版，第40页。

信，不是因为这是一条绝对命令，也不是因为对整体有好处，而是因为对政府、企业、个人有好处。不这样做就是傻瓜，就是非理性的。所以，道德上我们应该讲诚信。"[①] 很显然，在伦理利己主义看来，道德规范不具有内在价值，不是目的理性，不是价值理性，而仅仅具有外在价值、工具理性。这就意味着伦理利己主义是非道德主义，是基于个人的利益和欲望这种它所认可的"内在价值、目的理性和价值理性"而走向非道德主义的。它仍然是价值个人主义。

总之，不仅心理利己主义、伦理利己主义如此，还有功利主义、道德契约论，几乎所有的道德工具论，在绝大多数情况下，这些非道德主义道德哲学理论，对于道德价值客观合理性的消解，对于道德内在价值独立存在的否定，都是基于价值个人主义的。不管是什么历史意义和理论形式上的个人主义，最终都无法幸免于价值相对主义和道德虚无主义逻辑困局：个人主义的彻底辩护就意味着自我否定；虚无主义的彻底辩护就意味着自我放逐。

第四节　对非道德主义社会思潮的逻辑和价值论超越

下面从实践唯物主义立场出发来梳理马克思主义道德本体论，考察如何将辩证否定的实践理性应用于对道德事实、道德价值、道德规范和道德认识等基本问题的思考。与以往的道德哲学相比较，马克思主义道德哲学运用实践唯物主义的世界观和方法论，从整体上和联系上考察社会道德现象，揭示道德的本质和规律的社会意识形式。所谓从整体上揭示，是指它不是从个体特殊的角度来研究道德现象，而是从一般意义上来揭示道德的本质。所谓从联系的角度来揭示，是指它联系社会存在、社会物资生活条件来揭示道德的现实基础、本质和发展规律。因此，它将自身和林林总总的绝对主义和相对主义区分开来，将辩证否定的实践精神贯彻于全部道德思维和道德行为之中，从

[①]　陈真：《当代西方规范伦理学》，南京师范大学出版社2006年版，第46页。

而避免形形色色因误入片面性思维而走向错误的非道德主义,也因此而实现了对非道德主义的超越。

一 作为"感性世界"观照的道德事实论

有观点否认马克思主义哲学具有本体论,当然,按照这种观点,马克思主义的道德哲学也就没有与之相应的道德本体论了。这是一个颇具争议的问题。我们赞同马克思道德哲学具有自己本体论的主张,而且认为这既具有文本依据,也具有逻辑依据。马克思"实践的唯物主义",从字面意思来看,显然它就是一个"道德本体论"概念,或者至少说,具有很明确的道德本体论意蕴。需要说明的是,这种道德本体论不是把世界的本体归结为道德,而是讨论道德本体的意义。马克思所主张的"未来新哲学"类似于康德所谓"未来形而上学"。①另外,如果放弃道德本体论领域,那么这个领域也就只能交由唯心主义或旧唯物主义"片面地加以发展了"。马克思并没有在对旧道德的猛烈批判中放弃道德。"马克思是一位道德家,有时甚至是一位非常苛刻的道德家:他提出要为他人利益作出自我牺牲的行为准则。他所倡导的包括'自我牺牲的英雄主义'的行为,凝缩在他对'天国风暴'中的男人们和对保卫巴黎公社的妇女们的赞美之中。"②

马克思将自己的哲学叫作"实践的唯物主义",因此,对于马克思道德哲学的研究必须建立在"实践的唯物主义"的理论基础上。这是哲学自身发展的历史要求,德国古典哲学的终结,标志着现代哲学的开端,马克思和孔德都是以往那种追求灵异和抽象思辨的终结

---

① 笔者赞同实践唯物主义具有自己的"实践本体论""形而上学"的观点。而且,笔者认为马克思所反对的"形而上学"是旧形而上学,即,那种追求绝对共性或超感性存在物的企图。马克思实践唯物主义也追求感性世界的本质,这个本质只不过是历史的、具体的、社会的、辩证的,即"实践的"。马克思明确表示,自己的哲学追求并试图达到具有明显形而上学性质的"科学"。马克思认为未来新哲学是"关于人的科学"(《马克思恩格斯全集》42 卷,人民出版社 1979 年版,第 128 页)。恩格斯也说过,马克思主义哲学是"关于现实的人及其历史发展的科学"(《马克思恩格斯全集》第 21 卷,人民出版社 1965 年版,第 334 页)。

② [美] R. W. 米勒:《分析马克思:道德、权利和历史》,张伟译,高等教育出版社 2009 年版,第 15 页。

者。因此,马克思主义的道德哲学反对以"神谕""天意"为基础来搭建道德哲学的理论体系,主张从实践生活出发,从"感性世界"出发[1],即主张把对现实社会生活和利益关系的考察作为研究道德哲学的理论出发点。在 18 世纪,康德已经敏锐地看到了休谟经验论和莱布尼茨、沃尔夫(Christian Wloff)等人的极端唯理论的严重缺陷,整个康德道德哲学体系,实际上就是对于经验论及其导致的怀疑论、唯理论及其导致的独断论的严厉批判。继康德之后,黑格尔站在唯心辩证法的角度也对经验论和唯理论进行了清算。正像齐格蒙特·鲍曼(Z. Bauman)所认为的那样,马克思正是这种批判历史的完成者,在他看来,无论是人的自然本性还是先验理性都不能作为考查道德现象、道德事实的基本依据。因此,它是对以往优秀道德哲学成果的继承和发展。

在杜拉凯姆看来,任何科学都应该有作为客观事实的研究对象。道德哲学也应该有自己的研究对象,这个研究对象就是道德事实。所谓的"道德事实是指已经表现过的和正在表现中的道德现象,是由言说与行动构成的、与善恶有关的现象"。[2]

道德事实属于马克思所讲的"感性世界",属于感性经验事实。实践唯物主义和旧唯物主义之间的根本分歧就在于,它们对于对象世界的看法是不一样的。在旧唯物主义看来,物质世界是完全外在于人的,是不依人的意志为转移的自在世界。对此,马克思说:"从前的一切唯物主义(包括费尔巴哈的唯物主义)的主要缺点是:对对象、现实、感性,只是从客体的或者直观的形式去理解,而不是把它们当作感性的人的活动,当作实践去理解,不是从主体方面去理解。"[3]在马克思看来,作为对象的"感性世界"的"人化的自然界"不是自在的世界[4],自在的世界对于我们而言,就等于无。感性世界只有

---

[1] 萧前、杨耕:《唯物主义的现代形态:实践唯物主义研究》,中国人民大学出版社 2012 年版,第 79 页。
[2] 晏辉:《论道德事实》,《社会科学辑刊》2013 年第 2 期。
[3] 《马克思恩格斯选集》第 1 卷,人民出版社 2012 年版,第 133 页。
[4] [德]马克思:《1844 年经济学哲学手稿》,人民出版社 2000 年版,第 87 页。

在实践的条件下才能产生、存在并被人所理解。由此，我们说，马克思的"感性世界"就是在人的实践基础之上的一个客观事实世界和价值事实世界的统一。简言之，"感性世界"就是事实世界和价值世界的统一。并因此也成为科学认识和价值认识的对象。既然"感性世界"包含着"价值世界"，而"价值世界"又包含着"道德世界"或"道德事实"，那么，"感性世界"也就应当包含着"道德事实"了。可见，从理论上来看，马克思的道德哲学应该被阐释为一种崭新的道德实在论。它不同于历史上的从古希腊到近代哲学上的那些绝对主义的道德实在论，在此，道德没有被看作是从动物情感进化而来的自然进化，也没有被看作是某种神秘的外在精神力量的体现，而是被看作是人自己的客观性实践活动的产物。道德现在就获得了自己的客观普遍性根据，道德价值和意义不再可能是虚无主义所认为的那样了。通过"感性世界"的道德事实这一概念，实践唯物主义不仅超越了传统蒙昧主义的道德幻想，也超越了以往道德虚无主义的道德"放肆"。

道德事实具有客观性，是主观和客观的统一。在道德事实问题上，马克思的思想既与费尔巴哈、康德和黑格尔有联系，但又高于他们的那些机械和神秘。在费尔巴哈那里，道德事实不过是对于现实的利益关系、物质关系的简单反映，是纯粹的精神性存在。在康德那里，道德事实不过是神秘的"善良意志"的表现，而黑格尔则将道德事实看作是怪诞的世界精神的自我外化。他们都只是静态地、简单地看待道德事实，只是单纯地从主观方面或客观方面来看待道德事实问题。在马克思看来，如果离开社会关系，离开社会存在，离开利益关系，包括道德在内的一切社会意识就都无法得到正确说明。他说："意识在任何时候都只能是被意识到了的存在，而人们的存在就是他们的现实生活过程。"[①] 这就说明，如果没有作为道德事实的客观价值存在，具体地说，也就是利益关系，就不可能产生反映这些道德事实的道德意识的精神形式。但是，如果仅仅理解到这个程度，那就还

---

① 《马克思恩格斯选集》第 1 卷，人民出版社 2012 年版，第 152 页。

不能体现马克思的实践唯物主义的基本精神。因此，还必须继续前进，对前面的判断做出进一步的限定：如果没有人们的道德意识，现实中的道德关系也就无法得到理解。作为对象的道德事实和作为主体性的道德意识，应该是处于一种相互规定的动态关系之中的。但是，这里绝对没有类似康德用"先验演绎"所隐藏着的那种"二元论"的叙述策略。马克思用"现实性""具体性"等概念来表示道德事实所包含的这种凝结主体客体化、客体主体化的主客观统一性特征。

道德事实有其自身客观的发展规律。[①] 道德事实作为人类世界的一部分，就应该像人类世界一样，符合一定的客观规律。因为道德事实主客观统一的矛盾特殊性，它的规律也表现出一定的特殊内容和形式。这些规律可以从不同视域和表达形式加以区分，可以分为社会学意义上的规律、心理学意义上的规律和伦理学意义上的规律；从道德事实所包含的内容来区分，可以区分为道德认识规律、道德发展规律、道德作用规律等。从本质上说，道德事实应该符合以下的基本规律。

首先，道德事实不是孤立的社会现象，它在与社会的经济、政治、文化、生态等其他"社会事实"的相互作用中产生、存在和发展。[②] 这里，道德事实和经济事实之间的相互作用尤其突出。所以，恩格斯说："人们自觉地或不自觉地，归根到底是从他们阶级地位所依据的实际关系中——从他们进行生产和交换的经济关系中，获得自己的伦理观念。"[③] 实践唯物主义在道德本体问题上，坚持道德事实的"实践性"、坚持道德的存在论意义、坚持道德的自由性质，因

[①] 道德事实，或者伦理事实是遵循客观的发展规律的。樊浩教授认为，学术界将伦理道德看作"社会意识"，它被社会存在所决定并对后者具有反作用。然而，伦理道德作为精神现象，具有独特的发展规律，这种规律既不是心理学规律，也不是认识论规律或所谓"实践理性"规律，而是精神哲学规律。在哲学意义上，伦理道德发展至少是两种规律的辩证互动，一是"决定论"的历史哲学规律，另一是精神哲学规律。当然，伦理道德作为人的精神发展的一个阶段和特殊形态，只体现和遵循精神哲学的特殊规律（参考樊浩《当今中国伦理道德发展的精神哲学规律》，《中国社会科学》2015年第12期）。这种观点是值得商榷的。

[②] 法国社会学家杜拉凯姆的"社会事实"范畴，显然包含着比较清晰的社会本体论意义。参见晏辉《论道德事实》，《社会科学辑刊》2013年第2期。

[③] 《马克思恩格斯选集》第3卷，人民出版社2012年版，第470页。

此，也就排除了因为"否定存在及其意义和价值"的虚无主义。

其次，在阶级社会里，道德事实就是阶级斗争的凝结和重要表现，具有特定的历史内容。恩格斯指出："社会直到现在是在阶级对立中运动的，所以道德始终是阶级的道德；它或者为统治阶级的统治和利益辩护，或者当被压迫阶级变得足够强大时，代表被压迫者对这个统治的反抗和他们的未来利益。"① 实践唯物主义在道德价值问题上，不是不食人间烟火的抽象道义论，也不是世俗算计的极端后果论，而是通过历史辩证法的力量——即新的革命阶级的利益，在这两者之间找到一种历史均衡，从而消除了滑向非道德主义的可能性。

最后，道德事实是随着社会的进步和发展而不断进步和发展的。人类社会的进步和发展，既包括物质文明的进步和发展，也应该包括精神文明的进步和发展。社会发展就是人的不断解放和全面发展的过程，这一过程当然也应该包括道德的不断解放。② 实践唯物主义在道德事实问题上，奉持革命英雄主义和乐观主义的精神，相信道德世界的进步和发展，反对诸如"道德滑坡论""道德循环论""道德危机论"及其所必然导致的非道德主义错误。

综上所述，传统道德主义是使用虚幻的"超感性存在物"赋予道德价值和道德意义以客观普遍性的，因此，它们的道德存在、道德价值和道德意义于是也就随着近代哲学中"超感性存在物"的"死去"而坍陷了。实践唯物主义与以往的客观主义道德哲学不同，道德价值和道德意义的客观普遍性是通过现实性的"感性世界"概念加以确立的，因此，它一方面具有"超感性存在物"的客观性论证功能，另一方面又没有"超感性存在物"的非理性和绝对化论证弊端，从而真正实现了对于形形色色绝对主义和相对主义道德哲学，即非道德主义在"逻各斯"层面或道德本体论层面的理论超越。

二 作为"实践智慧"的道德价值论

实践唯物主义在道德价值论上所持有的实践精神，即，亚里士多

---

① 《马克思恩格斯选集》第 3 卷，人民出版社 2012 年版，第 471 页。
② 臧乐源：《道德发展规律浅议》，《东岳论坛》1982 年第 6 期。

德语义及其所追求的实践智慧。这是一种排斥形而上学的、科学的主体性精神追求，它可以使实践唯物主义自身能够完全避免在类似诸如整体和个体、普遍与特殊、确定与不确定等关系问题上的片面性错误及其所必然导致的非道德主义逻辑困境，从而实现对于非道德主义的逻辑学和价值论的超越。

实践唯物主义的提出，使得马克思成为现代实践哲学转向、反形而上学转向的开拓者之一。正如萨特所说："自马克思以后，哲学就是一种具体的社会活动，一种介入。"[①] 马克思看到了实践智慧在哲学实践史上的重要理论意义和对于有思想的感性社会生活的世俗意义。马克思说："从前的一切唯物主义（包括费尔巴哈的唯物主义）的主要缺点是：对事物、现实、感性，只是从客体的或者直观的形式去理解，而不是把它们当作人的感性活动，当作实践去理解，不是从主观方面去理解"[②]，"哲学家们只是用不同的方式解释世界，而问题在于改变世界"[③]。这充分说明，马克思在理论和实践两个层面上都非常重视"实践智慧"，实践唯物主义强调彰显着普遍性意义的革命原则必须与体现着生活情境特殊性表象的具体情况相结合，强调理论必须与实践相统一。因此，实践唯物主义，在新近的"具体化"哲学历史境遇中，更有必要充分发挥实践智慧。

如何搭建主体与客体之间、理论与实践之间双向安全通道，一直是一个重要问题。"子非鱼，安知鱼之乐？"这是一个古老的哲学难题。"濠梁之辩"和"美诺悖论"似乎更多地从知识论角度讨论对象性的客观性问题。[④] 柏拉图的观点在今天似乎是难以令人接受的。柏拉图不屑于这种"诡辩派论证"。他说，"我们应该去探索，（这）比起陷于那种认为不存在认识活动，没有必要去求知我们所不认识的东西的懒汉幻想……将使我们善良一些，勇敢一些，不那么束手

---

① ［法］萨特：《他人就是地狱：萨特自由选择论集》，傅金霞、张作稳译，天津人民出版社 2007 年版，第 4 页。
② 《马克思恩格斯选集》第 1 卷，人民出版社 2012 年版，第 133 页。
③ 同上书，第 136 页。
④ 童世骏：《"美诺悖论"的认识论分析》，《哲学研究》1985 年第 3 期。

无策一些。"① 如何看待对象的客观性,如何规定人的认识和实践适恰的可能性?似乎有一条中间的道路——实践辩证法——是可以尝试的。也许它具有较好的解释性。第一,它能够在人和对象之间达到一种相对的统一。第二,这种统一性具有现实的基础。也就是说,既要看到这种统一的相对性,又要看到这种统一的客观确定性。这有别于柏拉图主义和休谟主义。总之,这种统一是历史的,而不是决定论的或非决定论的。对此,马克思有过较为清晰的论述。他说:"一个存在物如果在自身之外没有对象,就不是对象性的存在物。""对象性的存在物进行对象性的活动,如果它的本质规定中不包含对象性的东西,它就不进行对象性活动。它所以只创造或设定对象。"②

显然,人和对象处于彼此相互设定的关系中。如果人是历史的,那么,这种"设定"也就应该是历史的。"历史有惊人的相似之处"③,但是,历史也有惊人的相异之处。"相似之处"提供了从理论向实践飞跃的可能性,"相异之处"则显现了理性的有限性以及实践智慧的艰难性和必要性。就实践哲学的对象而言,尽管"设定"的统一性力量十分巨大,可是,对象的"非决定论"存在不会因此消失。历史的实践面对普遍的偶然性(Con-Tingency)存在。欲求、机遇以及所有与变幻无常高度相关所造成的复杂性、不确定性,使得生活世界深陷不可预知性。"审慎的理论家总是强调审慎的分析就开始于结构性断言的终结之处。"④ 亚里士多德认为实践智慧指涉的是那些不能被普遍必然性所决定的非典型性的历史行为。⑤ 历史的实践面对多元性存在。对于行为抉择而言,常常置身于复杂的实践情境中,与形而上学的理想的或者先验的主体不同,现实的实践主体每每具有

---

① 北京大学哲学系外国哲学史教研室:《古希腊罗马哲学》,生活·读书·新知三联书店1957年版,第190页。
② 《马克思恩格斯全集》第3卷,人民出版社2002年版,第324页。
③ 马克思的原话是:"黑格尔在某个地方说过,一切伟大的世界历史事变和人物,可以说都出现两次。他忘记补充一点:第一次是作为悲剧出现,第二次是作为笑剧出现。"(《马克思恩格斯文集》第2卷,人民出版社2009年版,第470页)
④ [美]罗伯特·哈里曼:《实践智慧在二十一世纪》上,刘宇译,《现代哲学》2007年第1期。
⑤ 苗力田:《亚里士多德全集》第8卷,中国人民大学出版社1994年版,第124页。

相互冲突的异质性价值需求，不同的主体之间，同一主体的不同时空境遇之间，个人利益和共同体利益之间，都要求一种恰当的具体性、境遇性的平衡或结合。因此，实践智慧在绝大多数情况下，都可以被看作是潜在不可通约的、复杂交错的各种视角的交融。也就是说，能够关照并最后超越历史性、情境性的不确定性存在的实践智慧，就是一种对各个内在的相互竞争的决定性变量的调适过程。而且，它还不能被"概括"为种种内蕴着普遍性迷失危险可能性的理智或德性具体规范。[1]

综上所述，实践唯物主义在道德价值论上坚守"现实的人"的价值实现这一实质性原则，使得道德哲学思维完全能够在重大道德关系问题上放弃形而上学这一形式性原则，进而避免和超越非道德主义。

三 作为"历史现象"的道德规范论

对道德规范的研究必须建立在实践唯物主义的"实践辩证法"的基础上。这里的"辩证法"，不是当代教科书式的，更不是黑格尔式的；而是苏格拉底式的，是彰显人的实践精神的，是作为对象化的主体精神的哲学意志，也就是实践的道德理性精神。这才是马克思"实践辩证法"的精神实质。在马克思实践辩证法看来，对象世界总是与人相关的，而"人"及其与之相关的一切都是变化的，只有这种变化是不变的，它既反对宿命，也反对绝对自由。在"唯物辩证法"看来，客观世界和人类世界不言而喻既是客观的，又是变化发展的。人及其道德行为、道德现象从整体上看随着社会关系的变化而变化，这就是客观的辩证法。道德哲学必须反映道德现象所包含的这种辩证性，体现客观辩证法和主观辩证法的统一。因此，马克思主义道德哲学反对把经验和理性割裂开来，反对经验论及其所导致的道德怀疑论、极端享乐主义、道德相对主义；反对唯理论及其所导致的道德独断论、禁欲苦行僧主义、道德绝对主义。在马克思主义道德哲学看来，根本不存在永恒的道德和道德规范，根本不存在绝对普遍适用的

---

[1] 苗力田：《亚里士多德全集》第8卷，中国人民大学出版社1994年版，第129页。

道德和道德规范。普世道德信条的理念，要么是糊涂的，要么是幻想的。除此之外，只有一种可能性，那就是欺骗的、虚伪的、豪夺的，也就是非道德主义的。

　　道德规范研究还必须建立在生产实践的基础之上。实践唯物主义道德哲学的建构原则是：只有在实践中，人及其道德行为、社会道德现象的性质及其变化过程、自然的本性及其与人的关系才能为人们所真正理解。人的本质只能通过实践来理解，实践是人的根本存在方式和本质活动，人的秘密就在人的实践活动中。要判明人是什么，首先要理解人的存在形式和活动方式是什么。"个人怎样表现自己的生活，他们自己就是怎样。因此，他们是什么样的，这同他们的生产是一致的——既和他们生产什么一致，又和他们怎样生产一致。"① 同时，实践还是伦理关系和道德规范的生成、变革的主宰力量。马克思认为，实践是人以自身的活动来引起、调整和控制人与自然之间物质变换的过程。在这种物质变换过程中，人们之间又必须结成一定关系并互换其活动。而且，实践的结果，在这个过程开始时，就已经在实践者头脑中作为目的以观念的形式存在着。这个目的同时还"作为规律"、作为包括道德在内的规范决定着实践者的活动方式和方法。因此，作为道德理念客体的伦理关系的实质，离开人，不管是在崇高的神性中，还是在世俗的自然性中，都不可能找到真理性的根据。道德规范如果离开人的历史的实践活动，就将成为不折不扣的非道德的"道德规范"。

　　综上所述，在实践唯物主义看来，人和包括人的道德规范在内的一切，都是在实践基础之上的自然历史过程。马克思说："我的观点是把经济的社会形态的发展理解为一种自然史的过程。"② 社会道德意识的发展既是"自然的"，又是"历史的"。夸大或否定道德规范的"自然性"会导致非道德主义，夸大或否定道德规范的"历史性"也会导致非道德主义。

---

① 《马克思恩格斯选集》第1卷，人民出版社2012年版，第147页。
② 《马克思恩格斯选集》第2卷，人民出版社2012年版，第84页。

第四章　非道德主义社会思潮的消极影响
——以大学生为例[*]

非道德主义社会思潮对于当代中国社会的影响是比较深刻而广泛的。从社会底层工农大众到从事精神生产的高级知识分子，从社会经济比较发达的沿海地区到发展相对滞后的内地，在感性社会行为中，在较为世俗的社会心理中，在较为抽象的社会意识形式中，都不同程度地存在着非道德主义思想观念或行为现象。非道德主义社会思潮对当代中国社会各阶层都产生了一定影响。而且这些影响，对于不同社会阶层和群体的影响是不同的。这些影响本身就具有复杂性。本章主要研究非道德主义社会思潮对于大学生的消极影响。随着中国现代化的发展，蕴含着"虚无主义"的非道德主义作为一种"现代性"病症[①]，对大学生和青年知识分子产生了比较明显的影响。"大学生"群体，在当代中国社会，具有特别的社会学和政治学意义。大学生群体是一股重要的社会政治和文化资源。在对于这种政治和文化资源的激烈争夺中，"天之骄子""精英""公民""接班人""八九点钟的太阳""第三、四代变色希望"等思想观点充分反映了中国教育领域

---

[*] 之所以以大学生作为研究对象，原因在于：第一，大学生中的非道德主义思潮影响是比较典型的；第二，本书的专业视域要求；第三，研究条件的限制；第四，更重要的是，以大学生作为个案是可能得出一些普遍性研究结论的。

① 有人认为，虚无主义和现代性之间具有密切的关系，虚无主义被看作是现代性的必然归宿。这种观点，虽然过于绝对，但是，从经验层面来看，确实，种种虚无主义流弊似乎可以实证"确定"这一态势。

激烈的意识形态角力①，教育的上层建筑本质和功能得到了淋漓尽致的展现。当然，并非所有的非道德主义思想语言行为都带有清晰可鉴的意识形态格调，但是，绝大多数非社会主义意识形态对当代中国大学生的道德思维和道德意识，施加着形形色色的非道德主义影响。有鉴于此，对非道德主义的研究，有必要扩展到大学生思想政治教育领域。笔者就非道德主义对当代中国大学生的影响进行了问卷调查，在北京、上海、重庆、广东、江苏、湖南、湖北、陕西、辽宁、内蒙古等省市区40所具有代表性的高校进行了问卷调查，共发放问卷2000份，回收有效问卷1902份②，经过分析，掌握了当代中国大学生受非道德主义社会思潮影响的规模、范围、程度、特点和危害的基本情况，从而为找到克服非道德主义社会思潮消极影响的有效对策，提供必要的经验根据和实证数据支持。

第一节 非道德主义社会思潮对当代中国大学生影响的表现

调查数据显示，包含于社会达尔文主义、新自由主义、反理性主义和后现代主义等社会思潮中的非道德主义价值观、历史观、人生观对于大学生的消极影响是清晰可见的。从范围来看，非道德主义社会思潮的影响表现在大学生伦理关系和道德生活的各个层面之中。从深

---

① 中西教育史实证明，青年教育历来备受重视。孔子提倡道德"可教"，开中国私学之先河。记载可鉴，孔子尤其重视青年才俊的教育。后继儒学更是发扬光大"大学"之"明德"精神。可以看出，百家之争常常体现于教育领域。这种争夺往往也异常激烈。苏格拉底因"败坏青年罪"之死，可鉴一般。现代中国，青年之争话题也是"历久弥新"。社会主义中国历来重视青年教育，将青年看作是国家的未来。毛泽东更是将中年人看作是早上八九点的太阳，是国家的希望。也因此，西方政治势力也从未放弃对于中国青年的意识形态渗透影响。美国前国务卿杜勒斯也曾几分绝望、几分不甘地将"和平演变"希望寄托在新中国的第三、第四代人身上。

② 我们在选择调查对象时，采取随机抽样方法，以保证样本的普遍性和完整性。分别就被调查者的年龄、性别、居住地、家庭年收入和政治面貌等基本情况及其与非道德主义问题的相关性进行分析和综合。18—23岁的人群占总人数的80.6%，女性与男性的比例为6∶4，城市居民占48.0%，84.5%的受调查者为本科学历，年收入1万—5万元的家庭占40.5%。

度上来看，非道德主义社会思潮的影响主要表现在大学生道德思维和道德价值判断的各种形式之中。在实践唯物主义看来，每一个人都生活在现实的社会关系之中，这种现实生活可以分为社会生活、家庭生活和个人生活等三个层面。因此，可以将非道德主义社会思潮对于当代大学生的消极影响，从社会公德、家庭道德和个人道德等三个方面，加以区分并分别考察。实证研究显示，在上述道德生活领域，大学生表现出了比较明显的工具论非道德主义、个体论非道德主义和自私论非道德主义的思想和行为。

一 工具论非道德主义

非道德主义社会思潮的消极影响首先表现在社会公德领域。社会公德具有两方面的含义。就广义而言，社会公德是"反映阶级和民族共同利益的道德"；就狭义而言，"社会公德就是人类在长期社会生活实践中逐渐积累起来的最简单、最起码的公共生活规则。"[①] 可见，社会公德就是"普遍道德"或"底线道德"。"社会公德是全体公民在社会交往和公共生活中应该遵循的行为准则"，主要内容包括"文明礼貌、助人为乐、爱护公物、保护环境、遵纪守法"等。[②] 这是当前中国思想政治理论教育领域共识性最高的社会公德定义。从伦理规范角度来说，社会公德是人们在社会公共生活中所应遵守的道德规范的总和，社会公德是道德运用在人类社会中最为基础的部分，是维护社会秩序和安定的重要保障。所以，社会公德具有非常明显的规范力量，具有强烈的"强制性"色彩。[③] 它内部所凝结的是对于社会与个人之间相互冲突的规定性、限定性的张力。由于非道德主义社会思潮的价值归宿是个人主义，因此，在社会公德问题上，这种个人主义的价值取向也必然表现出来。非道德主义社会思潮在逻辑前提上否定社

---

① 罗国杰：《伦理学》，人民出版社1989年版，第217页。
② http://www.people.com.cn/GB/shizheng/16/20011024/589496.html.
③ 一般而言，多数伦理学家认为法律规范具有强制性、他律性，道德规范具有自律性。其实，这里的区别是相对的。从根本上看，道德规范也是具有强制性的。康德就持这种观点。参见［德］康德《实践理性批判》，韩水法译，商务印书馆1999年版，第87页。

会力量对于个人本质存在的合法性，社会公德不具有内在价值意义，它不可能是目的理性，而只能够是一种工具理性。作为工具理性的社会公德，在非道德主义社会思潮看来，要么是自我的生活技术，要么是"他者"的剥夺借口，它只具有外在价值。非道德主义社会思潮在社会公德上所表现出来的道德工具性思维非常突出。

就调查结果来看，"非社会公德思想"，即"反"社会公德思想，对于大学生道德观念和行为的消极影响比较明显。在被调查学生中，明确表示会对陌生人进行必要帮助的人不到被调查人数的一半。人们在道德观念深处，在道德本体精神上表现出对于公德精神的疑虑或否定。在有关"道德本体论"的问卷题目中，对于"道德规范都是对人性的禁锢"一题，有19.2%的大学生表示"非常同意"和"比较同意"。这个题目否认道德的内在价值，否认道德事实或道德本体的存在，因此，是一个比较典型的非道德主义社会思潮命题。承认这种观点，就意味着，在根基、前提上否定了道德规范的存在和意义。这个数据显示，将近五分之一人的道德思维前提是非道德主义社会思潮的，道德被认同为是对人性进行禁锢的工具，道德本身被看作是与人的生活相矛盾的。对"生活中，一个讲道德的人常常吃亏，而不讲道德的人却占便宜"一题，高达25.7%的大学生表示"非常同意"或"比较同意"。显然，道德是在与他人相互关系的诸如"虑其后便"（韩非子）非道德思维中展开的。对于"道德是弱者的护身符"一题，高达26.0%的大学生选择"非常同意"或"比较同意"，这就意味着，在他们看来，道德不过是弱者的语言，是弱者的主张，是弱者保护自己的工具。于是，包括社会公德在内的所有道德规范的内在价值被否定了。

关于非道德主义社会思潮对于大学生社会公德意识和行为的消极影响，下面主要从"文明礼貌""助人为乐"和"爱护公物"等三方面具体考察。[1]

---

[1] 这里的"文明礼貌""助人为乐"和"爱护公物"不是日常自然语言，而是社会主义道德体系中有关社会公德的五大道德规范中的三个。其他两个是"保护环境""遵纪守法"。本节主要讨论"文明礼貌""助人为乐"和"爱护公物"。参见中共中央2001年9月20日颁发的《公民道德建设纲要》（中发〔2001〕15号）。

首先，非文明礼貌这一非道德现象还比较普遍，在"文明礼貌"方面还存在不小问题。"文明礼貌"是调整和规范人际关系的道德行为准则，它要求在人际交往中，在社会公共生活领域中，遵守道德规范，讲究礼节仪式，待人真诚、宽容、热情和礼让等。当代大学生的社会公德意识和行为，在整体趋势和主流上是积极的、良好的。但是，受非道德主义社会思潮消极因素影响，部分学生不文明问题还比较严重，在社会公德领域，道德双重人格的现象比较突出。这是因为，随着社会转型的不断深化，城市化进程的逐步延展，中国"熟人社会"结构正在转向"陌生人社会"。其影响是，一些人对于"熟人"常常彬彬有礼，而对于"陌生人"却冷漠无情。一项调查数据显示，比例不低的一部分人对"陌生人"不愿意搭讪，态度冷漠（见表4-1）。

表4-1　"如果一个陌生的饥饿者（非职业讨饭者）向您要几元钱买点吃的，您会怎么办？"调查结果　　单位：%

满足其要求，并主动询问其遇到什么困难，还需要哪些帮助	因害怕被欺骗而躲避、不理睬	说不清
40.2	23.4	36.4

资料来源：黄明理等：《当前我国公民社会公德信仰状况研究》，《东南大学学报》（哲学社会科学版）2008年第4期。

表4-2　"对于陌生人的求助不予理会"认同情况　　单位：%

	非常同意	比较同意	一般	比较不同意	非常不同意	总计
计数内的百分比	4.0	19.1	28.0	30.1	18.8	100.0

Chi-square test 检验：$df = 12$　　$p = 0.001 < 0.05$

从上述数据可以看出，虽然能够做出正确道德选择的人数（48.9%）高于不能做出正确道德选择的人数（23.1%）。但是，还有28.0%的大学生显然对于陌生求助者表现冷淡，没有表现出积极帮助的道德意愿。如果将这一部分大学生的行为归结为道德错误的类别，则对于陌生人的求助能够做出正确道德反应的人数（48.9%）

少于做出错误反应的人数（51.1%），而且略超过半数。与此相一致，对于"老人倒地不扶是一个明智的选择"一题，大学生也表现出类似的道德反应（又见表1-2）。

另外的一项调查也可以印证上述结论。研究者发现，"近半数大学生在扶跌倒老人问题上态度'较为模糊'，其中81.3%的大学生担心'借此讹人的事件很多，防人之心不可无'，表明当前大学生扶跌倒老人的道德信心不足，对社会诚信持悲观态度"。[1] 笔者认为，作为心理科学判断——即，作为事实判断，这里的"较为模糊"是可以成立的，但是，作为道德哲学判断——即，作为价值判断，这里的"较为模糊"是错误的。因为"较为模糊"是"不应该"的。

其次，在"助人为乐"方面，大学生的道德表现也还存在较大的提升空间。"助人为乐是社会主义道德建设的核心和原则在公共生活领域的体现，也是社会主义人道主义的基本要求。"[2] 受各种非道德主义社会思潮的影响，还有部分大学生并未真正感受到助人的道德快乐情感。一项抽样调查数据显示，67.8%的大学生参加过志愿服务活动，32.2%的大学生从未参加过志愿服务活动。在从未参加过志愿服务活动的大学生中，一半以上的人表示若有机会的话将会考虑参加，仅有12.0%的大学生明确表示不想参加志愿服务活动。[3] 该调查数据虽然表面看上去令人满意，但是，令人遗憾的是，进一步的数据分析显示，情况并不令人乐观。在参加志愿活动的大学生中，将近一半学生的动机是非志愿的、是非道德自觉的。其中，主要道德动机有"个人增加社会阅历""学校考核要求""就业需要"和"家长要求"等外在非道德的压力。个人行为方面，也有类似的情况。虽然"助人为乐"和"为人民服务"之间具有本质的区别，但是，"为人民服务"是高于"助人为乐"的，所以，在道德意识和道德行为中，在正常情况下，只要能够做到"为人民服务"，道德选

---

[1] 王迎应：《大学生道德观念与行为调查分析》，《思想教育研究》2016年第11期。
[2] 编写组：《思想道德修养与法律基础》，高等教育出版社2015年版，第120页。
[3] 王娟、郭丽萍：《首都大学生志愿服务活动的现状调查及分析》，《北京教育·德育》2012年第12期。

择上就应该做到"助人为乐"。可是，从下表可以看出，大学生对于"为人民服务"的自觉性还有很大提升空间。明确对"为人民服务"持否定态度的人数比例高达17.2%，持肯定态度的人数比例为49.2%（见表4-3）。

表4-3　　"'为人民服务'在当代市场经济社会已经变得不合时宜"调查结果　　单位：%

		人数（人）	百分比	有效的百分比	累积百分比
有效	非常同意	63	3.3	3.3	3.3
	比较同意	264	13.9	13.9	17.2
	一般	636	33.4	33.5	50.8
	比较不同意	672	35.3	35.4	86.2
	非常不同意	261	13.7	13.8	100.0
	总计	1896	99.7	100.0	—
遗漏	系统	6	0.3	—	—
总计		1902	100.0	—	—

再次，在"爱护公物"方面，也存在不小非道德主义问题。"爱护公物"就是要珍惜和保护社会、国家和集体的财产或劳动成果，并同破坏公共财产或劳动成果的行为作斗争。这是公民应该承担的责任和义务。当前，中国的社会公德问题比较突出，违反社会公德的现象较为普遍。比如，"公共场所水龙头的长流水和白天的长明灯现象比较严重，73.4%的人表示看到这种情况会立即去关掉它，只有6.5%的人抱着事不关己、熟视无睹的态度。值得注意的是，还有20.1%的人虽然不乏节约公共财物之心，可是，保护公共财物的情感和意志较脆弱，公共利益至上的公德信仰远未形成，一旦影响到了个人利益的实现，就不会去自觉地维护公共利益。"[①] 近年来，社会公德虽然情况有所好转，但是，整体状况仍然不容乐观。相同情况也反映在大

---

① 黄明理、宣云凤：《当前我国公民社会公德信仰状况研究：以江苏为例的抽样调查分析》，《东南大学学报》（哲学社会科学版）2008年第4期。

学生的社会公德状况之中。受种种非集体主义思潮的消极影响，部分学生在利益问题上秉持错误的个人主义。由于将个人看作是和社会、集体、他人相矛盾的，因此，就不可能真正做到爱护社会、集体的财物和劳动成果。大学校园里一直存在较为普遍的公共财物被破坏的现象，公共财物不能被正确对待的非社会公德现象也较为常见。调查数据显示，对于水龙头或电灯未关现象，分别有18.1%、19.0%的男女大学生表示不会立即去关掉水龙头或电灯。"爱护公物"绝不是一个小问题，它背后隐藏着人们的"公私"观念，反映一个人的社会历史观和价值观，也从整体上反映一个国家的文明发展程度。不能正确对待公物，就不可能正确认识"集体主义"和"社会主义"。因为，表现"公"的"集体主义"和"社会主义"与个人主义、利己主义所表现的"私"是直接对立的。下面数据对此作出了证明。从下表可以看出，大学生在公私关系问题上的道德表现，还存在一些亟待解决的问题。对于"先公后私"的社会主义道德要求，持否定态度的大学生人数高达16.6%，这个数据和否定"爱护公物"大学生的人数基本是一致的（见表4-4）。

表4-4 "先公后私"在当代中国仍然具有必要性的调查结果　　单位：%

		人数（人）	百分比	有效的百分比	累积百分比
有效	非常同意	204	10.7	10.8	10.8
	比较同意	678	35.6	35.8	46.5
	一般	699	36.8	36.9	83.4
	比较不同意	273	14.4	14.4	97.8
	非常不同意	42	2.2	2.2	100.0
	总计	1896	99.7	100.0	—
遗漏	系统	6	0.3	—	—
总计		1902	100.0	—	—

而对于共产主义道德的"大公无私"道德要求，大学生的道德认可度并不乐观。在对于题目"大公无私的现实基础是不存在的"

回答中，选择"非常不同意""比较不同意"的人数，即，具有比较积极道德认识的学生人数的比例仅为33.4%，持否定的、消极态度学生人数比例竟然高达31.8%，两种数字、两种态度旗鼓相当，差别不大。可以看出学生的"公"的道德观念还是相对薄弱的。

二 个体论非道德主义

非道德主义社会思潮的消极影响在家庭道德领域集中表现为个人主义思想和行为。家庭是构成社会的基本要素之一，是社会最为基本的存在形式。个人不能离开家庭，家庭生活是个人生活的重要内容之一。与此相关，家庭道德也是个人道德生活的最重要领域之一。这里所讲的家庭道德主要是指与家庭伦理关系对应的道德规范和要求，其主要内容有"赡养老人、尊敬长辈、彼此平等、相互尊重"等。[1] 当前，家庭道德也受到非道德主义社会思潮的消极影响，这些消极影响也反映在了大学生家庭道德生活之中。针对受调查大学生实际道德状态的研究发现，非道德主义社会思潮在家庭道德上所表现出来的个人主义非常明显。虽然大部分大学生在家庭道德方面表现良好，但是，还有为数不少的大学生家庭道德表现不佳。最突出的表现就是个人中心意识明显，缺乏责任、贡献和担当精神。

下面主要以亲子伦理关系为分析对象，考察大学生的家庭道德状况。调查数据显示，部分大学生在与父母的关系上，存在着较为明显的矛盾心态和道德双面人格的非道德主义现象。一方面，他们具有良好的家庭道德意识，明晰家庭道德生活的"应该"，知道在家庭伦理关系上应该遵循什么样的道德规范。另一方面，在家庭道德实践上，他们的道德能力又相对不足。也就是说，大学生的家庭道德知识水平与道德行为之间存在较为明显的落差。87.2%的大学生表示，对于父母的劳作感到不安。但是，72.7%的学生在个人消费时，大手大脚，表示并不介意经济因素。在亲子伦理关系上，表

---

[1] 参见中共中央2001年9月20日颁发的《公民道德建设纲要》（中发〔2001〕15号）。

现出比较明显的以自我为中心的个人主义道德思维和道德取向的特点。在对"'啃老'无可厚非,你的看法是"一题的回答中,虽然,我们看到了53.9%的大学生"比较不同意"和"非常不同意",看到了大多数大学生希望能够自食其力,但是,仍然有21.0%的大学生选择"非常同意"和"比较同意"。这么多大学生不介意将个人自我发展建立在"啃老"基础上,令人非常不安。独立自主精神是人的最基本道德特征,为社会创造新的财富是个人的立身之本,尊重父母的劳动果实并赡养父母是家庭道德的最基本要求,而"啃老"在上述三方面都已经超出道德底线。这么多大学生对于"啃老"现象不以为然,不能不让人感慨这种非道德思维现象的严重性(见表4-5)。

表4-5　　　　　　"'啃老'无可厚非"调查结果　　　　　　单位:%

		人数(人)	百分比	有效的百分比	累积百分比
有效	非常同意	84	4.4	4.4	4.4
	比较同意	315	16.6	16.6	21.1
	一般	474	24.9	25.0	46.1
	比较不同意	627	33.0	33.1	79.2
	非常不同意	393	20.7	20.8	100.0
	总计	1893	99.5	100.0	—
遗漏	系统	9	0.5	—	—
总计		1902	100.0	—	—

从表4-6可以看出,"啃老"意识因为年龄的增长而表现出明显减弱特点。18岁以下、18—20岁、21—23岁、24岁以上的大学生具有"啃老"意识的分别为27.3%、22.8%、20.2%、19.9%。但是,24岁以上的大学生,竟然仍有近五分之一的人认同"啃老"意识,还有25.0%的大学生对此没有表现出应有的道德良心问题。

表4-6　"年龄"与"'啃老'无可厚非"交叉的调查结果　　　　单位：%

<table>
<tr><th colspan="2" rowspan="2"></th><th colspan="5">"啃老"无可厚非</th><th rowspan="2">总计</th></tr>
<tr><th>非常同意</th><th>比较同意</th><th>一般</th><th>比较不同意</th><th>非常不同意</th></tr>
<tr><td rowspan="8">年龄</td><td rowspan="2">18岁以下</td><td>人数（人）</td><td>6</td><td>3</td><td>12</td><td>6</td><td>6</td><td>33</td></tr>
<tr><td>年龄内的百分比</td><td>18.2</td><td>9.1</td><td>36.4</td><td>18.2</td><td>18.2</td><td>100.0</td></tr>
<tr><td rowspan="2">18—20岁</td><td>人数（人）</td><td>33</td><td>108</td><td>147</td><td>192</td><td>138</td><td>618</td></tr>
<tr><td>年龄内的百分比</td><td>5.3</td><td>17.5</td><td>23.8</td><td>31.1</td><td>22.3</td><td>100.0</td></tr>
<tr><td rowspan="2">21—23岁</td><td>人数（人）</td><td>36</td><td>126</td><td>198</td><td>273</td><td>171</td><td>804</td></tr>
<tr><td>年龄内的百分比</td><td>4.5</td><td>15.7</td><td>24.6</td><td>34.0</td><td>21.3</td><td>100.0</td></tr>
<tr><td rowspan="2">24岁以上</td><td>人数（人）</td><td>9</td><td>78</td><td>117</td><td>156</td><td>78</td><td>438</td></tr>
<tr><td>年龄内的百分比</td><td>2.1</td><td>17.8</td><td>26.7</td><td>35.6</td><td>17.8</td><td>100.0</td></tr>
<tr><td colspan="2">总计</td><td>人数（人）</td><td>84</td><td>315</td><td>474</td><td>627</td><td>393</td><td>1893</td></tr>
<tr><td colspan="2"></td><td>年龄内的百分比</td><td>4.4</td><td>16.6</td><td>25.0</td><td>33.1</td><td>20.8</td><td>100.0</td></tr>
</table>

Chi-square test 检验：$df=12$　　　$p=0.001<0.05$

让人感到意外的是，群众大学生比党团员大学生的"啃老"意识要弱，而"啃老"意识最强的是少数党派的学生。他们在对于"'啃老'无可厚非"的回答中，选择"非常同意"和"比较同意"的学生人数竟然高达33.3%，远远高出其他大学生人群的比例（见表4-7）。

表4-7　"政治面貌"与"'啃老'无可厚非"交叉的调查结果　　　　单位：%

<table>
<tr><th colspan="2" rowspan="2"></th><th colspan="5">"啃老"无可厚非</th><th rowspan="2">总计</th></tr>
<tr><th>非常同意</th><th>比较同意</th><th>一般</th><th>比较不同意</th><th>非常不同意</th></tr>
<tr><td rowspan="8">政治面貌</td><td rowspan="2">中共党员</td><td>人数（人）</td><td>21</td><td>102</td><td>132</td><td>204</td><td>117</td><td>576</td></tr>
<tr><td>政治面貌内的百分比</td><td>3.6</td><td>17.7</td><td>22.9</td><td>35.4</td><td>20.3</td><td>100.0</td></tr>
<tr><td rowspan="2">共青团员</td><td>人数（人）</td><td>63</td><td>186</td><td>300</td><td>375</td><td>264</td><td>1188</td></tr>
<tr><td>政治面貌内的百分比</td><td>5.3</td><td>15.7</td><td>25.3</td><td>31.6</td><td>22.2</td><td>100.0</td></tr>
<tr><td rowspan="2">其他党派</td><td>人数（人）</td><td>0</td><td>6</td><td>3</td><td>9</td><td>0</td><td>18</td></tr>
<tr><td>政治面貌内的百分比</td><td>0.0</td><td>33.3</td><td>16.7</td><td>50.0</td><td>0.0</td><td>100.0</td></tr>
<tr><td rowspan="2">群众</td><td>人数（人）</td><td>0</td><td>21</td><td>39</td><td>39</td><td>12</td><td>111</td></tr>
<tr><td>政治面貌内的百分比</td><td>0.0</td><td>18.9</td><td>35.1</td><td>35.1</td><td>10.8</td><td>100.0</td></tr>
</table>

续表

		"啃老"无可厚非					总计
		非常同意	比较同意	一般	比较不同意	非常不同意	
总计	人数（人）	84	315	474	627	393	1893
	政治面貌内的百分比	4.4	16.6	25.0	33.1	20.8	100.0

Chi-square test 检验：df = 12　　p = 0.001 < 0.05

生源地分别为大城市、中小城市、乡镇和农村的大学生，有明确"啃老"意识的分别为 26.4%、21.6%、20.3% 和 15.5%。可以看出，大城市和农村生源地的大学生在这一现象上的差异非常突出，前者人数是后者人数的约 1.7 倍。几种人群"啃老意识"强度呈现出非常明显的台阶式分布格局（见表4-8）。

表4-8　"出生地"与"'啃老'无可厚非"交叉调查结果　　单位：%

			"啃老"无可厚非					总计
			非常同意	比较同意	一般	比较不同意	非常不同意	
出生地	大城市	人数（人）	30	63	93	102	63	351
		出生地内的百分比	8.5	17.9	26.5	29.1	17.9	100.0
	中小城市	人数（人）	33	132	207	246	144	762
		出生地内的百分比	4.3	17.3	27.2	32.3	18.9	100.0
	乡镇	人数（人）	6	69	69	171	54	369
		出生地内的百分比	1.6	18.7	18.7	46.3	14.6	100.0
	农村	人数（人）	15	48	105	108	132	408
		出生地内的百分比	3.7	11.8	25.7	26.5	32.4	100.0
总计		人数（人）	84	312	474	627	393	1890
		出生地内的百分比	4.4	16.5	25.1	33.2	20.8	100.0

Chi-square test 检验：df = 12　　p = 0.000 < 0.05

在道德本体论、道德认识论、道德价值论等观念基本相近的情况下,"啃老"意识之间的这种明显的差异只能合理地理解为,农村生源地大学生和大城市大学生相比,无富老可"啃",而不能理解为农村生源地大学生在家庭道德方面更加独立,更加具有责任心。从表4-9可以看出,家庭年总收入为小于等于1万、2万—5万、6万—10万、11万—20万、大于等于21万的大学生认同"啃老"意识的人数分别为19.5%、21.8%、19.2%、19.0%、27.4%。在非特别富裕家庭总收入的大学生中,"啃老"道德意识没有明显差异。这意味着,在一般家庭,父母无论贫富,都面对着具有相同"啃老"度的子女。

表4-9　"家庭年总收入"与"'啃老'无可厚非"交叉调查结果　　单位:%

			非常同意	比较同意	一般	比较不同意	非常不同意	总计
家庭年总收入	小于等于1万	人数(人)	9	18	33	30	48	138
		家庭年总收入内的百分比	6.5	13.0	23.9	21.7	34.8	100.0
	2万—5万	人数(人)	33	93	102	192	156	576
		家庭年总收入内的百分比	5.7	16.1	17.7	33.3	27.1	100.0
	6万—10万	人数(人)	18	84	153	201	75	531
		家庭年总收入内的百分比	3.4	15.8	28.8	37.9	14.1	100.0
	11万—20万	人数(人)	12	66	108	141	84	411
		家庭年总收入内的百分比	2.9	16.1	26.3	34.3	20.4	100.0
	大于等于21万	人数(人)	12	48	75	54	30	219
		家庭年总收入内的百分比	5.5	21.9	34.2	24.7	13.7	100.0
总计		人数(人)	84	309	471	618	393	1875
		家庭年总收入内的百分比	4.5	16.5	25.1	33.0	21.0	100.0

Chi-square test 检验:$df=16$　　$p=0.000<0.05$

从母亲职业看,存在较为明显的城乡区别、干群区别。农林牧渔业母亲从业者子女的"啃老"意识明显低于其他人群。这些数据显示,"啃老"意识和家庭经济水平关联度不高,但是与母亲职业关联度较高。这说明"啃老"意识在家庭经济景气较差大学生中较低的原因,不是他们没有这种意识,而是没有这种条件。其道德动机方面的表现显然是不能令人满意的。换言之,在亲子伦理关系上,个人主义道德价值取向和家庭经济状况之间没有清晰关联。中国传统伦理文化中的"家穷出孝子"的情况,在调查中,没有获得明显的数据支持(见表4-10)。

表4-10 "母亲职业"与"'啃老'无可厚非"交叉调查结果 单位:%

			"啃老"无可厚非					总计
			非常同意	比较同意	一般	比较不同意	非常不同意	
母亲职业	党政机关、人民团体、军队	人数(人)	15	78	120	210	75	498
		母亲职业内的百分比	3.0	15.7	24.1	42.2	15.1	100.0
	专业技术	人数(人)	18	57	96	78	39	288
		母亲职业内的百分比	6.3	19.8	33.3	27.1	13.5	100.0
	个体经营、商业、服务业	人数(人)	27	114	108	141	105	495
		母亲职业内的百分比	5.5	23.0	21.8	28.5	21.2	100.0
	农林牧渔业及其他	人数(人)	21	54	141	189	171	576
		母亲职业内的百分比	3.6	9.4	24.5	32.8	29.7	100.0
总计		人数(人)	81	303	465	618	390	1857
		母亲职业内的百分比	4.4	16.3	25.0	33.3	21.0	100.0

Chi-square test 检验:$df=12$　　$p=0.000<0.05$

三 利己论非道德主义

当代大学生在个人道德生活领域的表现,主流是积极而健康的。但是,也有部分学生道德表现欠佳,表现出明显的非道德主义倾向。对"'为人民服务'在当代市场经济社会已经变得不合时宜"一题,49.2%的学生选择"比较不同意"和"非常不同意"。17.2%的学生则选择"非常同意"或"比较同意"。对"自己的行为由自己的好恶和利益来决定,无需考虑别人的感受"一题,55%的学生选择"比较不同意"和"非常不同意"。19.8%的学生则选择"非常同意"或"比较同意"(见表4-3和表4-11)。这两组数据是比较吻合的。但是,也应该看到,在对这两个问题回答中,做出正确回答的学生比例,都没有过半。下面具体论述。

表4-11 "自己的行为由自己的好恶和利益来决定,无须考虑别人的感受"调查结果 单位:%

		人数(人)	百分比	有效的百分比	累积百分比
有效	非常同意	75	3.9	4.0	4.0
	比较同意	300	15.8	15.8	19.8
	一般	477	25.1	25.2	45.0
	比较不同意	681	35.8	36.0	81.0
	非常不同意	360	18.9	19.0	100.0
	总计	1893	99.5	100.0	—
遗漏	系统	9	0.5	—	—
总计		1902	100.0	—	—

第一,以自我为中心,对社会和他人道德利益的关切度不够高。非道德主义社会思潮的最直接表现就是对于自身行为的放任,只考虑满足自身利益和需要,忽视甚至不考虑家庭、集体和社会的共同需要和利益。对于"若不首先保障个人利益,集体利益就不能实现"一题,选择"比较不同意"和"非常不同意"的人数比例之和仅达到14.3%,而表示"比较同意"和"非常同意"的人数比例之和竟然高达55%。可以看出,在群己关系问题上,大学生非道德的利己主义表现是比较严重的(见表4-12)。

一些大学生甚至为了自己的口舌之快,而不惜恶语伤人,影响甚至破坏社会公共道德氛围。这主要表现在网络道德问题上。如在对于"在网上可以说一些在现实生活中不能说、不敢说、不愿说的事"一题的回答中,我们看到有37.6%的大学生选择"非常同意"和"比较同意",这么高的比例让我们为网络上充斥着的道德"流言蜚语"

找到了一个根源。对此,我们应当给予充分重视。网络的功能和作用是巨大的,影响也是深远的。不负责任的肆意妄为对于良好社会秩序有着很大的破坏力(见表4-13)。

表4-12　"若不首先保障个人利益,集体利益就不能实现"交叉调查结果　　单位:%

		人数(人)	百分比	有效的百分比	累积百分比
有效	非常同意	225	11.8	11.9	11.9
	比较同意	816	42.9	43.1	55.0
	一般	582	30.6	30.7	85.7
	比较不同意	231	12.1	12.2	97.9
	非常不同意	39	2.1	2.1	100.0
	总计	1893	99.5	100.0	—
遗漏	系统	9	0.5	—	—
	总计	1902	100.0	—	—

表4-13　"在网上可以说一些在现实生活中不能说、不敢说、不愿说的事"调查结果　　单位:%

		人数(人)	百分比	有效的百分比	累积百分比
有效	非常同意	138	7.3	7.3	7.3
	比较同意	573	30.1	30.3	37.6
	一般	603	31.7	31.9	69.4
	比较不同意	426	22.4	22.5	91.9
	非常不同意	153	8.0	8.1	100.0
	总计	1893	99.5	100.0	—
遗漏	系统	9	0.5	—	—
	总计	1902	100.0	—	—

第二,道德感情冷漠,道德意志薄弱,对于社会和他人的道德责任意识和道德勇气表现不够强烈。非道德主义社会思潮对社会道德状况的破坏力也体现在道德情感世界。非道德主义一般都漠视他人的道

德感情，缺乏道德激情和道德冲动。道德冷淡、道德无能就是非道德主义社会思潮的具体表现。马克思说过："人的本质不是单个人所固有的抽象物，在其现实性上，它是一切社会关系的总和。"① 人生活在社会中，每天、每时、每刻都在和他人发生着各种各样的关系，人与人之间的情感在这样的关系中起到促进和谐、友好、良善和互相帮助等道德关系的作用。但是非道德主义社会思潮注重个人的私利，对于他人表现出明显的道德冷漠情感和自私自利行为趋势。这会极大地破坏人与人之间的道德信任关系，破坏社会道德情感，阻碍社会道德发展。在对于调查题目"老人倒地不扶是一个明智的选择，你怎么看待"的回答中，合计22.8%的大学生选择了"非常同意"和"比较同意"这两种观点（见表4-14）。从这一比例可以看到，非道德主义社会思潮对于社会道德发展的破坏性作用，已经到了不容忽视的严重地步了。这些人缺乏诚信和社会责任感，不能够担负起作为社会个体应该承担的对于家庭、集体、国家和社会的责任和义务，只关心自己及血缘关系以内的人和事物，对于自己"毫不相关的他人"采取道德漠视的态度，对他人遭受的苦难视而不见。这种可能以"血缘关系""熟人社会关系"为基础的道德态势势必导致道德行为方面的自私、冷酷，而这样的自私、冷酷已成为社会道德精神文明发展的较大阻碍因素之一。

表4-14　"老人倒地不扶是一个明智的选择，你怎么看待"调查结果　　单位：%

		人数（人）	百分比	有效的百分比	累积百分比
有效	非常同意	75	3.9	4.0	4.0
	比较同意	357	18.8	18.8	22.8
	一般	531	27.9	28.0	50.8
	比较不同意	570	30.0	30.1	80.9
	非常不同意	363	19.1	19.1	100.0
	总计	1896	99.7	100.0	—

① 《马克思恩格斯选集》第1卷，人民出版社2012年版，第139页。

续表

		人数（人）	百分比	有效的百分比	累积百分比
遗漏	系统	6	0.3	—	—
总计		1902	100.0	—	—

第三，片面追求个人利益，在道德判断和道德行为选择中，道义所发挥的作用明显不足。利己主义的最基本内容就是一切以个人利益为重，忽视情感和他人利益，不能辩证处理道义和利益的关系。调查数据显示，这种情况在大学生群体中也有较为严重的表现。对于"世界上没有永远的朋友，只有永远的利益，你怎么看待"一题，我们发现有高达30.9%的大学生选择"非常同意"和"比较同意"这两种观点。只顾自己利益而忽视甚至践踏他人利益的行为，势必会造成社会不安定和人际矛盾。对于人和事物的衡量标准只是视结果而定，忽视动机、条件、情感等其他重要因素，势必会出现否定人的主观能动性的结果。如在对于题目"财富的多少和社会地位高低是衡量一个人成功与否的标准"的回答中，我们看到，还有28.6%的大学生选择"非常同意"和"比较同意"。在题目"有钱能使鬼推磨，你怎么看待"中，发现31.6%的大学生选择了"非常同意"和"比较同意"这两种观点（见表4-15）。这表明大学生对于自己义利观的认识是非常清楚而坚定的。显然，人生成功的标准不只是金钱和地位，仅仅视拥有金钱的多少而衡量人生价值，必将陷入拜金主义，必将蜕变成为非道德主义者。

表4-15　　　"有钱能使鬼推磨，你怎么看待"调查结果　　　单位：%

		人数（人）	百分比	有效的百分比	累积百分比
有效	非常同意	141	7.4	7.4	7.4
	比较同意	459	24.1	24.2	31.6
	一般	774	40.7	40.8	72.5
	比较不同意	423	22.2	22.3	94.8
	非常不同意	99	5.2	5.2	100.0
	总计	1896	99.7	100.0	—

续表

		人数（人）	百分比	有效的百分比	累积百分比
遗漏	系统	6	0.3	—	—
	总计	1902	100.0	—	—

第四，目光狭隘，道德标准模糊，"道德精神分裂"问题比较突出。[①] 经验世界里的非道德主义者常常目光狭隘，只顾眼前利益，而缺乏长远视野。他们从事任何事情都会过分考虑做这件事情能够给自己带来什么好处。当然，在他们那里，道德标准常常是和"过分的"利益主张紧密地联系在一起的。在对题目"人们行为的道德价值是由评价者的利益和好恶所决定的，你怎么看待"的回答中，35.9%的大学生选择了"非常同意"和"比较同意"。我们知道，如果道德标准就是评价者的利益的话，那么，就不存在社会，更不存在道德了。一个社会，礼法制度无法贯彻实施，道德人文无法普及，人们就可以无视一切，只要自己有利益即可。这对于社会和个人而言，都是极其危险的。奇怪的是，"公地悲剧"中的那种道德投机意识成为这种非道德社会行为的直接动因。[②] 人们似乎在道德意识中，并不认可自私观念，可是，在自己的具体行为中，却总是选择自私行为。道德观念和道德行为之间，表现出比较明显的落差。在对于"自己有时会做出一些不合乎道德规范事情的原因是：糊涂了，道德判断发生紊乱"一题

[①] "道德精神分裂"，即，甚至对自己都不能执行统一的正常的道德标准。因此，罹患"道德精神分裂"的人，他的道德角色是不统一的，他甚至可以随时在高尚和卑劣之间毫无障碍地实现道德角色转化，在天使和恶魔之间实现角色转化。参见［德］埃利希·诺依曼《深度心理学与新道德》，高宪田、黄水乞译，东方出版社1998年版，第2页。

[②] "公地悲剧"（The Tragedy of Commons），一个只能自己个人做道德例外而最终导致所有人都受到损失或惩罚的博弈论模型。1968年，美国生态学家格雷特·哈丁在《科学》杂志上发表了一篇题为《公地悲剧》的文章，用生活中的事例阐述了这个经济学道理。在16世纪初的英格兰，村庄都有一块可共享的牧场公地（Commons）。贵族、地主，甚至普通村民（Commoners，公地人）都可以使用这些牧场。由于每个人都想在这块土地上尽量多养牛羊而又想别人不会这么做，这些牧地最后遭到过度利用而成为不毛之地，只能被废弃。参见［以］阿维亚德·海菲兹《博弈论：经济管理互动策略》，刘勇译，格致出版社、上海人民出版社2015年版，第80页。

的回答中，可以看出，竟然有 34.7% 的人选择了"非常同意"或"比较同意"（见表 4-16）。

表 4-16 "自己有时会做出一些不合乎道德规范事情的原因是：糊涂了，道德判断发生紊乱"调查结果　　单位：%

		人数（人）	百分比	有效的百分比	累积百分比
有效	非常同意	135	7.1	7.2	7.2
	比较同意	516	27.1	27.5	34.7
	一般	750	39.4	39.9	74.6
	比较不同意	420	22.1	22.4	97.0
	非常不同意	57	3.0	3.0	100.0
	总计	1878	98.7	100.0	—
遗漏	系统	24	1.3	—	—
总计		1902	100.0		

第二节　非道德主义社会思潮对当代中国大学生影响的途径和原因

非道德主义社会思潮不仅对于整个社会道德生活的和谐有序展开造成很大的负面影响，而且对于高校思想政治教育的实效性造成不小冲击。因此，我们必须认真研究非道德主义社会思潮在大学生中得以发生作用的途径和根源，以便找到切实可行的应对之策。大学生为何容易受到非道德主义社会思潮的影响呢？在实践唯物主义看来，"感性世界绝不是某种开天辟地以来就直接存在的、始终如一的东西，而是工业和社会状况的产物，是历史的产物，是世世代代活动的结果，其中每一代都立足于前一代所奠定的基础上，继续发展前一代的工业和交往，并随着需要的改变而改变它的社会制度"。[①] 任何社会意识，包括道德意识在内，都不是凭空产生的。大学生非道德主义思想意识，无非就是外界思想和现实生活实践的产物。下面具体分析非道德

---

① 《马克思恩格斯选集》第 1 卷，人民出版社 2012 年版，第 155 页。

主义社会思潮在大学生中传播的途径及其产生影响的主要根源。

一 发生影响的途径

非道德主义思潮和其他社会思潮一样,都是沿着一定的途径来影响大学生思想的。在实践唯物主义看来,道德意识来源于道德生活,个人的道德知识来自于道德教育和道德实践。非道德主义社会思潮也无非就是通过人们的日常道德生活和道德实践发生影响的。因此,我们只能从大学生的实际道德生活实践中寻找非道德主义社会思潮发生影响的具体途径。在调查问卷中,从大学生对于自己道德知识来源的回答里,我们看到,有34.0%的受调查大学生的第一位道德知识来源途径为"课堂教学",25.2%大学生的第二位来源途径为"家庭影响",20.2%大学生的第三位来源途径为"影视剧作"(见表4-17)。可以看出,大学生的道德知识来源途径较为多样、广泛,而其中比较集中的,主要有学校课堂教学、家庭成员影响、影视剧作和小说传记报刊等。这基本反映出大学生道德意识和道德知识的产生和确立的最基本特点——即,大学生道德观的形成是和外在的"道德教育"、内生的"道德修养"直接联系在一起的。在道德知识形成途径上的"间接性""学习性"色彩较为浓厚。

表4-17　　　　　大学生道德知识来源调查结果　　　　单位:%

道德知识来源	第一	第二	第三	第四	第五	第六	第七	第八	第九
课堂教学	34.0	34.7	8.1	5.0	3.2	5.2	3.7	1.6	1.0
家庭影响	32.9	25.2	9.8	6.3	4.7	5.8	7.1	4.7	0.5
影视剧作	7.4	10.3	20.2	13.1	11.3	10.8	11.8	10.5	1.1
文学书刊	4.8	6.5	15.3	19.7	11.1	13.4	13.7	11.5	0.5
学术讲座	3.7	6.1	9.8	15.6	15.6	15.6	14.7	13.9	1.0
网络媒体	6.5	4.8	12.4	14.7	14.4	18.1	12.4	12.4	1.1
道德学术著作	3.4	4.4	9.5	11.9	17.6	17.9	18.5	12.7	0.8
同学交流	3.2	4.7	11.3	9.8	16.8	8.4	13.2	27.1	2.6
其他	0.8	0.2	0.3	0.3	1.6	1.1	1.5	1.9	87.7

社会环境对于人的道德意识和道德知识的影响是巨大的。马克思说过:"人的本质不是单个人所固有的抽象物,在其现实性上,它是一切社会关系的总和。"① 人是具有社会关系的人,其思想的形成和发展是离不开社会环境的,因此,社会环境对于人的影响作用是不可忽视的。在马克思"实践的唯物主义"看来,一方面,人创造了环境,另一方面,环境也创造了人。"人创造环境,同样环境也创造人。"②"环境是由人来改变的,而教育者本人一定是受教育的……环境的改变和人的活动或自我改变的一致,只能被看作是并合理地理解为革命的实践。"③ 在人的成长过程中,学校、家庭和社会等环境,都在各个时期不同程度地影响、决定着人们世界观、人生观和价值观的形成和发展。"人们的观念、观点和概念,一句话,人们的意识,随着人们的生活条件、人们的社会关系、人们的社会存在的改变而改变。"④ 因此,社会道德环境变化对于人们道德观的影响是深远的。当代中国在改革开放过程中取得了很大的道德成就,但是,也存在不少问题。虽然"道德滑坡论""道德危机论""道德沦丧论"未免言过其实,但是,一些严重道德问题的存在是不争的事实。大学生今天所面对的道德环境,存在不少负面因素,这给大学生道德观的健康发展造成很大困扰。调查数据显示,在对"您对当代中国社会道德状况的总体评价是"一题的回答中,选择"比较差"和"非常差"的大学生总计23.7%,而回答"非常好"和"比较好"的大学生总计为16.4%(见表4-18)。

虽然对当前的道德状况评价不高,并不一定会导致非道德主义行为,但是,它一定会或多或少地影响大学生做出正确的道德评价。调查数据显示,对"自己有时会做出一些不合乎道德规范事情的原因是:大家都是这样做的"一题,竟然有高达49.9%的大学生选择了"非常同意"或"比较同意"(见表4-19)。对"自己有

---

① 《马克思恩格斯选集》第1卷,人民出版社2012年版,第139页。
② 同上书,第172—173页。
③ 同上书,第134页。
④ 同上书,第419—420页。

时会做出一些不合乎道德规范事情的原因是：如果不这样做，就会被孤立"一题，竟然有高达44.7%的大学生选择了"非常同意"或"比较同意"（见表4-20）。这说明，道德环境对大学生的影响是非常明显的。

表4-18 "您对当代中国社会道德状况的总体评价是"调查结果　　单位：%

		人数（人）	百分比	有效的百分比	累积百分比
有效	非常好	30	1.6	1.6	1.6
	比较好	270	14.2	14.8	16.4
	一般	1092	57.4	59.9	76.3
	比较差	387	20.3	21.2	97.5
	非常差	45	2.4	2.5	100.0
	总计	1824	95.9	100.0	—
遗漏	系统	78	4.1	—	—
总计		1902	100.0	—	—

表4-19 "自己有时会做出一些不合乎道德规范事情的原因是：大家都是这样做的"调查结果　　单位：%

		人数（人）	百分比	有效的百分比	累积百分比
有效	非常同意	114	6.0	6.0	6.0
	比较同意	828	43.5	43.9	49.9
	一般	672	35.3	35.6	85.5
	比较不同意	231	12.1	12.2	97.8
	非常不同意	42	2.2	2.2	100.0
	总计	1887	99.2	100.0	—
遗漏	系统	15	0.8	—	—
总计		1902	100.0	—	—

表 4-20　"自己有时会做出一些不合乎道德规范事情的原因是：如果不这样做，就会被孤立"调查结果　　单位：%

		人数（人）	百分比	有效的百分比	累积百分比
有效	非常同意	102	5.4	5.4	5.4
	比较同意	741	39.0	39.3	44.7
	一般	720	37.9	38.2	82.8
	比较不同意	267	14.0	14.1	97.0
	非常不同意	57	3.0	3.0	100.0
	总计	1887	99.2	100.0	—
遗漏	系统	15	0.8	—	—
总计		1902	100.0		

除了社会大环境以外，学校、家庭的小环境是大学生道德意识和道德知识形成和变化的另一个重要途径。学校是学生进行学习的重要场所，学校教育及其成果贯穿于一个人成长的各重要时期。在问卷中，我们看到，有 34.0% 和 34.7% 的大学生将"学校课堂教学"列为第一位和第二位，充分显示了学校教育在大学生教育生涯中的重要地位。家庭是一个人生活的最初环境，从不谙世事到懂事明理，家庭的基础地位是不可替代的，父母的影响是最直接的。所以，一个家庭的社会地位、知识背景和父母关系等基本情况都会对孩子的成长产生重要影响并一直发挥作用。我们在问卷调查中看到，对道德知识的来源，有 32.9% 和 25.2% 大学生分别将"家庭成员影响"分别置于第一位和第二位。并且，调查结果还显示，一个人的道德行为受家庭教育影响最大（67.1%），显示出家庭教育对大多数人道德行为的重要作用。个人价值观影响（62.5%）和社会道德观念（39.2%）次之。而经济发展程度（33.4%）及学校教育（31.7%）影响了超过三分之一受调查者的道德行为，显示出大学生道德观影响因素的主要来源和途径（见表 4-21）。

表 4-21　　　　　　　道德行为影响因素调查结果　　　　　单位：%

道德行为受什么影响最大	选项一	选项二	选项三	合计百分比
个人价值观	61.9	0.3	0.3	62.5
经济发展程度	15.4	17.0	1.0	33.4
传统文化	9.9	13.8	2.4	26.1
社会道德观念	7.0	25.0	7.2	39.2
社会风俗	3.9	15.1	9.0	28.0
家庭教育	1.1	23.7	42.3	67.1
学校教育	0.0	0.6	31.1	31.7
其他	0.0	0.00	1.3	1.3

在当代中国，虽然学校和家庭环境的道德面貌整体上是积极健康的，但是，也不可否认，学校和家庭同时也是非道德主义社会思潮竭力渗透的一个热点领域，学校和家庭也存在较为突出的非道德主义现象，并对青少年的道德状况产生消极影响。在现代信息社会背景下，高等学校已经成为强大的信息生产和接受平台，信息技术为各种信息的迅速传播提供了物质保障和条件。研究表明，非道德主义社会思潮信息在这一平台还有不小的影响力。一些非道德主义学者或代表性人物，就活跃在高等教育领域。某些非道德主义社会思潮，如后现代主义、新自由主义、民粹主义、历史虚无主义和"新左派"等，在高校的影响力甚至超过了它们在社会上的影响力。

在学校和家庭这两个影响最为显著的环境之外，一个人的成长还与他所接触的其他社会环境有关。各种媒体是我们在进行非道德主义影响研究时不可忽略的重要途径，如电影、电视、广播等传统电子媒体，还包括图书、报纸等传统纸质媒体，还有当代传播最为广泛的互联网、手机等"新媒体"。笔者在问卷调查中发现，紧随"课堂教学"和"家庭影响"这两个较为重要影响因素之后的就是"影视剧作""文学书刊"和"网络媒体"。在"第三位"影响因子的答案中分别占到20.2%、15.3%和12.4%（又见表4-17）。

二　发生影响的原因

部分大学生之所以能够被非道德主义社会思潮所侵蚀、影响，这是有宏观社会背景和微观个人生活等现实原因的。改革开放近 40 年来，中国的经济建设和社会现代化建设取得了巨大成就，中国社会进入了一个崭新的历史时代，"现代性"甚至"后现代性"的一些社会表征也呈现了出来。物质主义、消费主义、文化多元主义甚至虚无主义都有所表现，有时甚至表现抢眼。在物质生活越来越丰富的当下，社会中的非道德事件却屡见不鲜，精神空虚、缺失信仰、见利忘义、不讲诚信等已经成为比较突出的社会问题。而这一切，在今天，也渗透到高等学校，表现在大学生的日常生活之中了。从大学生个人情况来看[1]，究其根源，主要有以下几个方面。

第一，行为从众心理强。从众心理（Herd Mentality）是指个人受到外界人群行为的影响，而在自己的知觉、判断和认识上表现出符合于公众舆论或多数人的社会心理和行为方式。美国社会心理学家所罗门·阿希（Solomon Asch）曾进行过从众心理实验[2]，结果显示，在测试人群中仅有 1/4—1/3 的被试者没有发生过从众行为，保持了独立性。可见，它是一种常见的强心理现象。在人的普通心理现象中，"从众性"是与"独立性"相对立的一种意志品质；从众性强的人常常缺乏主见，易受暗示，容易不加分析地接受别人意见并付诸实行。我们在问卷调查中也发现，在对于"自己有时会做出一些不合乎道德规范事情的原因是：如果不这样做，就会被孤立"一题的回答中，49.9% 的大学生选择"大家都是这样做的"，44.7% 的大学生认为"如果不这样做，就会被孤立"，普遍的从众心理现象，反映出大学生自我意识弱化、独立性较差的一面。在人群中，面对诱惑或容易引发分歧的道德事实或道德现象，常常人云亦云，没有自己的独立思

---

[1] 大学生受非道德主义社会思潮影响的原因是多方面的，有社会原因、学校原因，也有个人方面原因。前两个原因前文已经进行了分析考察，这里只讨论个人方面的原因。

[2] ［美］保罗·克雷曼：《心理学经典读本》，苗华建译，当代中国出版社 2014 年版，第 52 页。

想,很容易出现茫然不知所措的道德迷茫或道德失范、道德失误状况(又见表4-20)。

第二,道德自律性差。在马克思看来,"道德的基础是人类精神的自律,而宗教的基础则是人类精神的他律。"① 如果没有"人类精神的自律",道德就既不可能产生,也不可能存在并发挥作用。"人类精神自律"就是"人类不能完全摆脱的良心"。在实践唯物主义看来,这种良心不是康德道德哲学语义下的"善良意志",而是人的现实的、真正的"道德能动性""道德自由"。这种"道德自由"是对于伦理必然性的超越。它一方面驱动了善的行为,另一方面杜绝了恶的发生。因此,所谓自律,概括地说,就是对于善性的激励与鼓动,就是对于恶性的限制和拒斥。在现实生活中,人们会因为各种"非真正恶动机"原因做出一些不合乎道德规范的事。对此,在调查问卷中,笔者看到52.8%的大学生将其原因归结为"……对自己有好处,有利于实现自己的目标"(见表4-22),同样,53.0%的大学生选择"……对自己要求不严格,自律性差"(见表4-23)。很多大学生在利益和道义的天平上,往往会因为利益、欲望压倒了道德自律,最终去做了一些不合乎道德规范的事。一言以蔽之,许多大学生就是因为缺乏道德自律意志,从而违背道德规范,做出非道德行为。

表4-22 "自己有时会做出一些不合乎道德规范事情的原因是:对自己有好处,有利于实现自己的目标"调查结果　单位:%

		人数(人)	百分比	有效的百分比	累积百分比
有效	非常同意	189	9.9	10.0	10.0
	比较同意	807	42.4	42.8	52.9
	一般	684	36.0	36.3	89.2
	比较不同意	177	9.3	9.4	98.6
	非常不同意	27	1.4	1.4	100.0
	总计	1884	99.1	100.0	—

① 《马克思恩格斯全集》第1卷,人民出版社1995年第2版,第119页。

续表

		人数（人）	百分比	有效的百分比	累积百分比
遗漏	系统	18	0.9	—	—
	总计	1902	100.0	—	—

表4-23　"自己有时会做出一些不合乎道德规范事情的原因是：对自己要求不严格，自律性差"调查结果　　单位：%

		人数（人）	百分比	有效的百分比	累积百分比
有效	非常同意	180	9.5	9.6	9.6
	比较同意	816	42.9	43.4	53.0
	一般	612	32.2	32.5	85.5
	比较不同意	228	12.0	12.1	97.6
	非常不同意	45	2.4	2.4	100.0
	总计	1881	98.9	100.0	—
遗漏	系统	21	1.1	—	—
	总计	1902	100.0	—	—

第三，失德惩治力度不够。当前社会之所以频繁出现不道德事件，还有一个很大因素是，社会对不道德行为所采取的惩治力度过小，一个不道德行为如果"成功"，可以带来巨大利益，即使失败，代价也很小。失德成本过低，有人就会铤而走险。杜拉凯姆认为："惩罚的本质功能，不是使违规者通过痛苦来赎罪，或者通过威慑去恐吓可能出现的仿效者，而是维护良知。因为违规行为能够而且必然会搅乱信念中的良知，即使它们本身并没有意识到这一点。这种功能需要向它们表明，这种信仰仍然是正当的。"[①] 所以，合理的道德惩罚的力度在于，它能够保证使得类似非道德行为在将来不会再次发生，如果一种道德惩罚不能起到这样的警戒作用，那么，这种道德惩戒就是错误的，就是没有意义的，甚至可以说，与其说它是一种警

[①] [法]涂尔干：《道德教育》，陈金光等译，上海人民出版社2006年版，第123页。

戒，还不如说它是一种"教唆"。在这样的惩治力度下，出现不道德行为就似乎是一件很正常的事情了。笔者在问卷中看到，在对于"自己有时会做出一些不合乎道德规范事情的原因是……"一题的回答中，有47.2%的大学生认为不道德的事情"做起来最简单，更具有操作性"；有40.9%的大学生认为做不道德的事情"不会受到惩罚"；45%的大学生采取不道德行为是因为"省事，图方便"（见表4-24、表4-25和表4-26）。

表4-24　"自己有时会做出一些不合乎道德规范事情的原因是：做起来最简单，更具有操作性"调查结果　　单位：%

		人数（人）	百分比	有效的百分比	累积百分比
有效	非常同意	144	7.6	7.6	7.6
	比较同意	747	39.3	39.6	47.3
	一般	681	35.8	36.1	83.4
	比较不同意	279	14.7	14.8	98.2
	非常不同意	33	1.7	1.8	100.0
	总计	1884	99.1	100.0	—
遗漏	系统	18	0.9	—	—
总计		1902	100.0	—	—

表4-25　"自己有时会做出一些不合乎道德规范事情的原因是：不会受到惩罚"调查结果　　单位：%

		人数（人）	百分比	有效的百分比	累积百分比
有效	非常同意	132	6.9	7.0	7.0
	比较同意	639	33.6	33.9	40.9
	一般	690	36.3	36.6	77.4
	比较不同意	369	19.4	19.6	97.0
	非常不同意	57	3.0	3.0	100.0
	总计	1887	99.2	100.0	—
遗漏	系统	15	0.8	—	—
总计		1902	100.0	—	—

表 4-26　"自己有时会做出一些不合乎道德规范事情的原因是：省事，图方便"调查结果　　单位：%

		人数（人）	百分比	有效的百分比	累积百分比
有效	非常同意	156	8.2	8.3	8.3
	比较同意	693	36.4	36.7	45.0
	一般	648	34.1	34.3	79.3
	比较不同意	336	17.7	17.8	97.1
	非常不同意	54	2.8	2.9	100.0
	总计	1887	99.2	100.0	—
遗漏	系统	15	0.8	—	—
总计		1902	100.0	—	—

第四，对自己的道德要求过低。在亚里士多德看来，把人和其他动物区分开来的东西就是人的理性，即理智德性和伦理德性。人如果没有远大的道德理想，就不能实现自身的价值，就不能获得"满足感"，就不能获得幸福生活。因此，传统社会将崇高、高尚和卓越作为人生的道德理想，并矢志不移。正所谓"鸡鸣而起，孳孳为善者，舜之徒也。鸡鸣而起，孳孳为利者，跖之徒也。"① 而在物质主义时代，随着拜物教的泛起，"崇高"似乎已经不再合乎时宜了，"卓越"也似乎已经变成了某种大而不当的东西了。可以看出，这种风气变化，也明显地反映在大学校园里，体现在大学生的道德生活中。虽然大学生道德理想的主流还是积极健康的，但是，也有一些大学生自觉不自觉地降低了、或者说从来就没有树立起崇高道德信仰和道德理想。崇高的道德理想必然会转化为崇高的道德要求，如果没有崇高的道德理想，就不会有精彩的人生。所以，道德要求是人生修养的较高要求，它需要行为主体要有较好的自我控制力和自身不断完善的人生追求。行为主体的个人道德修养和要求是崇高人生的最为重要前提，对自己的要求过低，就会迷失于非道德诱惑，当利益与道德遭遇冲突时，当义和利发生矛盾时，就可能会选择非道德行为。更为严重的

---

① 朱熹：《四书章句集注》，中华书局 1983 年版，第 359 页。

是，也许他们这时还完全没有意识到自己已经身陷非道德旋涡之中了，人在恶中不知恶，这才是最危险的恶。这也是道德观正在形成时期的青年人最容易忽视的问题。调查显示，在对于"自己有时会做出一些不合乎道德规范事情的原因是……"一题的回答中，46%的大学生认为"觉得没有什么实质危害，不必小题大做"（见表4-27）；34.3%的大学生认为自己"糊涂了，道德判断发生紊乱"；还有29.9%的大学生认为"社会发展了，不必那么太朴素、太辛苦了"（见表4-28）。显然，这些学生并没有将"勿以恶小而为之"看作是一条绝对的道德底线，当作一条具有普遍约束力的道德基本原则。因此，落入非道德主义泥淖。

表4-27 "自己有时会做出一些不合乎道德规范事情的原因是：觉得没有什么实质危害，不必小题大做"调查结果 单位：%

		人数（人）	百分比	有效的百分比	累积百分比
有效	非常同意	162	8.5	8.6	8.6
	比较同意	705	37.1	37.4	46.0
	一般	642	33.8	34.1	80.1
	比较不同意	318	16.7	16.9	97.0
	非常不同意	57	3.0	3.0	100.0
	总计	1884	99.1	100.0	—
遗漏	系统	18	0.9	—	—
总计		1902	100.0	—	—

表4-28 "自己有时会做出一些不合乎道德规范事情的原因是：社会发展了，不必那么太朴素、太辛苦了"调查结果 单位：%

		人数（人）	百分比	有效的百分比	累积百分比
有效	非常同意	87	4.6	4.6	4.6
	比较同意	477	25.1	25.3	29.9
	一般	708	37.2	37.5	67.4

续表

		人数（人）	百分比	有效的百分比	累积百分比
有效	比较不同意	492	25.9	26.1	93.5
	非常不同意	123	6.5	6.5	100.0
	总计	1887	99.2	100.0	—
遗漏	系统	15	0.8	—	—
总计		1902	100.0	—	—

第五，道德应激反应不当。鲍德里亚曾经在谈到暴力和恐怖问题时认为，恐怖就是对于自身所遭受暴力的应激反应。在社会主体和客体之间，如果"赠礼"得不到"回礼"，就容易引起过激反应。[①] 这是一种"交换价值"不能实现而引起的一种"羞辱"。这是全球化进程中的一种非常普遍的生存状态。[②] 大学生正处在激动性人格的极端，容易对外部刺激做出非理性、非道德的冲动行为。经验显示，青年人常常在伦理矛盾或道德冲突中，对自己的道德情绪失去控制，尤其是在对于自己的不公正、不平等和不道德处境中，常常会不假思索地选择以暴制暴、以恶报恶的错误路径，用法律体制外或道德规范外的力量或形式解决问题。他们有时候甚至认为，自己的这种非道德行为方式就是"英雄主义"的"展现"。一些不道德行为者并不认为自己的行为是不道德的，恰恰相反，他们认为那是对于现行法律和制度的补充，是对于现行制度所不能带来满足的一种个人体现，是对于他所认为的"罪恶、不道德"的惩罚，是一种"英雄主义"。我们在问卷中看到，在对于"自己有时会做出一些不合乎道德规范事情的原因是……"一题的回答中，有50.1%的大学生选择了"自己受到不公正的对待"（见表4-29）；36.1%的大学生认为要"报复或惩罚那些坏人"（见表4-30）。

[①] 中华网，http://club.china.com/data/thread/1011/2781/67/90/0_1.html.
[②] Jean Baudrillard, *The Spirit of Terrorism and Other Essays*, Trans. CHris Turner, London & New York. Versp. 2003, pp. 97-98.

表 4-29 "自己有时会做出一些不合乎道德规范事情的原因是：自己受到不公正的对待"调查结果 单位：%

		人数（人）	百分比	有效的百分比	累积百分比
有效	非常同意	210	11.0	11.1	11.1
	比较同意	735	38.6	39.0	50.1
	一般	639	33.6	33.9	83.9
	比较不同意	252	13.2	13.4	97.3
	非常不同意	51	2.7	2.7	100.0
	总计	1887	99.2	100.0	—
遗漏	系统	15	0.8	—	—
总计		1902	100.0	—	—

表 4-30 "自己有时会做出一些不合乎道德规范事情的原因是：报复或惩罚那些坏人"调查结果 单位：%

		人数（人）	百分比	有效的百分比	累积百分比
有效	非常同意	138	7.3	7.3	7.3
	比较同意	543	28.5	28.8	36.1
	一般	753	39.6	39.9	76.0
	比较不同意	399	21.0	21.1	97.1
	非常不同意	54	2.8	2.9	100.0
	总计	1887	99.2	100.0	—
遗漏	系统	15	0.8	—	—
总计		1902	100.0	—	—

第六，隐匿性和法不责众。社会是由众多个人组成的，因此，个人在社会人群中就非常隐匿。当代社会发展的特点，使得这种个人的隐匿性存在形式得到了进一步的强化。城市化和信息化，一方面，使得人们彼此之间的物理时空距离拉近了，另一方面，也将人们之间的社会学意义的时间和空间距离推远了。"熟人社会"似乎正在被"陌生人社会"所取代。而网络虚拟社会空间在理论上几乎将正在交谈的人们之间的距离推到"无限远"。道德主体、道德行为和道德舆论之

间的"分裂"越来越突出了。和传统的"熟人社会"相比较,人们现在很难判断出眼前的人物或与之正在接触的人物的道德角色,无法知道他的"好"和"歹"。因此,这时候最安全的道德选择是,将所有陌生人都暂时权当罪犯。不仅如此,自己原来所肩负的道德约束也被解除了。所以,陌生人组成的道德环境与独处的道德环境将被看作是相同的。最后,"公地悲剧"上演了。① 这种大的社会道德环境也必然反映在大学生的道德生活中。在调查问卷中,我们看到,36%的大学生会因为"网络社会,反正大家彼此都不认识"而做不道德的事情。另外,在实际的社会生活情境中,不道德的事情,如果做得人多了,道德规范和法律规范似乎也失去了原有的威慑和制约,法不责众,社会不能很好地实现对非道德主义行为纠偏,于是一些非道德的行为慢慢地就成为了习惯。这就是我们在现实生活中经常会看到集体闯红灯等不遵守社会公德行为的缘由。在调查问卷中,有38.3%的大学生就是因为"法不责众"而选择不道德的行为的;有49.2%的大学生是因为"风俗习惯的影响"(见表4-31)。

表4-31　　　　　　　不道德行为动机　　　　　　单位:%

非道德主义思潮 社会根源和危害调查	非常 同意	比较 同意	一般	比较 不同意	非常 不同意
大家都是这样做的	6.0	43.7	35.5	12.2	2.2
如果不这样做,就会被孤立	5.4	39.1	38.0	14.1	3.0
对自己有好处,有利于实现自己的目标	10.0	42.6	36.1	9.4	1.4
对自己要求不严格,自律性差	9.5	43.1	32.3	12.0	2.4
糊涂了,道德判断发生紊乱	7.0	27.3	39.6	22.2	3.0
做起来最简单,更具有操作性	7.6	39.5	36.0	14.7	1.7
不会受到惩罚	7.0	33.8	36.5	19.5	3.0
风俗习惯的影响	7.4	41.8	34.7	13.3	1.6
报复或惩罚那些坏人	7.1	28.7	39.8	21.1	2.9
自己受到不公正的对待	11.1	38.8	33.6	13.3	2.7

① Hardin, G., The Tragedy of the Commons, *Science*, 1968 (3).

续表

非道德主义思潮 社会根源和危害调查	非常 同意	比较 同意	一般	比较 不同意	非常 不同意
省事，图方便	8.2	36.5	33.9	17.7	2.9
觉得没有什么实质危害，觉得不必小题大做	8.6	37.2	33.9	16.8	3.0
网络社会，反正大家彼此都不认识	7.3	28.7	35.5	20.9	7.1
社会发展了，不必那么太朴素、太辛苦了	4.6	25.2	37.4	26.0	6.5
法不责众	7.9	30.4	33.4	19.8	8.1

第三节 非道德主义社会思潮对当代中国大学生影响的特点

要找到克服非道德主义社会思潮对大学生消极影响的有效性对策，要全面、准确、客观地了解非道德主义社会思潮对当代大学生的影响状况，仅仅把握非道德主义社会思潮对大学生消极影响的现象是远远不够的，除此之外，还必须要深刻把握非道德主义对大学生消极影响的本质特点。为此，就应当从实践唯物论和实践辩证法出发，尽可能多地从各个视角全方位分析这种影响，借鉴人类学、社会学、心理学和教育学视域和方法，从大学生性别、年龄、民族、政治面貌、家庭出身、专业和父母职业等层面，全面、客观地呈现非道德主义社会思潮对于大学生的消极影响，以便为找到可行、有效的对策提供可靠的知识基础。

一 社会分层论视域：背景

人们的思想与自己在社会分工关系、社会交换关系中的地位是不可分割的。马克思说过："数百万家庭的经济条件使他们的生活方式、利益和教育程度与其他阶级的生活方式、利益和教育程度各不相同并互相敌对，就这一点而言，他们是一个阶级。"[1] 故而，家庭经济条件和环境对于人们的道德观具有重大影响。我们在分析非

---

[1] 《马克思恩格斯选集》第 1 卷，人民出版社 2012 年版，第 762 页。

道德主义社会思潮对于当代大学生的影响时，就必须充分考虑家庭背景和生活环境因素。下面将对大学生的成长背景，尤其是不同生源地进行对比，从而分析非道德主义社会思潮对于大学生的消极影响。

第一，不同成长背景的人对于人性的看法有差异。人性论是道德哲学的基本问题，道德观都是以特定人性论为其基本逻辑起点的。人性论的性质决定着道德观的方向，有什么样的人性论，就有什么样的道德观。而人性论是在现实社会生活实践中形成的，是对于社会生活实践的反映。实践唯物主义虽然将人的本质属性看作是人的社会性、虽然将人的本质看作是现实的社会关系的总和，但是，它并不否认人的自然属性，甚至某些所谓"自然惰性"。调查结果显示，对于人性中的某种自然"惰性"，不同成长背景中的学生具有较为一致的认识。"一般而言，人们如果不受到压力或强迫是不会尽力工作的"，对此，大城市生源学生、中小城市生源学生、乡镇生源学生、乡村生源学生选择"非常同意"和"比较同意"的分别为53.0%、52.0%、56.1%和48.1%，百分比的数差不是非常明显；而选择"非常不同意"和"比较不同意"的学生人数分别为16.3%、17.6%、16.2%、23.7%，这组数据的级差也不明显。但是，还是体现出以下特点。其一，从对比中可以看出，有一半左右不同生源地大学生认同：人是需要压力或强迫才能尽力工作。也就是说，有一半左右不同生源地大学生将工作中的"努力"看作是迫不得已的。从人性论角度看，显然，有为数不少学生的人性论态度不能够被看作是积极性的。其二，虽然这两组数据各自序列内部的级差不够明显，但是，每组数据的第一和最后一个之间的差距是比较明显的。第一组数据首尾两个数据的差为4.9%，第二组数据首尾两个数据的差为7.2%，这两个数据在SPSS统计学上恰好足以说明，在工作努力程度、工作积极性上，"大城市生源学生"不如"乡村生源学生"，也就是说，来自乡村生源地的学生会有较多的人认同"工作非强迫，而是一种自愿、自觉的行为"，他们的人性论可能更加积极（见表4-32）。

表 4-32 "一般而言，人们如果不受到一定压力或强迫是不会尽力工作的"交叉调查结果   单位：%

			一般而言，人们如果不受到一定压力或强迫是不会尽力工作的					总计
			非常同意	比较同意	一般	比较不同意	非常不同意	
出生地	大城市	人数（人）	75	111	108	42	15	351
		出生地内的百分比	21.4	31.6	30.8	12.0	4.3	100.0
	中小城市	人数（人）	108	291	234	120	15	768
		出生地内的百分比	14.1	37.9	30.5	15.6	2.0	100.0
	乡镇	人数（人）	42	165	102	54	6	369
		出生地内的百分比	11.4	44.7	27.6	14.6	1.6	100.0
	农村	人数（人）	81	114	114	72	24	405
		出生地内的百分比	20.0	28.1	28.1	17.8	5.9	100.0
总计		人数（人）	306	681	558	288	60	1893
		出生地内的百分比	16.2	36.0	29.5	15.2	3.2	100.0

Chi-square test 检验：$df = 12$ $p = 0.000 < 0.05$

这种情况在下题测试结果中得到再确证。在对"每个人都有恶念，只要有机会，它就会跑出来"一题的回答中，选择"非常同意"和"比较同意"的大城市、中小城市、乡镇和农村等生源地学生分别为 60.7%、48.4%、43.9% 和 45.2%（见表 4-33），从这组呈现递减特点的数据中可以看出，对人性恶念的问题，城市规模越大，人与人之间的不信任、恶念似乎表现得就越明显，而乡村生活环境较为单一、地域狭小，在此，人与人之间的善念表现得更突出。

第二，不同成长背景学生对道德本体论和道德价值论的认识有差异。道德本体论和道德价值论是道德观的核心内容。每个人都有自己的道德观，所有道德观都有自己的道德本体论和道德价值论内核。道德本体论就是关于道德本质的最基本的观点和看法。道德价值论是关于道德作用、意义的最基本的观点和看法。显然，人们关于道德本质和道德价值的观点决定着人们道德思维和道德行为的性质和方向。道

表 4-33　"每个人都有恶念，只要有机会，它就会跑出来"交叉调查结果　　单位：%

<table>
<tr><th colspan="2" rowspan="2"></th><th rowspan="2"></th><th colspan="5">每个人都有恶念，只要有机会，它就会跑出来</th><th rowspan="2">总计</th></tr>
<tr><th>非常同意</th><th>比较同意</th><th>一般</th><th>比较不同意</th><th>非常不同意</th></tr>
<tr><td rowspan="8">出生地</td><td rowspan="2">大城市</td><td>人数（人）</td><td>84</td><td>129</td><td>84</td><td>45</td><td>9</td><td>351</td></tr>
<tr><td>出生地内的百分比</td><td>23.9</td><td>36.8</td><td>23.9</td><td>12.8</td><td>2.6</td><td>100.0</td></tr>
<tr><td rowspan="2">中小城市</td><td>人数（人）</td><td>87</td><td>285</td><td>288</td><td>87</td><td>21</td><td>768</td></tr>
<tr><td>出生地内的百分比</td><td>11.3</td><td>37.1</td><td>37.5</td><td>11.3</td><td>2.7</td><td>100.0</td></tr>
<tr><td rowspan="2">乡镇</td><td>人数（人）</td><td>45</td><td>117</td><td>150</td><td>39</td><td>18</td><td>369</td></tr>
<tr><td>出生地内的百分比</td><td>12.2</td><td>31.7</td><td>40.7</td><td>10.6</td><td>4.9</td><td>100.0</td></tr>
<tr><td rowspan="2">农村</td><td>人数（人）</td><td>54</td><td>129</td><td>135</td><td>63</td><td>24</td><td>405</td></tr>
<tr><td>出生地内的百分比</td><td>13.3</td><td>31.9</td><td>33.3</td><td>15.6</td><td>5.9</td><td>100.0</td></tr>
<tr><td colspan="2" rowspan="2">总计</td><td>人数（人）</td><td>270</td><td>660</td><td>657</td><td>234</td><td>72</td><td>1893</td></tr>
<tr><td>出生地内的百分比</td><td>14.3</td><td>34.9</td><td>34.7</td><td>12.4</td><td>3.8</td><td>100.0</td></tr>
</table>

Chi-square test 检验：$df = 12$　　$p = 0.000 < 0.05$

德本体论和道德价值论都是人们道德生活实践的产物。由于人们道德生活实践的环境和背景不同，那么，道德本质论和道德价值论的具体看法和主张就不同。对于道德本质究竟是不是对于人性的禁锢，不同生源地学生给出的答案是有差别的。在对于题目"道德规范都是对人性的禁锢，你怎么看待"的回答中，选择"非常同意"和"比较同意"的大城市、中小城市、乡镇和农村等生源地学生分别为19.6%、23.0%、14.7%和15.6%。可以看出，其一，城市生源地学生选择"非常同意"和"比较同意"的人数明显多于乡镇生源地学生。这说明乡镇生源地学生在道德本质和道德价值问题上更加积极，持有非道德主义思想的人数低于城市生源地学生。其二，中小城市生源地学生选择"非常同意"和"比较同意"的人数明显高于大城市和乡镇生源地学生人数，呈现出一种清晰的"纺锤形结构"特点。这意味着，中小城市生源地学生的道德本质问题和道德价值问题最为突出，这可能和当代中国社会转型的某些特点有关，中小城市所面临的经济、安全和机会等都存在较为突出的问题。这些因素可能都体现在人们的道德观上了。其三，大城市生源地学生选择"非常同意"和"比较同意"的人数高于村乡镇生源地学生人数，但是，低于中小城市生源地学生人数。这与大城市生活条件、社会条件和教育条件等方面的资源优势有关。其四，选择"非常同意"和"比较同意"最低的是乡村生源地学生，为15.6%，很显然，这个数值仍然偏高，是我们很难放心的一个数字。因为，它意味着，在6名大学生中，有1个人可能在道德选择问题上是存在犯错误可能的。严格意义上说，"道德规范都是对人性的禁锢"已经是非常典型的尼采式非道德主义命题了。这可能意味着有1/6在校大学生可能已经在道德观上受到非道德主义社会思潮影响了（见表4-34）。

表4-34　"出生地"与"道德规范都是对人性的禁锢"交叉调查结果　　单位：%

			非常同意	比较同意	一般	比较不同意	非常不同意	总计
出生地	大城市	人数（人）	24	45	138	117	27	351
		出生地内的百分比	6.8	12.8	39.3	33.3	7.7	100.0
	中小城市	人数（人）	30	147	237	219	135	768
		出生地内的百分比	3.9	19.1	30.9	28.5	17.6	100.0
	乡镇	人数（人）	15	39	93	165	57	369
		出生地内的百分比	4.1	10.6	25.2	44.7	15.4	100.0
	农村	人数（人）	9	54	99	141	99	402
		出生地内的百分比	2.2	13.4	24.6	35.1	24.6	100.0
总计		人数（人）	78	285	567	642	318	1890
		出生地内的百分比	4.1	15.1	30.0	34.0	16.8	100.0

Chi-square test 检验：$df=12$　　$p=0.000<0.05$

在对于题目"道德意识就是对于社会与人、人与人之间关系的认识和反映"一题的回答中，大城市学生、中小城市学生、乡镇学生和农村学生选择"非常同意"和"比较同意"的人数分别为54.7%、62.7%、64.3%、71.8%。该题目是马克思主义道德本体论命题。这组数据说明：其一，绝大多数大学生在道德本体论上的认识是正确的，坚持了社会主义道德观。其二，乡村基层生源地学生的道德本体论认识水平明显好于城市生源地学生的道德本体论水平。其三，可能在城市化程度较低地区，人们之间的关系更为紧密（见表4-35）。

表4-35 "出生地"与"道德意识就是对于社会与人、人与人之间关系的认识和反映"交叉调查结果　　　　单位：%

			非常同意	比较同意	一般	比较不同意	非常不同意	总计
出生地	大城市	人数（人）	60	132	132	24	3	351
		出生地内的百分比	17.1	37.6	37.6	6.8	0.9	100.0
	中小城市	人数（人）	108	372	255	24	6	765
		出生地内的百分比	14.1	48.6	33.3	3.1	0.8	100.0
	乡镇	人数（人）	36	201	117	15	0	369
		出生地内的百分比	9.8	54.5	31.7	4.1	0.0	100.0
	农村	人数（人）	105	186	84	27	3	405
		出生地内的百分比	25.9	45.9	20.7	6.7	0.7	100.0
总计		人数（人）	309	891	588	90	12	1890
		出生地内的百分比	16.3%	47.1%	31.1%	4.8%	0.6%	100.0%

Chi-square test 检验：$df=12$　　$p=0.000<0.05$

关于道德价值问题，从大学生对于"人们行为的道德价值纯粹是由评价者的利益和好恶所决定的"一题的回答中可以看到：其一，城市规模和对该命题的认同率成正比关系。生源地城市化越高，对该命题的认同率越高。大城市、中小城市、乡镇和农村等生源地学生选择"非常同意"和"比较同意"的人数分别为44.5%、39.4%、34.2%

和 23.7%（见表 4-36）。这组数据呈现出比较明显的"正楔形结构"特点。其二，从大城市到农村，反对这一观点的人越来越多。对该命题持明确反对观点，大城市、中小城市、乡镇和农村等生源地学生选择"非常不同意"和"比较不同意"的人数分别为 20.5%、28.5%、37.4% 和 42.9%（又见表 4-36）。这组数据呈现出比较明显的"倒楔形结构"的特点。其三，"人们行为的道德价值纯粹是由评价者的利益和好恶所决定的"是一个错误命题，属于伦理主观主义或道德相对主义，即，非道德主义的道德价值论命题。因此，这说明，在道德价值论上，大学生受到非道德主义社会思潮消极影响的程度，比在道德本体论上的影响要更加严重。而且，这种消极影响，城镇甚于乡村。

表 4-36 "出生地"与"人们行为的道德价值纯粹是由评价者的利益和好恶所决定的"交叉调查结果　　单位：%

			非常同意	比较同意	一般	比较不同意	非常不同意	总计
出生地	大城市	人数（人）	15	141	123	51	21	351
		出生地内的百分比	4.3	40.2	35.0	14.5	6.0	100.0
	中小城市	人数（人）	51	252	246	183	36	768
		出生地内的百分比	6.6	32.8	32.0	23.8	4.7	100.0
	乡镇	人数（人）	21	105	105	90	48	369
		出生地内的百分比	5.7	28.5	28.5	24.4	13.0	100.0
	农村	人数（人）	30	66	135	99	75	405
		出生地内的百分比	7.4	16.3	33.3	24.4	18.5	100.0
总计		人数（人）	117	564	609	423	180	1893
		出生地内的百分比	6.2	29.8	32.2	22.3	9.5	100.0

Chi-square test 检验：$df = 12$　　$p = 0.000 < 0.05$

下面的测试再次印证在道德价值问题上，城镇学生受道德价值虚无主义的影响更加严重。在对"道德只是用来说一说的,至于具体怎么做,那就是另一回事了。你怎么看待"一题的回答中,大城市、中小城市、乡镇和农村等生源地学生选择"非常不同意"和"比较不同意"的人数分别为35%、43.1%、49.6%和67.9%。生源地城市化水平高的学生,在道德标准和道德现实的操作上更具有"随意性""灵活性"(见表4-37)。

表4-37 "出生地"与"道德只是用来说一说的,至于具体怎么做,那就是另一回事了"交叉调查结果   单位:%

			道德只是用来说一说的,至于具体怎么做,那就是另一回事了					总计
			非常同意	比较同意	一般	比较不同意	非常不同意	
出生地	大城市	人数(人)	18	87	123	105	18	351
		出生地内的百分比	5.1	24.8	35.0	29.9	5.1	100.0
	中小城市	人数(人)	30	159	246	219	111	765
		出生地内的百分比	3.9	20.8	32.2	28.6	14.5	100.0
	乡镇	人数(人)	3	81	102	129	54	369
		出生地内的百分比	0.8	22.0	27.6	35.0	14.6	100.0
	农村	人数(人)	21	36	72	147	126	402
		出生地内的百分比	5.2	9.0	17.9	36.6	31.3	100.0
总计		人数(人)	72	363	543	600	309	1887
		出生地内的百分比	3.8	19.2	28.8	31.8	16.4	100.0

Chi-square test 检验:$df = 12$ $p = 0.000 < 0.05$

第三,不同成长背景学生对于当代非道德主义社会思潮的认知度有差异。不同生源地大学生对于流行于当代中国的错误社会思潮及其所包含的非道德主义思想的认知度是存在较为明显差异的。笔者比较系统地调查了大学生对于新自由主义、后现代主义、"新左派""老左派"、历史虚无主义和现代新儒家等社会思潮及其所包含非道德主义思想的认知程度,得出结论,虽然对于每一种非道德主义思潮的认知程度有所不同,但基本面是相似的。下面主要以对新自由主义社会思潮的调查为例展开讨论。在对于"对新自由主义的认知程度"一题的回答中,大城市、中小城市、乡镇和农村等生源地学生,选择"非常了解"和"比较了解"的人数分别是23%、24.7%、26.1%、27.9%。这组数据呈现出"倒楔形结构"的明显特点。其中,大城市生源地学生的23%和农村生源地学生的27.9%具有 SPSS 统计学意义(见表4-38)。这意味着来自偏远底层生源地的学生更加认同新自由主义社会思潮,其中可能包含着他们对于新自由主义社会思潮有关"机会均等"表象的误认。

表4-38　"出生地"与"对新自由主义的认知程度"交叉调查结果　单位:%

			非常了解	比较了解	一般	比较不了解	非常不了解	总计
出生地	大城市	人数(人)	18	63	129	81	60	351
		出生地内的百分比	5.1	17.9	36.8	23.1	17.1	100.0
	中小城市	人数(人)	45	144	228	243	108	768
		出生地内的百分比	5.9	18.8	29.7	31.6	14.1	100.0
	乡镇	人数(人)	12	84	102	129	42	369
		出生地内的百分比	3.3	22.8	27.6	35.0	11.4	100.0
	农村	人数(人)	12	102	126	102	66	408
		出生地内的百分比	2.9	25.0	30.9	25.0	16.2	100.0
总计		人数(人)	87	393	585	555	276	1896
		出生地内的百分比	4.6	20.7	30.9	29.3	14.6	100.0

Chi-square test 检验:$df = 12$　　$p = 0.000 < 0.05$

在对"对历史虚无主义主义的认知程度"一题的回答中,大城市、中小城市、乡镇和农村等生源地学生,选择"非常了解"和"比较了解"的人数分别是32.4%、21.5%、21.1%、32.4%(见表4-39)。可以看出大城市生源地学生和农村生源地学生的32.4%远远高出其他生源地人数，具有比较明显的 SPSS 统计学意义。历史虚无主义对于农村生源地学生的影响很明显。农村生源地学生比城市生源地学生更加关注历史虚无主义思想和行为。

表 4-39　"出生地"与"对历史虚无主义主义的认知程度"交叉调查结果　单位：%

			对历史虚无主义主义的认知程度					总计
			非常了解	比较了解	一般	比较不了解	非常不了解	
出生地	大城市	人数（人）	24	90	156	48	33	351
		出生地内的百分比	6.8	25.6	44.4	13.7	9.4	100.0
	中小城市	人数（人）	36	129	288	225	90	768
		出生地内的百分比	4.7	16.8	37.5	29.3	11.7	100.0
	乡镇	人数（人）	3	75	150	108	33	369
		出生地内的百分比	0.8	20.3	40.7	29.3	8.9	100.0
	农村	人数（人）	15	117	123	81	72	408
		出生地内的百分比	3.7	28.7	30.1	19.9	17.6	100.0
总计		人数（人）	78	411	717	462	228	1896
		出生地内的百分比	4.1	21.7	37.8	24.4	12.0	100.0

Chi-square test 检验：$df=12$　　$p=0.000<0.05$

在对于"对民粹主义的认知程度"一题的回答中，大城市、中小城市、乡镇和农村等生源地学生，选择"非常了解"和"比较了解"的人数比例分别是 18.8%、24.2%、23.6%、16.9%（见表 4-40）。可以看出大城市生源地学生和农村生源地学生的 35.7% 明显低于其他生源地人数的 47.8%，具有比较明显的 SPSS 统计学意义。说明民粹主义对于中小城市生源地和乡镇生源地的学生的影响很明显。大城市生源地学生、中小城市生源地学生、乡镇生源地学生和农村生源地学生，选择"非常不了解"和"比较不了解"的人数分别是 42.7%、46.9%、46.3%、51.5%（又见表 4-40）。可以看出农村生源地学生的 51.5% 远远高于其他生源地人数，具有比较明显的 SPSS 统计学意义,说明农村生源地学生受民粹主义社会思潮的影响明显低于其他学生人群。可以看出,民粹主义社会思潮影响力比历史虚无主义的影响力要小,但绝对数值仍然偏高,这说明民粹主义思想在当代中国社会转型期仍然具有比较大的影响力。

表 4-40 "出生地"与"对民粹主义的认知程度"交叉调查结果 单位:%

			对民粹主义的认知程度					总计
			非常了解	比较了解	一般	比较不了解	非常不了解	
出生地	大城市	人数(人)	24	42	135	78	72	351
		出生地内的百分比	6.8	12.0	38.5	22.2	20.5	100.0
	中小城市	人数(人)	39	147	222	255	105	768
		出生地内的百分比	5.1	19.1	28.9	33.2	13.7	100.0
	乡镇	人数(人)	12	75	111	123	48	369
		出生地内的百分比	3.3	20.3	30.1	33.3	13.0	100.0
	农村	人数(人)	6	63	129	129	81	408
		出生地内的百分比	1.5	15.4	31.6	31.6	19.9	100.0
总计		人数(人)	81	327	597	585	306	1896
		出生地内的百分比	4.3	17.2	31.5	30.9	16.1	100.0

Chi-square test 检验:$df=12$ $p=0.000<0.05$

第四,不同成长背景下的学生对于集体主义和个人主义的认识是不同的。"人是一切社会关系的总和",人是社会的人,是群体生活的,是离不开集体的。如何正确处理集体和个人的关系,是道德生活中难以回避的问题。在这一类问题上,不同成长背景下的学生的认识和行为是不同的。在对题目"自己的行为由自己的好恶和利益来决定,无需考虑别人的感受"的回答中,大城市、中小城市、乡镇和农村等生源地学生,选择"非常同意"和"比较同意"的分别为 30.8%、18.1%、16.2% 和 16.2%(见表 4-41)。可以看出,城市规模和人际之间的距离是呈反比的,大城市社会经济发达,但是人与人之间的距离比较疏远,比较注重个人的利益,而城市规模越小,人与人之间的距离就越近,人们更加注重集体的利益。

表4-41 "出生地"与"自己的行为由自己的好恶和利益来决定,无需考虑别人的感受"交叉调查结果　　单位:%

出生地			自己的行为由自己的好恶和利益来决定,无需考虑别人的感受					总计
			非常同意	比较同意	一般	比较不同意	非常不同意	
	大城市	人数(人)	12	96	75	114	54	351
		出生地内的百分比	3.4	27.4	21.4	32.5	15.4	100.0
	中小城市	人数(人)	36	102	237	276	111	762
		出生地内的百分比	4.7	13.4	31.1	36.2	14.6	100.0
	乡镇	人数(人)	9	51	99	138	72	369
		出生地内的百分比	2.4	13.8	26.8	37.4	19.5	100.0
	农村	人数(人)	18	48	66	153	123	408
		出生地内的百分比	4.4	11.8	16.2	37.5	30.1	100.0
总计		人数(人)	75	297	477	681	360	1890
		出生地内的百分比	4.0	15.7	25.2	36.0	19.0	100.0

Chi-square test 检验:$df = 12$　　$p = 0.000 < 0.05$

再如,在对于题目"'先公后私'在当代中国仍然有必要性"的回答中,大城市、中小城市、乡镇和农村等生源地学生,选择"非常同意"和"比较同意"的分别为37.6%、46.7%、47.9%和52.2%(见表4-42)。能够看到这样明显的特征,即,这组数据明显呈现出大城市、中小城市和城镇、农村等三个数值台阶,且具有SPSS统计学意义,城市化水平越高,对于该命题的认同越低,非道德主义之非社会主义道德水平越高。

表 4-42　"出生地"与"'先公后私'在当代中国仍然具有必要性"交叉调查结果　单位：%

			"先公后私"在当代中国仍然具有必要性					总计
			非常同意	比较同意	一般	比较不同意	非常不同意	
出生地	大城市	人数（人）	42	90	135	81	3	351
		出生地内的百分比	12.0	25.6	38.5	23.1	0.9	100.0
	中小城市	人数（人）	90	267	303	90	15	765
		出生地内的百分比	11.8	34.9	39.6	11.8	2.0	100.0
	乡镇	人数（人）	9	168	132	45	15	369
		出生地内的百分比	2.4	45.5	35.8	12.2	4.1	100.0
	农村	人数（人）	63	150	129	57	9	408
		出生地内的百分比	15.4	36.8	31.6	14.0	2.2	100.0
总计		人数（人）	204	675	699	273	42	1893
		出生地内的百分比	10.8	35.7	36.9	14.4	2.2	100.0

Chi-square test 检验：$df = 12$　　$p = 0.000 < 0.05$

二　人类学视域：性别

在当代，虽然许多学者不同意性别与观念、智力等知性要素之间具有直接联系的观点，可是，就连那些激进女权主义者，也都从另一个相反方向，肯定了女性视角的特殊性。显然，绝对否定性别对于观念的影响是片面的。不同性别在社会中受经济、社会和文化传统等诸多因素的影响，会表现出不同社会认知特点。男女两性对于社会问题和生活方式的认识具有明显差异，通过对调查问卷的统计分析发现，男女大学生在人性认识、道德认识、道德评价、道德表现等方面对于非道德主义的认知是有所区别的。

第一，不同性别大学生对于人性的认识是有差别的。在对于题目"一般而言，人们如果不受到压力或强迫是不会尽力工作的"的回答中，男性选择"非常同意"和"比较同意"的占 53.8%，女性选择"非常同意"和"比较同意"的占 50.6%，虽然这个比例在男女两性各自的数据中都占有一半以上的位置，$p = 0.187 > 0.05$，说明男女性在这一问题上的差异并不大。但是我们仍然可以看到的是，女性在这一问题上表现出更加倾向于自愿去工作的道德意愿趋势（见表4-43）。

表4-43　"性别"与"一般而言，人们如果不受到一定压力或强迫是不会尽力工作的"交叉调查结果　　　单位：%

			一般而言，人们如果不受到一定压力或强迫是不会尽力工作的					总计
			非常同意	比较同意	一般	比较不同意	非常不同意	
性别	男	人数（人）	174	348	283	138	27	970
		性别内的百分比	17.9	35.9	29.2	14.2	2.8	100.0
	女	人数（人）	132	336	275	150	33	926
		性别内的百分比	14.3	36.3	29.7	16.2	3.6	100.0
总计		人数（人）	306	684	558	288	60	1896
		性别内的百分比	16.1	36.1	29.4	15.2	3.2	100.0

Chi-square test 检验：$df=4$　　$p=0.187>0.05$

在关于"每个人都有恶念，只要有机会，它就会跑出来"一题的回答中，可以看到，男性选择"非常同意"和"比较同意"的占51.3%，女性选择"非常同意"和"比较同意"的占46.9%，男性选择"非常不同意"和"比较不同意"的占13.4%，女性选择"非常不同意"和"比较不同意"的占19.0%（见表4-44），相对于男性来说，女性更加感性，对于任何问题更乐意于站在一个较为乐观和感性的角度去看待。由此似乎可以看出，男性比女性在工作积极性、主动性方面，进而也可能在道德行为方面，显示出一定程度的消极性特点。

第二，不同性别的人对于道德本体论和道德价值论的认识是不同的。男女两性在道德本质和道德价值问题上是有比较明显差别的。如在对于题目"道德规范都是对人性的禁锢？"的回答中，男性选择"非常同意"和"比较同意"这两种观点的占20%，女性选择这两种观点的占18.4%，似乎并不明显。但是，男性选择"非常不同意"

和"比较不同意"这两种观点的占48.0%,女性选择这两种观点的占53.8%,二者相距6.6%,具有比较明显的差别。这说明,女性更加重视道德价值,对于否定道德价值的非道德主义社会思潮具有更加积极的抵制心理(见表4-45)。

表4-44　"性别"与"每个人都有恶念,只要有机会,它就会跑出来"交叉调查结果　　单位:%

			每个人都有恶念,只要有机会,它就会跑出来					总计
			非常同意	比较同意	一般	比较不同意	非常不同意	
性别	男	人数(人)	165	333	342	85	45	970
		性别内的百分比	17.0	34.3	35.3	8.8	4.6	100.0
	女	人数(人)	105	330	315	149	27	926
		性别内的百分比	11.3	35.6	34.0	16.1	2.9	100.0
总计		人数(人)	270	663	657	234	72	1896
		性别内的百分比	14.2	35.0	34.7	12.3	3.8	100.0

Chi-square test 检验:$df=4$　　$p=0.000<0.05$

表4-45　"性别"与"道德规范都是对人性的禁锢"交叉调查结果　　单位:%

			道德规范都是对人性的禁锢					总计
			非常同意	比较同意	一般	比较不同意	非常不同意	
性别	男	人数(人)	45	148	309	306	159	967
		性别内的百分比	4.7	15.3	32.0	31.6	16.4	100.0
	女	人数(人)	33	137	258	339	159	926
		性别内的百分比	3.6	14.8	27.9	36.6	17.2	100.0
总计		人数(人)	78	285	567	645	318	1893
		性别内的百分比	4.1	15.1	30.0	34.1	16.8	100.0

Chi-square test 检验:$df=4$　　$p=0.105>0.05$

关于道德价值问题,从对题目"人们行为的道德价值纯粹是由评价者的利益和好恶所决定的"的回答中看到,男性选择"非常同意"

和"比较同意"这两种观点的占 40.2%，女性选择"非常同意"和"比较同意"这两种观点的占 31.4%（见表 4-46）。可以看出，在道德价值评价标准问题上，男性更加倾向于"个人意志和利益"的决定作用，更加倾向于用"现实力量和因素"作为衡量道德与否的标准。

表 4-46 "性别"与"人们行为的道德价值纯粹是由评价者的利益和好恶所决定的"交叉调查结果　　单位：%

性别			人们行为的道德价值纯粹是由评价者的利益和好恶所决定的					总计
			非常同意	比较同意	一般	比较不同意	非常不同意	
性别	男	人数（人）	75	315	262	225	93	970
		性别内的百分比	7.7	32.5	27.0	23.2	9.6	100.0
	女	人数（人）	42	249	350	198	87	926
		性别内的百分比	4.5	26.9	37.8	21.4	9.4	100.0
总计		人数（人）	117	564	612	423	180	1896
		性别内的百分比	6.2	29.7	32.3	22.3	9.5	100.0

Chi-square test 检验：$df = 4$　　$p = 0.000 < 0.05$

在对于题目"道德意识就是对于社会与人、人与人之间关系的认识和反映"的回答中，我们看到，男性选择"非常同意"和"比较同意"的占 69.4%，女性选择"非常同意"和"比较同意"的占 57.1%。男性学生认为道德意识在现实社会有着客观基础的比例，远远超出女性，高达 12.3%（见表 4-47）。我们在上述两道题目中可以看出，对于道德本体和道德对象的认识，男性明显地更加趋向于理性。

在对于"道德只是用来说一说的，至于具体怎么做，那就是另一回事了"一题的回答中，我们可以看到的是，男性大学生选择"非常同意"和"比较同意"的占 26.2%，而女性大学生选择"非常同意"和"比较同意"占 19.8%（见表 4-48），这样的选择是和男女两性性格特点比较相符的。女性对于安全性的需求要较之男性强，所以在遵守规则方面更趋于循规蹈矩，对于道德秩序的要求更加强烈和严格。所以，她们更加重视道德价值。

表 4-47　"性别"与"道德意识就是对于社会与人、人与人之间关系的认识和反映"交叉调查结果　　单位：%

			道德意识就是对于社会与人、人与人之间关系的认识和反映					总计
			非常同意	比较同意	一般	比较不同意	非常不同意	
性别	男	人数（人）	189	483	232	57	6	967
		性别内的百分比	19.5	49.9	24.0	5.9	0.6	100.0
	女	人数（人）	120	408	359	33	6	926
		性别内的百分比	13.0	44.1	38.8	3.6	0.6	100.0
总计		人数（人）	309	891	591	90	12	1893
		性别内的百分比	16.3	47.1	31.2	4.8	0.6	100.0

Chi-square test 检验：$df = 4$　　$p = 0.000 < 0.05$

表 4-48　"性别"与"道德只是用来说一说的，至于具体怎么做，那就是另一回事了"交叉调查结果　　单位：%

			道德只是用来说一说的，至于具体怎么做，那就是另一回事了					总计
			非常同意	比较同意	一般	比较不同意	非常不同意	
性别	男	人数（人）	48	204	259	291	162	964
		性别内的百分比	5.0	21.2	26.9	30.2	16.8	100.0
	女	人数（人）	24	159	284	312	147	926
		性别内的百分比	2.6	17.2	30.7	33.7	15.9	100.0
总计		人数（人）	72	363	543	603	309	1890
		性别内的百分比	3.8	19.2	28.7	31.9	16.3	100.0

Chi-square test 检验：$df = 4$　　$p = 0.004 < 0.05$

下面情况印证了这种特点。即，女性更加重视道德价值。在对于"您对当代中国社会道德状况的总体评价"一题的回答中，我们可以看到，男性选择"非常好"和"比较好"占 20.0%，女性选择"非常好"和"比较好"的占12.7%（表4-49），在这一问题上，可以看出，一方面，男性表现出来的肯定和乐观的态度要较之女性强，这是和男性更加理性和乐观的性格有关。另一方面，说明女性对于社会道德状况更加敏感，对于社会道德状况的要求更高，更加重视社会道德价值。

表4-49　"性别"与"您对当代中国社会道德状况的总体评价"交叉调查结果　　单位：%

			您对当代中国社会道德状况的总体评价是					总计
			非常好	比较好	一般	比较差	非常差	
性别	男	人数（人）	18	168	504	216	24	930
		性别内的百分比	1.9	18.1	54.2	23.2	2.6	100.0
	女	人数（人）	12	102	588	171	21	894
		性别内的百分比	1.3	11.4	65.8	19.1	2.3	100.0
总计		人数（人）	30	270	1092	387	45	1824
		性别内的百分比	1.6	14.8	59.9	21.2	2.5	100.0

Chi-square test 检验：$df=4$　　$p=0.000<0.05$

第三，不同性别学生对于集体主义和个人主义的认识是不同的。集体主义是社会主义道德基本原则，它与个人主义是完全对立的。如何处理集体和个人的矛盾，关系到能否坚守社会主义道德、能否有效克服和抵制非道德主义社会思潮的消极影响。从调查问卷中，我们可以看出，不同性别学生对此问题的认识是有差别的。在对于题目"社会主义市场经济条件下，人们普遍奉行的原则是什么"的回答中，男性、女性学生选择"集体主义"的人数分别为16.6%、10.6%，男性、女性选择"个人主义"的人数分别为30.2%、37.9%。男女之间的差别非常清楚。在对于"市场经济"和"集体主义"之间的关系问题上，女性学生的认识更加消极、悲观（见表4-50）。

表4-50 "性别"与"社会主义市场经济条件下,人们普遍奉行的原则是什么"交叉调查结果　　单位：%

			市场经济条件下，人们普遍奉行的原则是什么				总计
			功利主义	集体主义	道德主义	个人主义	
性别	男	人数（人）	414	150	66	273	903
		性别内的百分比	45.8	16.6	7.3	30.2	100.0
	女	人数（人）	396	93	57	333	879
		性别内的百分比	45.1	10.6	6.5	37.9	100.0
总计		人数（人）	810	243	123	606	1782
		性别内的百分比	45.5	13.6	6.9	34.0	100.0

Chi-square test 检验：$df=3$　　$p=0.000<0.05$

但是，很有意思的是，在对题目"'先公后私'在当代中国仍然具有必要性"的回答中，我们看到男性选择"非常同意"和"比较同意"的占53.9%，女性学生选择"非常同意"和"比较同意"的占38.7%（见表4-51），虽然在个人行为上男性更加注重自己的感受，但是，当放入一个集体中，男性学生的群体意识要较之女性略强，这也许是和男性更具有宏观性和全局性的性格特点相关的。

表4-51 "性别"与"'先公后私'在当代中国仍然具有必要性"交叉调查结果　　单位：%

			"先公后私"在当代中国仍然具有必要性					总计
			非常同意	比较同意	一般	比较不同意	非常不同意	
性别	男	人数（人）	126	397	303	126	18	970
		性别内的百分比	13.0	40.9	31.2	13.0	1.9	100.0
	女	人数（人）	78	281	396	147	24	926
		性别内的百分比	8.4	30.3	42.8	15.9	2.6	100.0
总计		人数（人）	204	678	699	273	42	1896
		性别内的百分比	10.8	35.8	36.9	14.4	2.2	100.0

Chi-square test 检验：$df=3$　　$p=0.000<0.05$

三　教育社会学视域：学科类别

从一种狭义教育社会学角度来看，教育制度、体制和结构对于受教育者社会角色具有非常深刻的塑形作用。[①] 按照杜拉凯姆的观点，专业教育实际上也就是教育者用自己的专业经验培育受教育者"社会性"的过程。[②] 不同学科和专业的人看待事物和对象会有不同视角、方法和认识，会有比较明显的专业价值取向和思维特点。专业不同，专业性格和专业思维也会不同。这些专业"性格"会渗透在他们的日常生活中，影响他们对社会现象的看法。所以，不同专业学生对于非道德主义社会思潮的评价和认识应该也是不同的。在问卷调查中，我们将受调查学生按照文科、理科、工科（包括农医）和艺术等四个专业领域进行划分[③]，以便探寻不同专业学生受非道德主义思潮消极影响的专业性特点。

第一，不同学科类大学生对于人性认识是有差别的。在对题目"一般而言，人们如果不受到一定压力或强迫是不会尽力工作的"的回答中，文科、理科、工科和艺术等学科学生选择"非常同意"和"比较同意"的比例分别占学科类别内的43.2%、60.7%、53.3%和75.0%（见表4-52）。这个题目所表达的"工作—劳动"理念是消极的、否定性的，属于非道德主义社会思潮命题。从这一命题的调查结果，可以看到，不同学科类别学生道德理念之间的区别非常清楚，具有非常清晰的SPSS统计学意义。特点在于，除了文科外，理科、工科和艺术类学生对这一观点持肯定立场的人数都超过一半，且呈现出"台阶式"递进的规律。特别是艺术类学生，这一数字竟然高达3/4。专业特点使他们更加倾向于不受约束、自由度较高的生活追求，故而有这样的选择就不足为奇了。

这种情况在下列调查中得到进一步的确证。在对"每个人都有恶念，只要有机会，它就会跑出来"一题的回答中，我们看到，文科、

[①] 刘志敏：《教育社会学》，吉林大学出版社2014年版，第6页。
[②] 同上书，第11页。
[③] 下文所使用"工科"一词，皆包括农学类和医学类。后面不再一一注明。

理科、工科、艺术类学生选择"非常同意"和"比较同意"分别为44.3%、51.5%、51.8%和67.5%（见表4-53），可以看出，大学生在这一问题上的道德认识是值得警惕的。相对而言，文科学生明确赞成这种不当观点的人数低于其他学生7%以上，理工科和艺术类学生已经有过半学生明确赞同这种错误的观点。艺术类学生中，选择"非常不同意"和"比较不同意"的学生仅仅只有7.5%，也明显低于其他类学生。

表4-52　"学科类别"与"一般而言，人们如果不受到一定压力或强迫是不会尽力工作的"交叉调查结果　　单位：%

			非常同意	比较同意	一般	比较不同意	非常不同意	总计
学科类别	文科	人数（人）	132	231	285	156	36	840
		学科类别内的百分比	15.7	27.5	33.9	18.6	4.3	100.0
	理科	人数（人）	84	231	120	72	12	519
		学科类别内的百分比	16.2	44.5	23.1	13.9	2.3	100.0
	工科	人数（人）	51	168	138	48	6	411
		学科类别内的百分比	12.4	40.9	33.6	11.7	1.5	100.0
	艺术	人数（人）	36	54	12	12	6	120
		学科类别内的百分比	30.0	45.0	10.0	10.0	5.0	100.0
总计		人数（人）	303	684	555	288	60	1890
		学科类别内的百分比	16.0	36.2	29.4	15.2	3.2	100.0

Chi-square test 检验：$df = 12$　　$p = 0.000 < 0.05$

表4-53　"学科类别"与"每个人都有恶念，只要有机会，它就会跑出来"交叉调查结果　　单位：%

			非常同意	比较同意	一般	比较不同意	非常不同意	总计
学科类别	文科	人数（人）	114	258	312	120	36	840
		学科类别内的百分比	13.6	30.7	37.1	14.3	4.3	100.0

续表

<table>
<tr><th colspan="3"></th><th colspan="5">每个人都有恶念，只要有机会，它就会跑出来</th><th rowspan="2">总计</th></tr>
<tr><th colspan="3"></th><th>非常同意</th><th>比较同意</th><th>一般</th><th>比较不同意</th><th>非常不同意</th></tr>
<tr><td rowspan="6">学科类别</td><td rowspan="2">理科</td><td>人数（人）</td><td>75</td><td>192</td><td>168</td><td>60</td><td>24</td><td>519</td></tr>
<tr><td>学科类别内的百分比</td><td>14.5</td><td>37.0</td><td>32.4</td><td>11.6</td><td>4.6</td><td>100.0</td></tr>
<tr><td rowspan="2">工科</td><td>人数（人）</td><td>69</td><td>144</td><td>144</td><td>45</td><td>9</td><td>411</td></tr>
<tr><td>学科类别内的百分比</td><td>16.8</td><td>35.0</td><td>35.0</td><td>10.9</td><td>2.2</td><td>100.0</td></tr>
<tr><td rowspan="2">艺术</td><td>人数（人）</td><td>12</td><td>69</td><td>30</td><td>6</td><td>3</td><td>120</td></tr>
<tr><td>学科类别内的百分比</td><td>10.0</td><td>57.5</td><td>25.0</td><td>5.0</td><td>2.5</td><td>100.0</td></tr>
<tr><td colspan="2" rowspan="2">总计</td><td>人数（人）</td><td>270</td><td>663</td><td>654</td><td>231</td><td>72</td><td>1890</td></tr>
<tr><td>学科类别内的百分比</td><td>14.3</td><td>35.1</td><td>34.6</td><td>12.2</td><td>3.8</td><td>100.0</td></tr>
</table>

Chi-square test 检验：$df = 12$　　　$p = 0.000 < 0.05$

第二，不同学科类别学生对于道德本体论和道德价值论的认识是不同的。在对于题目"道德规范都是对人性的禁锢"的回答中，文科、理科、工科和艺术类学生选择"非常同意"和"比较同意"的占其学科类别内的 17.1%、26.6%、16.2% 和 12.5%（见表 4-54）。可以看出，大学生对于道德本质和作用的认知是不容乐观的。19.2% 的大学生，即近五分之一大学生竟然对道德的社会作用持非道德主义立场，否认道德的价值理性地位和特征，没有看到道德自由的社会和人生意义，没有看到道德的"人性—解放"意义。令人意外的是，面对这一具有明显非道德主义含义的道德价值论命题，理科学生表现"抢眼"。这说明，唯独理科学生在道德价值问题上，明显比其他学科学生负面认识要强烈，所受到的非道德主义社会思潮的负面影响要更严重。但是，文科、理科、工科和艺术类学生选择"非常不同意"和"比较不同意"的占其学科类别内的 58.9%、45.1%、44.9% 和 37.5%（又见表 4-54）。可以看出，这里也有三个比较明显的数字台阶。这组数据最少说明，在道德价值判断方面，绝大多数文科学生能够做出正确的道德价值判断，而理工科和艺术类学生的这一数字不到一半。这其中，正确道德价值判断能力表现最低的是艺类学生。如果将"道德价值判断"改为"道德能力"和"道德行为",则意味着,艺术类学生抵御非道德主义社会思潮能力在四个学科类别中是最低的。

表4-54　"学科类别"与"道德规范都是对人性的禁锢"交叉调查结果　　单位:%

			道德规范都是对人性的禁锢					总计
			非常同意	比较同意	一般	比较不同意	非常不同意	
学科类别	文科	人数(人)	33	111	201	342	153	840
		学科类别内的百分比	3.9	13.2	23.9	40.7	18.2	100.0
	理科	人数(人)	24	114	147	147	87	519
		学科类别内的百分比	4.6	22.0	28.3	28.3	16.8	100.0
	工科	人数(人)	18	48	159	117	66	408
		学科类别内的百分比	4.4	11.8	39.0	28.7	16.2	100.0
	艺术	人数(人)	3	12	60	36	9	120
		学科类别内的百分比	2.5	10.0	50.0	30.0	7.5	100.0
总计		人数(人)	78	285	567	642	315	1887
		学科类别内的百分比	4.1	15.1	30.0	34.0	16.7	100.0

Chi-square test 检验:$df=12$　　$p=0.000<0.05$

这种情况和特点在下面调查题目中得到了进一步确证。从学生对于题目"人们行为的道德价值纯粹是由评价者的利益和好恶所决定的"的回答中,文科、理科、工科和艺术类学生选择"非常同意"和"比较同意"分别为29.7%、39.3%、41.6%和45.0%(见表4-55),可以看出,伦理主观主义对大学生的消极影响非常突出。理工科和艺术类学生更多地把道德价值看作是个人主观意志的表现,也就是说,他们所受到的非道德主义社会思潮消极影响更为严重。

表 4-55　"学科类别"与"人们行为的道德价值纯粹是由评价者的利益和好恶所决定的"交叉调查结果　　单位：%

<table>
<tr><th colspan="3" rowspan="2"></th><th colspan="5">人们行为的道德价值纯粹是由评价者的利益和好恶所决定的</th><th rowspan="2">总计</th></tr>
<tr><th>非常同意</th><th>比较同意</th><th>一般</th><th>比较不同意</th><th>非常不同意</th></tr>
<tr><td rowspan="8">学科类别</td><td rowspan="2">文科</td><td>人数（人）</td><td>57</td><td>192</td><td>291</td><td>222</td><td>78</td><td>840</td></tr>
<tr><td>学科类别内的百分比</td><td>6.8</td><td>22.9</td><td>34.6</td><td>26.4</td><td>9.3</td><td>100.0</td></tr>
<tr><td rowspan="2">理科</td><td>人数（人）</td><td>33</td><td>171</td><td>153</td><td>102</td><td>60</td><td>519</td></tr>
<tr><td>学科类别内的百分比</td><td>6.4</td><td>32.9</td><td>29.5</td><td>19.7</td><td>11.6</td><td>100.0</td></tr>
<tr><td rowspan="2">工科</td><td>人数（人）</td><td>24</td><td>147</td><td>123</td><td>84</td><td>33</td><td>411</td></tr>
<tr><td>学科类别内的百分比</td><td>5.8</td><td>35.8</td><td>29.9</td><td>20.4</td><td>8.0</td><td>100.0</td></tr>
<tr><td rowspan="2">艺术</td><td>人数（人）</td><td>0</td><td>54</td><td>45</td><td>15</td><td>6</td><td>120</td></tr>
<tr><td>学科类别内的百分比</td><td>0.0</td><td>45.0</td><td>37.5</td><td>12.5</td><td>5.0</td><td>100.0</td></tr>
<tr><td colspan="2" rowspan="2">总计</td><td>人数（人）</td><td>114</td><td>564</td><td>612</td><td>423</td><td>177</td><td>1890</td></tr>
<tr><td>学科类别内的百分比</td><td>6.0</td><td>29.8</td><td>32.4</td><td>22.4</td><td>9.4</td><td>100.0</td></tr>
</table>

Chi-square test 检验：$df = 12$　　$p = 0.000 < 0.05$

在对"道德只是用来说一说的，至于具体怎么做，那就是另一回事了"一题的回答中，文科、理科、工科和艺术类学生选择"非常同意"和"比较同意"的占 21.0%、25.7%、27.7% 和 10.0%（见表 4-56），在这里，与文科、艺术类学生相比较，理工科学生更多地将道德看作是"说""做"可以不一致的，道德认识和道德实践是相互背离、相互分裂的。有趣的是，艺术类学生在对这一题目的回答中，即，在道德认识和道德行为统一性问题实践态度上，明显好于其他类学生。综合上边几个题目的表现，可以看出，艺术类学生在道德问题上，更加"直率"。当然，这种"直率"与诚实这一道德规范是没有本质同一性的。虽然在道德本体论和道德价值论的其他题目上，他们的表现和理工科学生的区别并不悬殊，但是，在此，两者之间的区别是非常明显的，他们更倾向于直接表达自己的道德情感和道德价值取向。

表4-56　"学科类别"与"道德只是用来说一说的，至于具体怎么做，那就是另一回事了"交叉调查结果　单位：%

			道德只是用来说一说的，至于具体怎么做，那就是另一回事了					总计
			非常同意	比较同意	一般	比较不同意	非常不同意	
学科类别	文科	人数（人）	39	138	252	294	117	840
		学科类别内的百分比	4.6	16.4	30.0	35.0	13.9	100.0
	理科	人数（人）	18	114	135	153	93	513
		学科类别内的百分比	3.5	22.2	26.3	29.8	18.1	100.0
	工科	人数（人）	12	102	123	102	72	411
		学科类别内的百分比	2.9	24.8	29.9	24.8	17.5	100.0
	艺术	人数（人）	3	9	33	51	24	120
		学科类别内的百分比	2.5	7.5	27.5	42.5	20.0	100.0
总计		人数（人）	72	363	543	600	306	1884
		学科类别内的百分比	3.8	19.3	28.8	31.8	16.2	100.0

Chi-square test 检验：$df=12$　　$p=0.000<0.05$

第三，不同学科类别学生对于集体主义和个人主义的认识是不同的。当代大学生对于现实道德生活状况的消极性评价的比例还比较高。在对于"您对当代中国社会道德状况的总体评价"一题的回答中，选择"非常差"和"比较差"的文科、理科、工科和艺术类学生分别占24.7%、21.7%、23.3%和25%。选择"非常好"和"比较好"的文科学生、理科学生、工科学生和艺术类学生分别占16.6%、16.9%、17.1%和12.5%（见表4-57）。可以看出，文理工科学生的选择比例差距不大，但是，艺术类学生对于当代中国社会道德的总体状况的好评比例较小。文科、理科、工科和艺术类学生选择"非常差"和"比较差"人数比例分别比选择"非常好"和"比较好"人数比例高8.1%、4.8%、6.2%和12.5%。选择"非常差"和"比较差"人数比例分别是选择"非常好"和"比较好"人数的149%、128%、136%和200%。文科学生和艺术类学生对于当前道德状况评价的好评和差评之间的对立比较尖锐。艺术类学生差评人数几乎是好评人数的2倍。

表4-57　"学科类别"与"您对当代中国社会道德状况的总体评价"交叉调查结果　　单位：%

			您对当代中国社会道德状况的总体评价是					总计
			非常好	比较好	一般	比较差	非常差	
学科类别	文科	人数（人）	21	114	477	192	9	813
		学科类别内的百分比	2.6	14.0	58.7	23.6	1.1	100.0
	理科	人数（人）	3	81	306	87	21	498
		学科类别内的百分比	0.6	16.3	61.4	17.5	4.2	100.0
	工科	人数（人）	3	63	231	84	6	387
		学科类别内的百分比	0.8	16.3	59.7	21.7	1.6	100.0
	艺术	人数（人）	3	12	75	21	9	120
		学科类别内的百分比	2.5	10.0	62.5	17.5	7.5	100.0
总计		人数（人）	30	270	1089	384	45	1818
		学科类别内的百分比	1.7	14.9	59.9	21.1	2.5	100.0

Chi-square test 检验：$df=12$　　$p=0.000<0.05$

与上述情况相关，大学生对于集体主义、个人主义的认识也存在相似规律和特点。可以看出，如何处理集体和个人关系问题，不同专业学生的回答是有差别的。在对于题目"自己的行为由自己的好恶和利益来决定，无需考虑别人的感受"的回答中，文科、理科、工科和艺术类学生选择"非常同意"和"比较同意"人数分别占15.1%、20.7%、26.3%和25.0%（见表4-58）。可以看到，在工科学生和艺术学生中，更加注重自己的认识、不太关心别人对自己行为看法的人数最多，个人主义道德选择取向比较突出，明确承认奉行个人主义道德取向的人数都超过了四分之一。对于同一题目，文科、理科、工科和艺术类学生选择"非常不同意"和"比较不同意"人数分别占60%、50.5%、49.7%和57.5%。可以看出，对于个人主义持有明确反对态度的人数，文科学生和艺术类学生比理科学生和工科学生明显要多，人数都大致多于7%。

表4-58　"学科类别"与"自己的行为由自己的好恶和利益来决定，无需考虑别人的感受"交叉调查结果　　单位：%

			自己的行为由自己的好恶和利益来决定，无需考虑别人的感受					总计
			非常同意	比较同意	一般	比较不同意	非常不同意	
学科类别	文科	人数（人）	36	90	207	324	177	834
		学科类别内的百分比	4.3	10.8	24.8	38.8	21.2	100.0
	理科	人数（人）	24	84	150	174	90	522
		学科类别内的百分比	4.6	16.1	28.7	33.3	17.2	100.0
	工科	人数（人）	12	96	99	126	78	411
		学科类别内的百分比	2.9	23.4	24.1	30.7	19.0	100.0
	艺术	人数（人）	3	27	21	54	15	120
		学科类别内的百分比	2.5	22.5	17.5	45.0	12.5	100.0
总计		人数（人）	75	297	477	678	360	1887
		学科类别内的百分比	4.0	15.7	25.3	35.9	19.1	100.0

Chi-square test 检验：$df=12$　　$p=0.000<0.05$

集体主义是社会主义道德的基本原则，"先公后私"是社会主义道德的一个基本要求。二者具有内在关系，是辩证统一的。在对于题目"'先公后私'在当代中国仍然具有必要性"的回答中，选择"非常同意"和"比较同意"的文科、理科、工科和艺术学生分别为44.1%、50.0%、48.2%和40.0%。明确认同并支持"先公后私"道德要求的学生人数都没有超过一半（见表4-59）。文科学生和工科学生还是更加注重集体利益。而理科学生和艺术类学生则明显对"先公后私"的认同度要低。

表4-59 "学科类别"与"'先公后私'在当代中国仍然具有必要性"交叉调查结果

单位：%

学科类别			非常同意	比较同意	一般	比较不同意	非常不同意	总计
学科类别	文科	人数（人）	90	279	324	132	12	837
		学科类别内的百分比	10.8	33.3	38.7	15.8	1.4	100.0
	理科	人数（人）	57	204	180	69	12	522
		学科类别内的百分比	10.9	39.1	34.5	13.2	2.3	100.0
	工科	人数（人）	48	150	141	57	15	411
		学科类别内的百分比	11.7	36.5	34.3	13.9	3.6	100.0
	艺术	人数（人）	6	42	54	15	3	120
		学科类别内的百分比	5.0	35.0	45.0	12.5	2.5	100.0
总计		人数（人）	201	675	699	273	42	1890
		学科类别内的百分比	10.6	35.7	37.0	14.4	2.2	100.0

Chi-square test 检验：$df = 12$　　$p = 0.073 < 0.05$

第五章　克服非道德主义社会思潮消极影响的对策

非道德主义社会思潮作为一种非主流意识形态，与社会主义核心价值观是格格不入的①，与传统革命道德是背道而驰的，与社会主义道德基本原则和核心是相互对立的，与中外传统美德是相互抵触的。非道德主义社会思潮对于人们道德意识和道德行为的消极影响和危害是不容忽视的。在思想道德教育领域，研究克服非道德主义社会思潮消极影响的理路，具有非常重要的理论意义和现实意义。通过问卷调查，本书认为，只有全面加强和深入改进传统道德教育，提高思想政治教育的实效性、时效性和针对性，才能消解非道德主义社会思潮的消极影响。为此，在宏观层面，国家思想上层建筑系统应该在尊重社会舆论传播规律的基础上，以交互式、立体化、多元性为原则，从传播者、讯息、媒介、受传者和效果等方面进行综合应对，探寻"以德治国"工程的最佳运行机制和模型，推动国家道德治理体系和道德治理能力的现代化；在中观层面，高等学校的思想政治理论教育体系应该具有全局观念，设计思想政治理论"课程链"齐头并进、综合应对非道德主义消极影响的专题教学论和案例教学论对策，建构思政"课程链"应对非道德主义消极影响的教学内容上的阻隔、反击节点嵌合模型，把培养学生社会主义道德水平和素质放到教育的中心位置；在微观层面，包括大学生在内的公民个人应该不断丰富自身的道德情感和道德知识，严守社会主义道德规范和道德原则，提高道德品

---

① 戴木才：《中国特色核心价值观的传统、显示与前景》，广西人民出版社2011年版，第56页。

质和道德能力，加强道德修养和道德品质，自觉抵制非道德主义社会思潮的诱惑和侵蚀。

第一节　宏观社会舆论层面：弘扬社会主义道德实践理性

法律是准绳，任何时候都必须遵循；道德是基石，任何时候都不可忽视。[①] 当代中国必须高度重视非道德主义问题。如前所述，非道德主义社会思潮往往在社会转型或变革时期以异常活跃的状态表现出来。在新道德与旧道德之间、这一阶级道德与那一阶级道德之间，往往会展开非常尖锐的斗争和博弈，以争夺社会政治资源和道德资源，进而引导或推动整个社会朝向有利于自身的方向变化、发展。在某种意义上，社会转型也就是道德转型，社会改革和革命就是道德改革和革命。道德"是""非"之争，说到底，就是利益之争、阶级之争在思想道德领域的反映和表现，是意识形态斗争的反映和表现。流行于当代中国社会的种种非道德主义思潮，无不具有自身的核心价值取向，并将批评对象指向社会主义的道德原则、道德规范和道德范畴。因此，应该站在"道德意识形态安全"的宏观高度，积极、正确、严肃、有效地应对各种非道德主义社会思潮的挑战，引导整个社会大力弘扬社会主义道德实践理性，下工夫消除非道德主义社会思潮的消极影响和危害。

一　清醒认识非道德主义社会思潮的实质

要有效克服非道德主义社会思潮的消极影响，就必须首先正确认识非道德主义社会思潮的理论本质。对于非道德主义社会思潮的正确认识，是消除非道德主义社会思潮消极影响的基本前提。正如列宁所说，没有革命的理论就不会有革命的实践。如果没有抓住非道德主义社会思潮的理论实质和价值内核，就不能形成克服非道德主义社会思

[①] 习近平：《坚持依法治国和以德治国相结合，推进国家治理体系和治理能力现代化》，《人民日报》2016年12月11日第1版。

潮消极影响的精神动力。苏格拉底曾经在深层逻辑意义上说过，没有人有意犯错误。如果有人"明知故犯"，那么说明他的"知"就不是真正意义上的"明"的知识。如果能够让人形成对于非道德主义的"明知"，那么，人们就能自觉避免和坚决抵制非道德主义社会思潮。因此，主流意识形态不仅要有这种"明知"，而且要通过社会舆论使这种"明知"，成为主流道德舆论。

要清醒认识非道德主义社会思潮的消极社会作用。社会发展史证明，非道德主义社会思潮既是对于社会变革实践的一种歪曲反映，也是对于社会道德变革实践的一种颓废鼓动，它们宣扬消极的实践精神。"智者"是一个贬义词，就是指古希腊那些为了获得高昂学费而从事哲学教育的学者。他们的目的不在"善""正义"，而在于"利"，他们论辩的目的不在于"真理"，而在于赢得口舌官司。他们的道德虚无主义主张，是社会乱象病症的一部分，而不是城邦治理的"一剂良方"。因为被他们所吸引的那些贵族"年轻人有的需要在法庭上辩护，有的期望在政治上出头，因此乐意支付高昂的'学费'接受训练和指导。"① 普罗泰戈拉起诉自己拒交学费的学生欧阿苏斯，他说："那好吧，假如我打赢这场官司，你必须补交学费，因为判决结果是以我的名义得出的；假如你打赢这场官司，你依然要补交学费，因为这时你已经打赢了一场官司。"② 对此，亚里士多德的看法是正确的：这简直就是颠倒黑白！③ 这就如同中国历史上的老庄哲学和魏晋玄学的非道德主义一样，它们的"玄之又玄"，最多只是对于"礼崩乐坏""邪说暴行"的一种消极拒绝，它们的"出世"，并没有给社会发展提供一种积极的建设性方案。当代中国新自由主义批评"老左派"的"大民主""街头政治"的非道德主义，认为这些主张"本身就是病，而不是药方"。但是，事实上，当代中国新自由主义同样也宣扬另一种具有明显社会达尔文主义取向的非道德主义。这个

---

① ［英］安东尼·肯尼：《牛津西方哲学史》第1卷《古代哲学》，王柯平译，吉林出版集团股份有限公司2016年版，第29页。
② 同上书，第35页。
③ 同上（Rh. 2. 24. 1402a 25）。

批评是深刻而有益的。正如列宁所说:"当一个唯心主义者在批判另一个唯心主义者的唯心主义基础时,常常是有利于唯物主义的。"①这种批判让人们更加清晰地从反面确认了"唯心主义"非道德主义消极颓废社会作用的错误实质。总之,我们必须清醒认识到,当代中国非道德主义社会思潮就是良好社会道德风貌的腐蚀剂。

要清醒认识非道德主义社会思潮的理论错误。道德哲学发展史证明,非道德主义社会思潮的理论错误就是,它们缺乏或违背实践的唯物论和实践的辩证法。非道德主义社会思潮否认道德事实和道德价值的客观性,否认道德与非道德、善与恶之间的确定界限。它们常常从抽象的人性恶理论假设出发,否定和怀疑道德事实的真实性和可能性,通过将道德事实归结为"虚伪"的道德假象而消解道德的合理性。韩非子就将道德看作是社会发展的阻力,所以,"仁义丧国""慈惠乱政"。他说:"民者固服之势,寡能怀仁义。"(《五蠹》)医生善吮人之血,绝非仁义,不过是为了诊疗费的利益而已。即便像仲尼这样的所谓"天下圣人",也是一样,他还不是做了鲁哀公的臣下,所以,"仲尼非怀其义,服其势也。"(《五蠹》)而在尼采那里,道德不过是弱者的呻吟,是"末人"的救命稻草。当代中国的非道德主义社会思潮也怀疑道德事实和道德价值的客观性和可能性。在它们看来,人在本质上是自私的,社会主义道德所宣扬的"集体主义"是错误的,"大公无私"甚至"先公后私"是不可能的,主流道德意识形态所推举的道德榜样人物及其道德行为是虚假的。它们甚至公然将社会主义道德看作是市场经济的思想阻力和保守力量。它们对"勤俭节约"美德的积极作用视而不见,公然宣称"勤俭节约"是不合时宜的,是抑制经济增长的阻力。总而言之,只有坚守和宣传马克思主义的实践唯物论和实践辩证法,才能坚守道德事实、道德价值、道德真理的唯物本性和辩证本性,才能坚持科学的道德观,才能认清非道德主义社会思潮在逻辑和理论上的错误,并自觉地划清与它的理论界限。

---

① 《列宁全集》第55卷,人民出版社1990年版,第243页。

要清醒认识非道德主义社会思潮的价值本质。在历史上，各种非道德主义社会思潮都有自己独特的价值目标和价值追求，如果不了解其道德价值的这些本质属性，就不可能正确认识这些非道德主义社会思潮本身。同样，在当代中国，要彻底克服非道德主义社会思潮的消极影响，就必须严格甄别非道德主义社会思潮与毛泽东思想、中国特色社会主义之间的关系，认真对待它们彼此在价值取向上的实质性区别。无可否认，这就像很少有虚无主义者明确、公然承认自己的思想就是虚无主义一样，在当代中国，没有人明确地倡导非道德主义，没有人明确、公然承认自己的思想就是非道德主义。但是，这并不意味着当代中国就不存在非道德主义。当代中国的非道德主义思潮潜藏在各种社会思潮之中。所谓新自由主义、民粹主义、"新左派"、极端民族主义、历史虚无主义、无政府主义和后现代主义等，正如前文所述，都包含着清晰的非道德主义或道德虚无主义的理论内容和价值诉求。它们无不从或"左"、或右的方向，借用或"中"、或"西"的道德理论资源，要么直接否定社会主义道德，要么将社会主义道德推向"乌托邦"。在它们那里，历史优良道德传统被"消解"为"骗局"或"虚伪"，道德楷模被"矮化"为"无耻之徒"或"懵懂小人"，道德英雄被"神话"或"戏说"为"巫妖方士"或"三头六臂"。可以说，各色的非道德主义，在理论表现方式上，就是个人主义甚至极端个人主义；在价值归属上，就是利己主义甚至极端心理利己主义，它们是自觉或不自觉地与社会主义的集体主义道德原则、为人民服务道德核心针锋相对的。对于各种非道德主义社会思潮，如果审视一下"是谁说的—传播者""说了什么—讯息媒介"和"说给谁—受传者效果"[1]，那么，我们就能够把握它的道德价值内蕴，就能够分辨它的意识形态色彩，并自觉坚持社会主义道德的实践性、科学

---

[1] 美国著名政治学家哈罗德·拉斯韦尔认为，传播过程有"谁（Who）""说什么（Say What）""通过什么途径（In Which Channel）""向谁（To Whom）"和"有什么效果（With What Effect）"等五个要素。相应的，对传播过程的研究就有控制分析、内容分析、媒介分析、受众分析和效果分析等五种方法。这是传播学领域最有影响力、使用最为普遍的一种分析范式。参见哈罗德·拉斯韦尔《社会传播的结构与功能》，展江、何道宽译，中国传媒大学出版社2013年版，第35—36页。

性和革命性价值取向。

二 加强社会主义道德观宣传教育

"革命的"道德实践需要"革命的"道德理论宣传和教育。马克思说:"哲学把无产阶级当作自己的物质武器,同样,无产阶级也把哲学当作自己的精神武器;思想的闪电一旦彻底击中这块素朴的人民园地,德国人就会解放成为人。"[1] 马克思所提出的这一思想观点,后来被列宁发展为著名的"灌输论"。在列宁看来,群众不会自发地产生系统的革命意识。这就意味着,人民群众不会产生系统性的"革命道德意识"。在当代中国,不经过社会主义道德教育,就寄望普通群众具备深刻的反思和批判非道德主义社会思潮的能力,显然是不现实的。因此,加强社会主义道德精神的"灌输"工作,使人民群众掌握社会主义道德理论,已经成为克服各种非道德主义社会思潮的一项非常重要的任务。"理论一经掌握群众,也会变成为物质力量。"[2]

要坚守社会主义道德舆论阵地,批判并限制非道德主义思潮传播,为社会主义道德观念、道德规范和道德范畴的普遍实践鸣锣开道。道德意识和伦理规范是靠社会舆论传播和发挥作用的,因此,社会主义思想上层建筑系统,必须占领舆论高地,旗帜鲜明地反对非道德主义,维护社会主义道德资源,为社会主义道德的普遍弘扬建构良好的社会大氛围。近年来,"由于市场机制的作用,公益性媒体与经营性媒体同时存在,一些媒体通常采取选择性的姿态来对待信息,其信息传播的内容和方式往往与社会效益、经济效益相连,这些因素使得社会舆论呈现出多层次的复杂状态"[3]。社会主义道德宣传出现了一些问题,道德"正能量"无法表现出来。一些媒体热衷于负面道德事件报道,热衷于对个别道德丑恶事件的炒作、热衷于将特殊的道德负面问题和社会主义本身挂起钩来。这些不正常现象,都或多或少

---

[1] 《马克思恩格斯选集》第 1 卷,人民出版社 2012 年版,第 16 页。
[2] 同上书,第 9 页。
[3] 徐蓉:《社会主义核心价值体系引领舆论导向研究》,《社会主义研究》2009 年第 2 期。

地宣扬了"道德滑坡"错误，为非道德主义社会思潮的传播在一定程度上起了推波助澜的作用。"彭宇案""小悦悦事件""倒了不扶"等现象的新闻报道和新闻评论[①]，为人们严肃思考当代道德问题，为整个社会认真思考道德舆论应该如何正确谴责非道德现象，提供了沉痛教训。因此，在当代，保证报纸杂志、电视、广播、网络和手机等五大媒体，理直气壮地分辨社会主义道德价值之所是所非、所善所恶、所美所丑，已经成为一项十分重要的工作。正确分辨并大力倡导社会主义道德价值观，既是正确道德舆论导向的重要内容，同时，也是有效道德舆论导向的前提。

要捍卫马克思主义和社会主义道德研究阵地，在道德研究领域倡导实践唯物论的客观精神，发扬实践辩证法的科学意识。研究表明，当代中国学术媒体或准学术媒体发表的"马克思主义和社会主义道德"类的研究成果，总体上是积极健康的，但是，也存在一些"非马克思主义正义论""非社会主义道德论"的不良现象。如有意地夸大马克思和恩格斯在"正义"问题上的分歧，有意地夸大马克思和列宁在"集体主义"问题上的分歧，有意地夸大毛泽东和邓小平在"义利关系"问题上的分歧，然后在所谓"文本"和"历史"层面"安排"两者在互相排斥中都否定对方而同归于"错"。这些研究成果往往脱离具体历史实践条件，离开辩证法的整体性原则，离开具体的语言历史环境，用局部代替整体，用支流代替全部，最后得出并夸大一些片面性观点。比如，有观点将马克思对于资本主义道德的批判等同于马克思对于道德的批判，宣称在《资本论》文本基础上看出，马克思和恩格斯是以"资本物化逻辑"为根据的道德虚无主义者。还有一些论著将"国外马克思主义道德"和"马克思主义道德"混为一谈，"国外马克思主义道德"俨然成为"马克思主义道德"唯一正确的现代合理形式。在这些文本中，普遍存在着"国外马克思主义

---

① 在这些道德事件的新闻报道和新闻评论中，存在较为突出的新闻伦理问题。它们客观上宣扬了"道德滑坡论"，营造了某种意义的道德悲剧意识，具有较为明显的道德恐怖主义的色彩，本身就是非道德主义的。参见李建森、刘顿《对道德命题实证叙述的反思——兼论实证社会科学视域"道德滑坡"言说的得与失》，《中州学刊》2013年第9期。

道德"前提预设,"国外马克思主义道德"现在不再是研究的问题,而是僭越为"地平线",即研究背景。"三个代表重要思想""科学发展观""绿色发展理念"等所包含的道德寓意,被还原为"人本主义""生态社会主义""有机马克思主义"等伦理话语,"供给侧改革"被还原为"供给学派理论"。总而言之,"马克思主义道德""中国化马克思主义道德"完全成了这些西方道德思想的"注脚",唯独成不了"马克思主义道德""中国化马克思主义道德"本身。当代中国学术媒体,在某些范围中,在某些条件下,有关社会主义道德体系研究成果的出版、发表和宣传甚至出现一定困难,道德价值话语出现了"言必称西方"的不正常现象,社会主义道德语言反而成为一种"弱势语言"。因此,学术媒体应该最少给予马克思主义道德研究以一定阵地,这样才能使它们与种种非道德主义社会思潮进行公平的学术争论。

三 提高人们的社会主义道德思维水平

从整个社会层面普遍地提高人们的社会主义道德思维水平,是抵制和克服非道德主义社会思潮消极影响的重要前提、途径和环节。在马克思看来,道德是人们对于现实世界的一种特殊把握方式,即,"实践精神",或者说实践理性的把握方式。[①] 它首先是一种精神力量、一种精神能动性,其次是一种现实实践活动。也就是说,它在本质上,就是"人的本质力量的对象化"过程。因此,作为"人的本质力量"的道德精神力量,在某种程度上限定了人的道德价值和道德事实创造性的高度。人们道德水平的发展程度是与人们的道德思维水平和道德行为能力密切相关的。在实践唯物主义看来,从一般意义上说,道德思维就是站在时代精神的高度对于道德意识的前提批判以及对于道德现象、道德价值的善恶性质的评价。具体地说,就是要思考如下问题:自己时代需要的道德精神是什么?怎样看待这种道德精神在人类精神发展史上的地位?它与其他道德精神之间的关系是什么?

---

① 《马克思恩格斯全集》第46卷上,人民出版社1979年版,第39页。

而正确地解决这些问题,是社会主义道德思维必须达到的基本水平。只有这样,才能在思想上将社会主义道德观与非道德主义道德观自觉地区分开来,并落实到人们的具体道德实践中去。

非道德主义社会思潮忽视、怀疑甚至否定社会主义道德的时代精神,它们总是有意无意地将社会主义道德和社会主义政治意识形态割裂开来,从而淡化了非道德主义思想和行为的政治错误。因此,站在中国社会主义改革的时代高度,把握社会主义道德的时代意义,就成为抵制非道德主义社会思潮消极影响的道德思维前提。为此,就要掌握非道德主义社会思潮和社会主义核心价值观的对立关系,就要领会社会主义核心价值观和社会主义道德观之间的辩证统一关系,科学建构社会主义道德体系,扎实推进社会主义核心价值观的道德规范化进程。中共十八大提出,要大力培育和践行社会主义核心价值观,并提出了"富强、民主、文明、和谐,自由、平等、公正、法治,爱国、敬业、诚信、友善"12个范畴"24字方针"。可以看出,这些范畴都具有鲜明的道德色彩,或者说,这些概念中的大多数都可以看作道德规范或德目。但是,它们不是一般的、"普世的"道德规范或德目,而是社会主义的道德规范或德目。它们的本质特征就是"社会主义性",就是它们的社会主义意识形态性,就是它们的"无产阶级性"。在伦理学领域,它就体现为"集体主义"的道德原则、"为人民服务"的道德核心,并将其具体化为道德要求和道德范畴,然后贯彻到社会生活各个方面。这就是《中共中央关于加强社会主义精神文明建设若干重要问题的决议》明确提出的社会主义道德体系:"社会主义道德建设要以为人民服务为核心,以集体主义为原则,以爱祖国、爱人民、爱劳动、爱科学、爱社会主义为基本要求,开展社会公德、职业道德、家庭美德教育,在全社会形成团结互助、平等友爱、共同前进的人际关系。"[1]

非道德主义社会思潮,奉行极端主义的道德思维方式,无法正确认识和处理道德文化的历史性问题,不能正确对待道德和时代的实践

---

[1] 转引自罗国杰《建设社会主义道德体系的几个问题》,《思想理论教育导刊》2010年第6期。

关系。因此，为了避免这种错误，为了反对和抵制非道德主义社会思潮的破坏性作用，就要坚持马克思主义的辩证否定观，在对各种道德思潮的批判中，在对古今中外道德思潮优秀成果的吸收借鉴中，繁荣和发展社会主义道德文化。社会意识具有相对独立的发展规律，一方面，它有自己的社会存在基础和根源，另一方面，它又具有自身独特的发展规律。在一定条件下，它可以超越或滞后于自己的社会存在基础。道德作为社会意识形态的一个基本形式，也具有自己的这种发展规律。因此，现在看来是消极的、错误的道德意识，可能在另外的条件下曾经是合理的，或者是具有合理性的。社会主义的道德观应该积极始终保持一种开放的批判态度，大胆吸收和借鉴人类所创造的一切道德文明精华，从而不断优化自己的理论基础，增强自身的凝聚力和吸引力。与此同时，要积极吸收当代社会一切道德实践的经验教训，研究并解决现代社会道德生活的新问题、新情况、新挑战。这样，才能把握时代道德精神，顺应道德历史发展潮流，与时俱进，给现代社会道德生活提供科学的、进步的、积极的、乐观的道德理论指导。

第二节 中观高等教育层面：强化社会主义道德教育实践

在中观层面，高等学校要加强道德教育工作，加强对大学生道德生活的"范"和"导"。为了有效克服非道德主义社会思潮对于大学生的消极影响，抵制非道德主义社会思潮对大学生道德观的侵蚀和诱惑，高等学校的思想政治教育体系应该树立全局性、系统性、战略性理念，从大学生学校生活的各个方面，全方位、全时段、多层次精心设计道德教育改革思路和对策。高等学校要深刻认识自己在伦理道德教育方面的上层建筑职能，大力营造校园积极向上的道德文化氛围，努力净化校园网络道德文化环境，高校教师和管理工作者要铭记"为人师表""人之模范"的职责，思想政治理论"课程链"应该设计"分进合击"、综合应对非道德主义消极影响的专题教学论和案例教学论对策，建构思政"课程链"这一应对非道德主义社会思潮消极影响的教学内容上的阻隔、反击节点嵌合模型,把培养学生的社会主义道德水平和素质放到教育工作的中心位置上,"贯穿于教育教学全过程"。[1]

一 强化学校立德树人职能

学校是抵御非道德主义社会思潮的重要阵地。学校教育本身首先必须是道德的。马克思曾经说过:"对宗教的批判最后归结为人是人的最高本质这样一个学说,从而也归结为这样的绝对命令:必须推翻使人成为被侮辱、被奴役、被遗弃和被蔑视的东西的一切关系。"[2] 作为现实关系中的人,"人是人的最高本质",这是马克思实践唯物主义的最基本的原则之一。人的存在和发展,始终必须体现人的本质属性,使人的本质在现实的社会关系中不断获得发展,这就是人的目的。从这一原理出发,学校教育教学就必须贯彻"人是人的最高本质"——即,"人是目的"的这样一个"绝对命令"。[3] 因此,所谓的"职业教育模式""素质教育模式"等都是具有一定片面性弊端的,这种认识,与马克思实践唯物主义的基本精神是不相吻合的,甚至,都没有达到同样提倡实践精神的美国教育哲学家杜威"教育即生活"的价值高度。教育宗旨绝不是"使人成为手段",教育是人的发展中的一个侧面或环节,这在社会主义条件下已经完全成为可能。应该全面地看待学校教育及其本质功能。在此,不仅仅教育过程是道德的,而且,教育的要素形式之一的"学生"也是道德的。也只有这样的学生,才能从本质上,将自己和非道德主义严格地划清界限。下面就以高等教育为例加以讨论。

高等学校应该明确自身的上层建筑性质和职能,将教书育人的根本任务落到实处。在马克思主义主义看来,教育属于上层建筑,具有

---

[1] 习近平:《在全国高校思政工作会议上的讲话》,见网址 http://news.xinhuanet.com/politics/2016-12/08/c_1120082577.htm。
[2] 《马克思恩格斯选集》第1卷,人民出版社2012年版,第10页。
[3] 马克思的观点和康德的观点是不同的。康德的"人"是大写的抽象的人,而马克思的"人"是现实的具体的人。因此,"认识目的"的"绝对命令"在康德和马克思那里就具有了完全不同的含义、内容和性质。

第五章　克服非道德主义社会思潮消极影响的对策 ▎273

上层建筑的"规范"和"引导"社会意识形态的基本职能。那些鼓吹"高等教育非上层建筑论""高等教育价值中立论"的观点，既是错误的，也是危险的。自人类社会进入现代时期以来，一些西方教育舆论虽然表面上极力鼓吹教育意识形态中立论观点，但是，背后里，西方国家从来没有停止对自己学校教育的价值渗透，也从来没有停止对其他国家特别是发展中国家学校教育的道德价值干涉活动或道德价值干涉企图，从来没有停止过对于作为中国未来的大学生资源的争夺。因此，社会主义高等学校的领导者、管理者应该不忘自己的历史使命，高度重视社会主义道德价值观教育在大学教育中的核心战略地位，给予高校社会主义道德教育一定的资源配置倾斜，至少给予高校社会主义道德教育以非歧视性的平等地位。毋庸置疑，当代中国高等学校的社会主义道德教育，还没有受到应有的重视，个别高校领导或管理工作者，缺乏马克思主义理论素养，忽视甚至歧视社会主义道德教育工作，给高校的社会主义思想道德教育造成严重的干扰和消极影响。这种情况必须得到高度重视和彻底改观。

要正确认识德才关系，处理好品德教育和才能教育之间的辩证关系问题。自改革开放以来，中国高等教育取得了很大的成绩，专业教育的成绩尤为突出，为社会培养了大量专门人才，每年培养数以百万计的工程师。2016年，中国已经挤进世界留学生接受国前5强。但是，不可否认，当代中国的思想政治道德教育还身陷各种困顿，存在不少问题，远未释放自身的全部活力。其中之一就是，重视专业专才教育、忽视道德品质教育的思想还非常普遍，专业课和专业课教师对于政治理论课和政治理论课教师的挤压力量不可谓不小。这种现象，已经成为高等学校思想政治理论"课程链"提高教学实效性的最大阻力之一。因此，专业教育一定要渗透伦理教育，这是现代教育在某种程度上成为职业教育后的一种普遍要求。伦理精神是专业精神的核心，离开积极伦理精神的精湛专业精神是不可思议的。可以说，伦理精神和道德素养是劳动力的倍增器。事实也证明，一名非道德主义者是很难为社会做出积极贡献的。他们不仅仅经常是非道德主义社会思潮的受害者，同时也常常是非道德主义社会思潮"病菌"的携带者和传播者。

要正确处理好道德外在价值与内在价值的关系问题。从实践唯物主义价值论出发，可以将道德的价值区分为外在价值和内在价值。道德价值，是外在价值和内在价值的统一。所谓道德的外在价值，就是道德因为其他外在因素而表现出来的价值。所谓道德的内在价值，就是道德本身所具有的自足价值，是因为自身的因素就具有的价值。如果割裂这种统一关系，就可能在理论上走向"道德工具论""道德庸俗论"和"道德神秘主义""道德直觉主义"，而这些观点最后都将滑向非道德主义泥淖。所以，学校道德教育，既要重视道德社会作用——在道德教育领域采用"革命的功利主义"的立场和方法，否则就是唯心主义，同时，在道德教育领域又要采用"革命的理想主义"的态度和追求——否则就是庸俗唯物主义，就是马克思所批判的"旧唯物主义"。关于前者，是当代中国学校做得风生水起的地方，甚至有一些学校已经有所"出格"①，但是，对于后者，则往往颇多不足。教育者应该清醒，学校道德教育，不是学生走出学校后或步入社会前的"游戏"，而是道德生活本身；发生在他们身上的善恶，具有成年人一样性质的社会意义和个人意义。因此，对于学生的道德教育和要求，绝不能当作"儿戏"而等闲视之，绝不能"勿以善小而不为，勿以恶小而为之"。要把握所有道德教育机会，把道德教育"贯穿于教育教学全过程"，这样，就能使得各级各类学生从本真处养成良好的道德习惯，从而能够自觉抵御非道德主义社会思潮的侵蚀。

二 完善道德教育机制

当前，非道德主义社会思潮之所以在一定范围内"几近泛滥"的一个重要原因就是，社会道德教育体制还存在一定的问题和不足之

---

① 如高等教育的过度产业化倾向。有一些学者认为："我国高校发展有三大败笔：一是教育过度产业化；二是盲目升格；三是盲目并校。"这种观点虽然未免以偏概全、过于极端嫌疑，但是，诸等现象却也在某些范围或方面客观实存。参见邹敏《高校人力资源研究》，西南交通大学出版社 2004 年版，第 35 页。

处，还不能完全满足社会主义道德教育要求，公民道德教育在形式、内容、方式、方法和制度等方面都还不能令人完全满意。数据显示，在部分厂矿企业和农村基层，公民的道德教育问题尤其突出，从而给非道德主义社会思潮的传播留下了空间和机会。因此，具体地研究不同社会阶层的道德教育机制建构和完善问题，已经成为一项重要的道德政治任务。因为研究条件限制，本书只讨论高等学校道德教育机制的完善问题。高等学校思想政治教育教学的各种资源要形成合力，要对非道德主义社会思潮形成理论和实践的合围之势。

要充分发挥我国高等学校所特有的辅导员制度的优点。高校辅导员不仅要关注大学生的日常生活问题，理直气壮地鼓励和表扬好人好事，坚决批评和反对道德不良现象，更重要的是，还要关怀大学生的道德精神生活问题。思想政治工作不能浮在表面而沉不下去，不能只看现象而对本质视而不见、听而不闻，不能仅仅把目光放在自己本职工作的有限层面而"故步自封"，要主动做大学生、家长、教师、导师等之间的桥梁，在深入的思想沟通基础上，共同成为大学生高尚道德情操的塑造者和见证人。

要充分发挥学生党团组织的"堡垒作用"。把党团支部建立在基层单位，是中国共产党思想政治和道德教育工作的一个卓有成效的创新。[①] 实证研究数据证明，基层党团组织对于落实党的路线方针政策发挥了关键作用，对于坚持和发展党的马克思主义道德思想和社会主义道德思想、道德规范等发挥了积极的"榜样作用""堡垒作用"。但是，需要注意的是，在学生党团员中还存在一些局部性的问题。比如，入党动机纯洁性不高的问题，有26.37%的研究生党员承认入党是为了增加就业或日后走上领导岗位的机会。[②] 退一步说，学生党团员毕竟还在道德知识和思维方面存在一些能力问题。对于一些复杂而

[①] 参阅《中国共产党红军第四军第九次代表大会决议案》（1929年12月），《毛泽东文集》第1卷，人民出版社1993年版，第88页。参阅吴新业等《古田会议精神与当代大学生》，南京大学出版社2014年版，第87页。

[②] 李浩：《充分发挥党团组织在研究生思想政治教育中的作用研究》，《广西大学学报》（哲学社会科学版）2012年第6期。

抽象的非道德主义思潮，它们自身未必就能明辨出来。因此，学校辅导员和教师，应该对这些党团员干部进行经常性的道德思维能力和道德理论水平的培养工作，让他们认清非道德主义社会思潮的理论和政治错误，看清非道德主义社会思潮的社会危害，掌握克服非道德主义社会思潮消极影响的方法，然后让他们有组织地深入到学生群众之中，成为抵制和克服非道德主义社会思潮消极影响的基本力量。

要充分发挥思想政治理论课的"主渠道作用"。思想政治理论教育体系中的各种课程和教学资源也要形成合力，把培养"四有"新人和为实现"中国梦"培养人才作为共同的历史责任，把自觉抵制各种非道德主义社会思潮对于大学生的侵蚀和诱惑当作不可懈怠的政治责任。为了高效完成这种历史责任和使命，高等学校的各级各层思想政治理论课必须在教学内容上相互衔接，在教学目标上相互配合，深入认真地从学理上研究非道德主义在哲学、经济学、政治学和社会学等领域的具体表现和逻辑症结所在，客观准确地揭示非道德主义在思想、政治、文化和经济等方面的阶级立场和价值态度，把对当代中国非道德主义批判看作一个系统的思想政治教育工程，进行缜密的部署和分工，对于马克思主义哲学、马克思主义基本原理概论、毛泽东思想和中国特色社会主义理论体系概论、中国近现代史纲要、思想道德修养与法律基础、形势与政策、科学社会主义、中国马克思主义与当代等课程，要在教学内容上找到批判非道德主义社会思潮的着力点，设计具有"精准性"的应对非道德主义消极影响的专题教学论和案例教学论，使非道德主义在强大的逻辑理论批判中失去青年人市场。

三 建设良好校园道德文化环境

道德教育需要良好的校园道德文化环境。"思想政治教育环境是构成思想政治教育过程的要素之一，是思想政治教育系统的外部条件，是人的思想品德形成和发展的客观基础。"[1] 道德教育环境是健

---

[1] 张耀灿等：《现代思想政治教育学》，人民出版社2006年版，第294页。

康人格和良好道德品质形成的必要条件。① 这些观点都比较深刻地揭示了良好外部环境在道德教育中的重要作用。在实践唯物主义看来，从本质上说，"环境"就是"主体本质力量的对象化"成果的体现，反过来，它又反作用于主体，发挥客体的本质力量的主体化作用。所以，马克思说：人"在改变环境的同时也改变着自己"②，"人创造环境，同样环境也创造人"③，"环境是由人来改变的，而教育者本人一定是受教育的……环境的改变和人的活动或自我改变的一致，只能被看作是并合理地理解为革命的实践"④。良好的校园文化环境，既是学生优秀的道德品质的感性表现，同时，也是学生形成优秀道德品质的必要条件。

良好的道德文化环境能够对道德教育成果起到积极的强化作用。高等学校要努力营造道德教育的校园道德文化环境和氛围，为大学生形成高尚道德品质提供基本的外部条件支持。从本质上看，文化就是文明的自我创造和展现过程。文明就是文化的光辉，而文化就是文明的实现。高等学校作为文化单位，在根本上应该呈现足够的文明气息和光辉，在总体上，应该有到处呈现一派进步和自由气象的道德境界。在这里，应该让人油然而生如沐德风的情感。为此，高等学校应该在校园物质文明和精神文明建设两个方面下大工夫，创造良好的道德环境。从楼堂馆阁的庄重肃穆、花鸟鱼虫的欢快活跃、石山水潭的深沉平静，到师生扫洒应对之间处处呈现的"与点之乐"景象⑤，点滴之间都形成范导大学生道德行为和品性的无形力量。通过反复的、持续的、累积的、全方位的强化作用，大学生在此等道德环境和氛围的熏陶之中，必能养成社会主义道德文化自觉，因此也必能自觉抵制各色非道德主义社会思潮的诱惑和侵蚀，必能养成德言善行之守成，并成为社会的栋梁之才。

---

① 祖嘉合：《论校园文化环境在大学生道德教育中的作用》，《北京大学学报》（哲学社会科学版）2002年第5期。
② 《马克思恩格斯全集》第3卷，人民出版社1971年版，第24页。
③ 《马克思恩格斯选集》第1卷，人民出版社2012年版，第172—173页。
④ 同上书，第134页。
⑤ （南宋）朱熹：《四书章句集注·论语》，齐鲁书社1992年版，第112页。

良好的道德文化环境能够对道德情感的形成起到感染作用。道德情感是道德意识的重要内容之一，是道德品质的重要组成部分，是人们在道德实践活动中所形成的对现实道德关系和道德行为的好恶、爱憎等心理活动。在通常情况下，道德情感具有直觉的、想象的和理性的形式，等等。它的具体内容一般表现为对一定个人、阶级、国家、社会的责任感、义务感、正义感和荣誉感，等等。道德情感一旦形成，就能够驱使人们选择正确的道德行为。如休谟所认为，没有善思，就没有善行。① 道德情感的形成，可以说是起之于情景而发之于衷心，即所谓触景生情。因此，营造良好的道德文化环境，显然是道德教育不能忽视的重要环节。教育者要积极建设动态或静态的道德景象，营造能够激发道德情感的道德氛围，通过形象、生动、直观、鲜活的感性道德景象和客观道德事件感染教育对象，激发他们的道德情感，激发他们对非道德现象和行为的憎恶、反感和鄙夷，激发他们对于良善现象和行为的爱慕、崇敬、同情和喜悦。

良好的道德文化环境能够对道德选择起到正确导向作用。在马克思的实践唯物主义看来，"人创造环境，同样环境也创造人"。② 这就意味着，是现实的人创造了道德文化环境，同样，道德文化环境也塑造了现实的人。优良的道德文化环境造就优良的道德人格，恶劣的道德文化环境产生拙劣的非道德人格。"在现代社会，思想政治教育环境的导向作用主要是通过规范导向、舆论导向和利益导向实现的。"③ 同样，良好的道德文化环境对道德选择的导向作用，也是通过倡导积极进步的道德规范、道德舆论和道德利益的方式发挥作用的。学校应当成为模范遵守社会主义道德规范的先进单位，要用社会主义道德规范引导学生的道德思想和道德行为，使他们远离非道德主义社会思潮的危害。学校应当保持经常性的社会主义道德舆论场景，用社会主义

---

① ［英］休谟：《人类理解研究》，商务印书馆1996年版，第509—510页。另参考沈云都《道德何以可教？民族际视野下的生成论道德学》，东南大学出版社2014年版，第161页。
② 《马克思恩格斯选集》第1卷，人民出版社2012年版，第172—173页。
③ 张耀灿等：《现代思想政治教育学》，人民出版社2006年版，第300页。

道德思想观念引导学生的道德选择方向，使他们避免非道德主义社会思潮的诱惑。当然，正确的利益引导也是必要的。邓小平就曾说过："如果只讲牺牲精神，不讲物质利益，那就是唯心论。每个人都应该有他一定的物质利益，但是，这绝不是提倡个人抛开国家、集体和别人，绝不是提倡个人都向'钱'看。"[①] 适当的、合理的利益激励，能够引导学生选择正确的义利观，反对急功近利的非道德主义社会思潮。

四 提高道德教育实效性

道德教育的最大特点在于它的实践性，道德教育是实践理性精神的追求和体现。追求道德精神向道德现象、道德实践的转化，追求道德层面的知行合一，是道德教育的永恒话题和最高价值境界。正所谓"学而时习之不亦乐乎"。教育应该不断克服教学过程中所出现的实践挑战，着力培养学生的道德创新能力，提高道德教育的实效性，这样才能使学生在具体的道德境遇中，坚守优秀的道德情操，选择正确的道德行为。

道德教育必须直面道德生活实践，要具有"实践意识"，学校道德教育必须加强道德实践教学。通过教育政策和教学方案设计，让大学生走出校园，深入社会道德生活，积极开展道德社会实践活动，丰富道德生活的内容，培育大学生坚决抵制非道德主义消极影响的道德情感和道德意志。列宁曾经说，理论是灰色的，生活之树常青。道德在本质上就是对于生活历史的一种实践理性把握。按照亚里士多德的观点来看，道德就是一种实践智慧。因此，对于非道德主义的理论批判是不能代替对于非道德主义的实践批判的。道德的实践教育比道德的理论教育更加重要。为了引导和鼓励大学生投身到现实的道德生活世界之中，坚定道德信念、体悟道德情感、养成道德素质、选择道德行为，高等学校、辅导员队伍和思想政治理论"课程链"应当从制度、机制、具体方案等层面，保证大学生道德社会实践活动的顺利展

---

① 《邓小平文选》第 2 卷，人民出版社 1994 年版，第 146 页。

开。应当做到：高等学校制定道德社会实践政策，思想政治理论"课程链"设计道德社会实践教案，辅导员和教师负责道德社会实践的具体实施，从而把道德社会实践教学落到实处，把大学生的道德实践活动深入贯彻、渗透到包括思想政治理论"课程链"的实践教学环节中去，使大学生在社会道德实践活动中更好地理解道德理论知识、强化道德思维能力、陶冶道德品格情操、养成道德实践意志。

道德教育必须遵循道德认识发展规律，要具有"科学意识"，学校道德教育课程设计必须符合道德认识论和道德心理学的一般规律。道德认知心理学的研究成果表明，"从心理知觉的逻辑排序到知觉组织的识别加工过程，将会历经自下而上和自上而下的两个加工过程"。[1] 这就是说，道德认识的形成过程是沿着两条路径进行的。一条是感性—归纳—经验的路径，也就是感性主义所主张的路径。另一条是理性—演绎—先验的路径，也就是理性主义所主张的路径。但是，感性主义和理性主义只是片面地发挥了两条路径中的一条。因此，在这些思想指导下的道德认识和道德实践，同它们的指导思想一样，会发生片面性的错误。感性主义的道德教育一般容易迷失在个别道德经验的事实丛林之中，难以清晰呈现道德的普遍性原则，最后必然不恰当地夸大道德的相对性，从而陷入道德相对主义的泥淖，成为非道德主义。理性主义的道德教育则相反，常常陶醉于先验道德教条的乌托邦幻象之中，片面强调道德的普遍性要求，忽视具体道德情境的特殊性内容，难以清晰呈现道德的实践性原则，最后一定会不恰当地夸大道德的绝对性，从而陷入道德绝对主义的泥淖，也成为非道德主义。

道德教育必须解决学生的实际道德困惑，要具有"问题意识"，把解决学生生活中的道德问题作为道德教育的核心。认识世界是为了改造世界的。"哲学家们只是用不同的方式解释世界，而问题在于改变世界。"[2] 所谓的"问题意识"，说到底就是，道德教育要面向现实

---

[1] 俞世伟：《论大学课程道德教育的科学机理与实效性》，《中国高等教育》2009年第2期。

[2] 《马克思恩格斯选集》第1卷，人民出版社2012年版，第140页。

问题，要解决现实问题。就是邓小平所说的"学习要精，要管用"。一言以蔽之，就是"要精学""要真学""要深学""要实学""要善学"。① 现代伦理学发展的一个重大变化，就是所谓的"应用转向""社会转向"或"生活转向"。其实质就是，伦理学的研究要面向社会、面向生活、面向问题，要解决问题。道德教育也要汲取现代伦理学发展的新经验、新成果。要关注社会改革和发展中的重大伦理问题，要关注科学革命和发展中所出现的重大伦理挑战，要关注人们现实生活所遇到新兴的伦理困境和道德难题，要关注社会生活中突发的伦理事件和道德热点问题。要研究这些问题并将成果反映在道德教育过程之中，给出学生在认识和处理这些问题时合理的伦理方案和道德选择的指导性建议，从而，将非道德主义社会思潮从这些领域驱逐出去。

第三节　微观个人发展层面：提升社会主义道德修养

要让大学生形成坚决抵制非道德主义消极影响的自觉道德能力，仅仅有社会、学校和家庭的外部作用是不够的。"如果学生没有内在的自我教育的愿望和要求，那么即使有再好的教育背景、教育条件和再优秀的教育者，也难以培养出有道德信念的人。"② 因此，俄罗斯教育家苏霍姆林斯基说："只有少年学会了不仅留心观察周围世界，而且留心观察自己本身，不仅努力认识周围的事物和现象，而且努力认识自己的内心世界，把他的精神力量用到使自己本身变得更好、更完美的时候，他才能成为一个真正的人。"③ 概括地说，"外来的"道

---

① 早在 2006 年，胡锦涛在《全国干部学习培训教材》的"序言"中就提出：学习的核心要求是要有针对性、实效性。2009 年 11 月 12 日，习近平在中央党校秋季干部进修班开学典礼上的讲话指出：学习不能装点门面、走走形式，不真学；不能心浮气躁、浅尝辄止，不深学；不能食而不化、学用脱节，不善学。
② 王健敏：《道德学习论》，浙江教育出版社 2002 年版，第 146 页。
③ ［俄罗斯］瓦·阿·苏霍姆林斯基：《少年的教育和自我教育》，姜励群等译，北京出版社 1984 年版，第 9 页。

德教育是不能代替"内生的"道德修养的。"所谓道德修养,是指个人在道德意识、道德行为方面,自觉地按照一定社会或阶级的道德要求,所进行的自我审度、自我教育、自我锻炼、自我改造和自我塑造的活动。"① 道德修养是个人在道德意识和道德行为上的吐旧纳新的品质跃升过程。它是理性自我对感性自我、良心自我对本能自我、义务自我对权利自我、理想自我对现实自我的合理调节和控制并最终实现协调一致的生命过程。正是道德修养这种道德思维的特殊形式,使得道德主体性在道德精神的内化过程中得以最后确立,也使得道德主体趋向道德自由。而真正的、积极的道德主体性和道德自由,正是包括大学生在内的现代社会公民摆脱非道德主义或道德虚无主义错误思潮侵蚀和影响的最有力的精神保障。为此,大学生就应当不断深化、拓展和加强道德修养活动,"自觉地用社会主义、共产主义新道德战胜和取代一切剥削阶级旧道德"②,用社会主义道德反对一切非道德主义社会思潮的错误。

一 提高道德学习能力和水平

要加强马克思主义伦理学基本理论学习,以马克思主义价值观、道德观,作为反对一切非道德主义的最终理论依据。要坚定马克思主义道德信念,贯彻社会主义道德基本原则、核心、范畴和要求,提高自己辨别道德对错、鉴别善恶道德理念的能力。马克思主义价值观是无产阶级实践的产物,是对于以往进步价值观的扬弃,是马克思主义的"不可移动的岩石"(齐格蒙特·鲍曼),是人类价值观发展史上的一次革命变革,是在实践的基础之上的科学性与革命性的统一。当代中国马克思主义伦理学所建构的社会主义道德体系,就是马克思主义价值观、道德观的中国化,是中国化马克思主义价值观、道德观的具体理论表现。社会主义道德体系的道德基本原则就是集体主义,它的核心就是为人民服务,而集体主义和为人民服务的核心,就是社会主义核心价值观所内蕴的道德价值观。它具有

---

① 唐凯麟:《伦理学》,高等教育出版社2001年版,第267页。
② 同上书,第270页。

自身的"内在逻辑"和"实践路径"①，这体现在，它也是在实践的基础上的科学性和革命性的统一，具有最先进性的基本价值特征，从理论的内在逻辑上剔除了滋生形形色色非道德主义的祸根，与种种非道德主义具有天然的对抗关系。因此，对于包括当代中国大学生在内的所有社会主义公民而言，只要严格要求自己，树立坚定的社会主义道德信念，认真履行社会主义道德义务，就能够在认识上识破非道德主义社会思潮的渗透，在行为上拒斥非道德主义社会思潮的诱惑。

要加强道德哲学和道德理论学习，培养高水平的道德思维能力和道德判断能力。道德思维能力、道德判断能力与道德行为能力显然都属于道德认识论范畴。它们之间的关系，在本质上看，就是认识和实践的关系。从人类认识这一宏观角度看，实践决定认识，先有实践后有认识，认识是在实践的基础上产生的。但是，从个人这一微观角度看，情况就发生很大变化，个人的认识绝大部分不是来自于个人自己的直接经验，而是来自他人、来自前人、来自书本，也就是说来自间接经验。因此，在个人的经验生活中，实际的情况往往是，并非先有实践，才有认识，而是先有认识，才有实践；并非先行后知，而是先知后行。人们的行为或实践总是在认识的指导下发生的。道德认识论虽然是一般认识论的一个特殊领域，但是，道德认识论的特殊规律和一般认识论的普遍规律之间具有内在的一致性。在个人的道德经验生活中，实际的情况也往往是，先知后行，即，先有道德认识，后有道德行为，个人的道德行为是在道德认识的指导下发生的。既然如此，那就意味着，如果没有高水平的道德思维能力和道德判断能力，就不可能具有正确的道德选择和道德行为。那么，培养道德思维和道德判断的基本方法和途径是什么呢？其一，遵循道德推理的逻辑性规律。② 其二，遵循道德推理的事实性

---

① 吴桂韩：《社会主义核心价值观培育的理论逻辑与实践路径》，《中国特色社会主义研究》2013年第3期。

② [美]史蒂文·卢坡尔：《伦理学导论》，陈燕译，中国人民大学出版社2008年版，第5—8页。

规律。其三，深入学习道德哲学史。①

二 借鉴人类优秀道德修养方法

在实践唯物主义看来，世界观和方法论是辩证统一的，道德观念和道德修养方法是辩证统一的。有什么样的道德观，就有什么样的道德修养方法论，而一定的道德修养方法论总是对应着特定的道德观。不同历史时期的不同阶级有着不同的道德观，相应的，它们也分别具有不同的道德修养方法论。中国儒家之理学和心学就有完全不同的道德修养方法论，释家和道家也分别都具有自己特色的道德修养方法论。但是，作为社会意识形态，不同的道德观和道德修养方法论具有历史继承性的特点，也具有某些普遍性的东西，具有或多或少的真理性。

因此，在如何正确对待历史上的道德修养方法问题上，我们要坚决反对历史虚无主义，坚持实践辩证法的立场和观点，要辩证看待道德哲学史上的道德修养方法论遗产，吸收和借鉴全人类优秀道德修养文化的精华，丰富和完善道德修养的内容、方式、方法和途径，提高道德修养的成效。

在中西伦理学的历史上，哲学家都十分重视对道德修养问题的研究，提出了许多卓有成效的道德修养途径、方式和方法。在古希腊理性主义看来，德性和知识是统一的，因此，道德修养的最基本途径就是获取理性知识并正确地应用知识。所以，苏格拉底说："美德即知识。"②苏格拉底的"智慧助产术"不仅仅是一种通过反思而迫近真

---

① 对于如何培养人们的哲学思维能力，恩格斯的看法是深刻的。他说："理论思维无非是才能方面的一种生来就有的素质。这种才能需要发展和培养，而为了这种培养，除了学习以往的哲学，直到现在还没有别的办法。"（《马克思恩格斯选集》第 3 卷，人民出版社 2012 年版，第 873 页）恩格斯还尖锐地批评道："在理论自然科学中，往往非常明显地显露出对哲学史缺乏认识。哲学上在几百年前就已经提出，并且在哲学界中往往早已被抛弃的一些命题，在理论自然科学家那里却常常作为崭新的知识而出现，甚至在一段时间里成为时髦。"（《马克思恩格斯选集》第 3 卷，人民出版社 2012 年版，第 874 页）显然，恩格斯所批评的这种现象在社会科学和人文科学领域表现得更加突出和严重。一些非道德主义的"时髦"或"风尚"，其实早已成为哲学史上的"古董"或"流弊"。另参阅孙正聿《"哲学就是哲学史"的含义与意义》，《吉林大学社会科学学报》第 51 卷第 1 期。

② [美]阿拉斯代尔·麦金太尔：《伦理学简史》，龚群译，商务印书馆 2003 年版，第 50 页。

理知识的方法,也应该被看作是鞭笞雅典政治家走向正义的教育方法,同时,它也应该被看作是苏格拉底个人探寻真理、追问良心、走向真诚的至善境界的个人道德修养方法。苏格拉底的这种修养方法是以先验论为基础的,甚至具有一定的怀疑论的色彩。一些哲学家就将苏格拉底归结为"智者"/"诡辩家",而且,在当时的雅典,苏格拉底的政治立场也是保守的。但是,"智慧助产术"所体现的道德修养方法之中所包含的对于真理的矢志不移精神,所体现的舍生取义的牺牲精神,在西方哲学史上受到高度评价;它所闪现的德性之光,在今天仍然具有很高的道德价值。德谟克利特和亚里士多德则强调要获得幸福和善,就要培养自己"谨慎"的"中道"精神。德谟克利特说:"凡想安宁生活的人,就不应当担负很多事情,不论是私事或公事,也不应该担负超过他的能力和本性的事。甚至当命运向他微笑并似乎要把他引向高处时,也还是小心为妙,不要去触动那超过他的能力的事。因为中等的财富、不巨大的财富更可靠。"① 在中国伦理学史上,儒道释各自所倡导的修养、修炼和修行的实质与核心就是品性修养、就是道德修养。它们各自的内部也分别具有不同的道德修养的仪式、程序、过程、途径和功能。儒家所推崇的"内自省""内自讼""中庸""忠恕""执敬""慎独""克己自律"以及"知行合一"等,都具有一定的合理性,是实现"成性""复性"的有效途径。当代大学生在道德修养过程中,可以批判地借鉴这些道德修养文化的积极合理的地方,培养自己优良的道德品质,为抵御非道德主义社会思潮的消极影响奠定坚实的道德品质基础。

三 培养积极道德情感和道德意志

要强化道德生活实践,培养积极的道德情感,磨炼坚韧的道德意志,追求高尚的道德理想。这样才能从根本上提高个人自身的道德思维能力和道德判断能力。"道德作为实践精神不仅是价值,而且是实现价值的行动,是有目的的活动。"② 道德如果仅仅停留在道德意识

---

① 周辅成:《西方伦理学名著选辑》上卷,商务印书馆1964年版,第73页。
② 罗国杰:《伦理学》,人民出版社1989年版,第54页。

的层次是远远不够的，它必须转化为一种优良的生活实践活动，才能体现出自身的实践理性的本质，才能体现自身的存在价值和意义。用亚里士多德的概念说就是，道德于是从"潜能"才变成了"实现"。这也许就是孔子所讲的"学而时习之不亦乐乎"的深层含义。也只有在这时，作为实践理性的道德才能将自身与科学、艺术和宗教区分开来。① 也是在这个意义上，"我们共产党员不能把理论学习和思想意识修养互相割裂开来。我们共产党员，不但要在革命的实践中改造自己，锻炼自己的无产阶级思想意识，而且要在学习马克思列宁主义理论的过程中改造自己，锻炼自己的无产阶级思想意识。"② 所以，大学生应该积极投身到火热的道德实践中去，并在道德实践中、在具体道德情景中亲身体验道德情感，感受道德生活中的主客观挫折和阻力，抵制非道德主义的侵蚀和诱惑。只有这样，才能在道德生活中历练并坚定自己的道德意志，实现社会和自身的道德理想。

---

① 马克思在《1857—1858 年经济学手稿》中，将人类把握世界的方式分为四种，即科学理论的、艺术的、宗教的和实践精神的。体现这四种方式的就是科学、艺术、宗教和道德等四种意识形式。

② 《刘少奇选集》上卷，人民出版社 1982 年版，第 112 页。

结　　论

　　人类社会正处于一个深刻转型的历史时期，"现代性"和"后现代性"之间的思想斗争，似乎已经动摇了人们过去曾经认为可以绝对信赖的那些传统"金科玉律"和神圣存在。在今天，当代中国也处于一个深刻转型的历史时期，在"市场经济"和"计划经济"彼此相互"扬弃"中，中国社会正朝着一个我们未曾思议、未敢期待的新未来前行。而这两个"深刻转型"交织在一起，给我们带来了很大的道德震动。一方面，随着道德绝对主义的衰落，主体自由和解放精神被充分释放；另一方面，随着日益普遍的文化相对主义的兴起，那些曾经给人们灵魂以终极安慰和关怀的东西，从神坛走了下来。散发着浓郁悲观甚至颓废气息的非道德主义社会思潮就是在这样的历史背景中出场的。显然，我们不能对非道德主义社会思潮的消极影响无动于衷，一定要提防非道德主义社会思潮"前额上的致癌物"，要深入研究它的实质、表现、根源和影响，找出切实可行的应对之策。

　　本研究的基本结论如下：

　　第一，非道德主义社会思潮在当代中国的传播具有一定的社会历史根源和思想理论根源。非道德主义社会思潮在现实中有两种表现形式。非道德主义社会思潮，具有意识形态和社会倾向两种表现，具有意识和物象两种表现形式。其现实根据如下。首先，当代中国的非道德主义社会思潮的理论渊源只能是历史上和现实中的那些非道德主义哲学思想。研究表明，流行于当代中国社会的非道德主义社会思潮，都或深或浅、或多或少地与中西道德哲学史上的道德怀疑论、道德相对主义以及道德虚无主义发生关系。其次，非道德主义社会思潮具有自己社会历史根源。它是当代中国社会转型过程的副产品，是对于社会转型过程中的伦理问题的消极的、错误的反映，所以，有必要从道德心理学角度深入研究社会转型期与"道德精神错乱"的关系。最后，非道德主义社会思潮的滋生和传播，还与当代中国道德教育哲学不够发达和德育体制不够健全有关。所以，有必要对现有德育体制应对非道德主义的针对性、实效性进行深入评价和提升。

第二，非道德主义社会思潮的基本理论主张和价值诉求都是错误的。具体陈述如下。首先，当代中国非道德主义社会思潮的基本理论主张属于唯心史观和"形而上学"，与马克思的实践唯物主义是对立的。当代中国非道德主义社会思潮是一种否定道德的客观价值和意义，否定道德事实、道德真理和道德意义的错误道德哲学理论或道德行为方式。其次，当代中国非道德主义社会思潮的政治性质和价值立场是消极的、颓废的、错误的。它们都把道德批判的矛头指向了社会主义道德原则，都否定社会主义道德价值理论。深入的实证分析和理论考察证明，非道德主义社会思潮在道德价值取向上是"非社会主义"的。

第三，深入学习和践履社会主义核心道德价值观是克服非道德主义社会思潮的根本之策。非道德主义社会思潮对当代中国社会，尤其是对于大学生的道德观产生了消极影响，克服这种消极影响的根本性对策，就是动员全社会各种道德教育力量，深入学习和践履社会主义核心道德价值观。非道德主义社会思潮对大学生发生影响的内容、特点和途径是非常复杂的，必须从传播者、信息、媒介、受传者和效果等方面对非道德主义消极影响进行综合应对，以交互式、立体化、多元性为原则，从宏观社会舆论导向、中观各级学校的道德教育、微观个人道德修养等方面，设计克服非道德主义消极影响的对策系统，设计高校思想政治理论"课程链"，形成彼此分工、相互配合、多管齐下、综合应对非道德主义消极影响的专题教学论和案例教学论方案。只有这样，才能有效克服非道德主义社会思潮的消极影响。

本研究的可能创新点在于：

第一，把发生于当代中国的非道德主义作为一种独立社会思潮从相关社会思潮中剥离出来，在当代中国社会思潮研究和道德教育论域，明确地提出"当代中国非道德主义社会思潮"这一问题和概念。一般认为，发生于当代中国的非道德主义不是一种独立的社会思潮，这是因为非道德主义思想的表达常常是依附于其他更大社会思潮的。而这正是以往相关研究所以歧义丛生、流于现象分析的原因所在。由于对象和论域是不确定性的，所以，相关研究难以对发生于当代中国的非道德主义社会思潮的内涵和外延、特质和表现、基础和根源、危害及克服对策等具体问题进行深入而全面的实证研究和形上分析。在现实生活中，道德思潮所指向的社会精神生活层面，往往被更大的政治生活层面、经济生活层面所遮蔽，这进一步淡化了人们的道德思潮独立性印象。笔者认为，有可能、也有必要将非道德主义这种道德思潮从其他社会思潮中抽取出来，并将它作为一股独立的社会思潮加以研究。有了明确的研究对象和论域，才可能形成独立的研究范式和语言，才可能克服研究中的盲目性、经验性、片面性，才可能做出更为深入、具体的理论研究。

第二，以"实践的唯物主义"为理论背景，以辩证否定的实践理性作为分析、超越和克服非道德主义社会思潮的基本方法和逻辑出路，初步建构了一个相对自洽的非道德主义社会思潮分析框架。这一框架就是道德事实的"感性世界"分析、道德认识的"反映/主体性"分析、道德价值的"实践智慧"分析和道德规范的"历史决定"分析等四重要素分析结构，即，辩证否定的实践理性分析框架。它突出了"实践唯物论"和"实践辩证法"的统一。笔者认为，只有马克思主义的实践唯物主义，才能真正实现对非道德主义社会思潮的逻辑和价值论的双重超越。只有在实践唯物论和实践辩证法的分析框架下，才能深入揭示非道德主义的本体基础、认知结构和价值诉求；才能甄别各种非道德主义社会思潮及其学理病症；才能真正确立关照当代中国非道德主义思潮的概念体系、分析范式和论域边界；才能较好地克服非道德主义批判领域的道德机械论和经济决定论的弊端；才能辩证地看待和解决道德现象所包含的一系列内在矛盾并避免非道德主义陷阱。这既是已有研究较少关注的，也是本研究要努力突破的。

第三，以大学生为例，系统考察了非道德主义社会思潮对当代中国社会道德生活的消极影响，并从宏观、中观和微观等层面提出克服非道德主义社会思潮消极影响的应对之策；系统梳理了非道德主义伦理价值诉求、道德主张以及它对"集体主义""为人民服务""先公后私""五爱"等德目进行攻击和怀疑的着力点及其论证。在此基础上，从宏观层面提出，社会主流道德意识形态要认清非道德主义社会思潮的"非社会主义"性质，加大社会舆论的宣传教育纯度与力度，科学认识社会主义道德核心价值观和社会主义核心价值观之间的辩证关系，从整个社会范围普遍提高人们的道德思维水平。从中观层面认为，各级学校要整合各种道德教育资源，进行机制创新，切实提高道德教育的实效性——在教学内容上，设计思政"课程链"应对非道德主义社会思潮消极影响的综合批判方案；提出德育系统在可靠性最佳运行模型基础上对非道德主义实现相互配合、多管齐下、综合应对的专题教学论和案例教学论对策。本研究试图弥补已有成果的只是对这些德目受质疑、遭否定等非道德现象进行宏观批判、分散研究的缺憾和不足，并从微观层面提出，个人要加强道德修养的力度，树立社会主义道德信仰，正确处理和借鉴人类一切道德修养文明成果，培养和提高自身的道德思维水平和道德实践能力。

本研究存在的不足之处在于：

第一，在理论层面上，有待于进一步廓清非道德主义社会思潮与其他社会思潮在"非道德"与"非+"社会思潮上的具体关系。本研究把非道德主义作为一个独立的社会思潮来对待。当代中国非道德主义社会思潮是以文本和社会心理的两种形式存在的，其文本形式大多存在于其他社会思潮中，如何将其萃取出来，是一个比较棘手的问题。这里涉及如何界定当代中国流行的诸如新自由主义、后现代主义、民粹主义以及所谓"新左派"等社会思潮同非道德主义社会思潮之间的政治姻缘和逻辑关系——如涉及到如何认识"非道德"和"非社会主义""非集体""非人本""非权威"等"非+"社会思潮之间的内在关联，这些都是相对困难的，工作量也是巨大的，笔者在后续的研究中，还应该不断去拓展。

第二，在研究对象上，有待于进一步明确当代中国非道德主义思潮的典型性文本对象和代表性人物。在此，除了有学术道德和政治因素的难题外，还有逻辑和事实方面的难度。像在欧洲思想史上所曾表现的一样，在中国思想史上也没有人明确地承认自己就是虚无主义者，就形而上学逻各斯而论，虚无主义不会也不能"虚无化"虚无主义本身。换言之，非道德主义不会也不可能"非"非道德主义本身。因此，"非"实际上总是历史的，是隐含一定的道德假设和价值前提的。同样，包括我们在内的言说者的"非"也是带有不可回避的道德意识主观性的。基于上述理由，我们在对于当代中国非道德主义社会思潮代表性文本的筛选中，不得不面临一定的学术道德风险和陷入于不义之地的政治道德风险。可是，尽管如此，科学研究还是应该服从实事求是的基本精神。

第三，在研究方法和结论上，有待将实证社会科学经验方法可能产生的局限性和偏差性控制在最小范围内。经验方法永远都是"经验的"，它不可能"走出自己的皮肤"。但是，如果因此而放弃对于经验方法的信任，并不断通过批判方法纠正经验方法的偏差，那将和放纵经验方法的谬误就没有区别了。本研究所采用的问卷调查方法，就不可避免地存在这一问题。通过对于调查对象的有限的、书面上的测试，就试图建构"他"和"他们"的道德世界观模型，绝不是一件容易的事情。所以，笔者试图努力保持相关归纳推理的"前提"和"结论"之间质和量上的某种平衡性，以便最大限度地远离叙述形式的空疏和抽象，以图最大限度地在认知和事实之间保持逻辑和历史的统一性。

对于非道德主义社会思潮的批判，将有一个长期持存而又充满希望的前景。

学术界目前对于"非道德主义社会思潮"的研究才刚刚起步，尽管还存在诸多不足之处，但是，非道德主义似乎已经成为"现代性"的一个难以摆脱的精神性病症。所以，现实社会历史发展的动力和人们道德精神生活的进步需求，给非道德主义社会思潮的研究提供了充分的动因。生活经验似乎也非常有力地证明了，在现实道德生活中，对于道德"渴望—冷漠"奇特结构的"非现实性"评价,已经成为一种非常普遍的社会心理倾向,已经成为一种非常强大的历史动力。对于这种道德生活实践的深入理论研究,完全可能将道德哲学发展推向一个新的理论高度。因此,马克思主义绝对不能因"回避虚无主义嫌疑"而缺席"非道德主义社会思潮批判"这一思想史盛宴。在当代中国道德哲学发展中,在当代世界道德哲学风云际会的历史语境下,我们有理由相信,马克思的"实践的唯物主义"所蕴含的道德哲学方案,无论是在理论结构上,还是在道德生活上,都会给我们带来一种全新道德自由景象。而这一切的实现,我们相信,是完全可以沿着"非道德主义社会思潮"批判路径而在不远的将来变成现实的。

因为资料、时间、知识储备不足和学力不逮等各种主客观原因,本书错讹难免。在此,真诚希望读者批评指正,以便笔者在今后能够将相关问题的学习和研究推向深入和进步。

附录　大学生道德观念和行为调查问卷

亲爱的同学：您好！

　　为了全面、客观、准确地了解大学生道德生活的实际情况，我们特进行此问卷调查。本问卷采用匿名方式，调查数据仅用于学术研究，保证您所提供的信息绝对保密，请您尽量根据实际情况回答问卷上的各个问题。本次调查大约需要12—15分钟时间。谢谢参与和支持，祝您生活愉快！

课题组
2014年5月18日

一　基本情况

1. 请您在答案栏中填写代表您基本情况的答案序号。

题目	选项	答案
（1）性别	A.男　B.女	
（2）年龄	A. 18岁以下　B. 18—20岁　C. 21—23岁　D 24岁以上	
（3）民族	A. 汉族　B. 少数民族	
（4）政治面貌	A. 中共党员　B. 共青团员　C. 其他党派　D. 群众	
（5）学科类别	A. 文科　B. 理科　C. 工科（含农医）　D. 艺术	
（6）学历	A. 专科　B. 本科　C. 硕士研究生　D. 博士研究生	
（7）年级	A. 一年级　B. 二年级　C. 三年级　D. 四年级	
（8）出生地	A. 大城市　B. 中小城市　C. 乡镇　D. 农村	

续表

题目	选项	答案
(9) 家庭年总收入（万元）	A. ≤1 B. 2—5 C. 6—10 D. 11—20 E. ≥21	
(10) 家庭总人数	（请您将自己家庭人口总数填入右侧的答案栏中）	
(11) 父母职业	A. 服务业 B. 军人或公检法 C. 个体经营者 D. 卫生部门 E. 交通运输业 F. 商业 G. 企业员工 H. 行政机关 I. 教育部门 J. 建筑业 K. 金融业 L. 农林牧渔业 M. 科学文化艺术 N. 邮电通信 O. 其他职业	父亲 / 母亲
(12) 父母文化	A. 小学及以下 B. 初中 C. 高中 D. 中专 E. 大专 F. 本科 G. 硕士研究生 H. 博士研究生	父亲 / 母亲

二 现状调查

2. 请用√标出您对下列观点态度的选项。

题目	非常同意	比较同意	一般	比较不同意	非常不同意
(1) 一般而言，人们如果不受到一定压力或强迫是不会尽力工作的	1	2	3	4	5
(2) 每个人都有恶念，只要有机会，它就会跑出来	1	2	3	4	5
(3) 善有善报，恶有恶报	1	2	3	4	5

3. 请用√标出您对下列观点态度的选项。

题目	非常同意	比较同意	一般	比较不同意	非常不同意
(1) 人们行为的道德价值纯粹是由评价者的利益和好恶所决定的	1	2	3	4	5
(2) 道德规范都是对人性的禁锢	1	2	3	4	5

续表

题目	非常同意	比较同意	一般	比较不同意	非常不同意
（3）在一个人看来是道德的行为，在别人看来也许是不道德的	1	2	3	4	5
（4）生活中，一个讲道德的人常常吃亏，而不讲道德的人却占便宜	1	2	3	4	5
（5）道德只是用来说一说的，至于具体怎么做，那就是另一回事了	1	2	3	4	5
（6）人们看到的道德现象只不过是一种错觉，或者一种假象	1	2	3	4	5

4. 请用√标出您对下列观点态度的选项。

题目	非常同意	比较同意	一般	比较不同意	非常不同意
（1）道德意识就是对于社会与人、人与人之间关系的认识和反映	1	2	3	4	5
（2）道德是弱者的护身符	1	2	3	4	5
（3）我们无力觉察到道德思想和道德实践中的无序性、混乱性	1	2	3	4	5
（4）对自然的认识可以形成真理，而在道德认识领域不存在真理	1	2	3	4	5
（5）不存在客观的道德标准	1	2	3	4	5
（6）道德和真理是一致的，真善美是统一的	1	2	3	4	5
（7）难得糊涂	1	2	3	4	5

5. 请用√标出您对下列观点态度的选项。

题目	非常同意	比较同意	一般	比较不同意	非常不同意
（1）老人倒地不扶是一个明智的选择	1	2	3	4	5
（2）身患不治之症的人有权选择安乐死	1	2	3	4	5
（3）在网上可以说一些在现实生活中不能说、不敢说、不愿说的事	1	2	3	4	5

续表

题目	非常同意	比较同意	一般	比较不同意	非常不同意
(4) 如果克隆人的话，就会侵犯人的尊严。因此，不应该克隆人	1	2	3	4	5
(5) 学得好，不如嫁得好	1	2	3	4	5
(6) 为了加快城市绿化建设，移植大树是必要的	1	2	3	4	5
(7) 动物和人一样有自己的生存权利	1	2	3	4	5
(8) 应该立法保护同性恋者的权利，使同性恋合法化	1	2	3	4	5
(9) 女性与男性应该享有相同的工作权利	1	2	3	4	5
(10) "啃老"无可厚非	1	2	3	4	5
(11) 努力学习的根本动力是为了国家的复兴	1	2	3	4	5
(12) 爱情是灰色的，现实之树常青	1	2	3	4	5
(13) 当代中国，经济进步了，道德滑坡了	1	2	3	4	5

6. 您对当代中国社会道德状况的总体评价是（　　）。

A. 非常好　B. 比较好　C. 一般　D. 比较差　E. 非常差

7. 请用√标出您对下列观点态度的选项。

题目	非常同意	比较同意	一般	比较不同意	非常不同意
(1) 若不首先保障个人利益，集体利益就不能实现	1	2	3	4	5
(2) 自己的行为由自己的好恶和利益来决定，无需考虑别人的感受	1	2	3	4	5
(3) "为人民服务"在当代市场经济社会已经变得不合时宜	1	2	3	4	5
(4) "先公后私"在当代中国仍然具有必要性	1	2	3	4	5
(5) "大公无私"的现实基础是不存在的	1	2	3	4	5
(6) 我为人人，人人为我	1	2	3	4	5

8. 请用√标出您对下列观点态度的选项。

题目	非常同意	比较同意	一般	比较不同意	非常不同意
(1) 为获得更大透支金额，可以虚报收入，反正按期还款就行了	1	2	3	4	5
(2) 在任何情况下，诚实都是最好的行为原则	1	2	3	4	5
(3) 判断谎言是道德的还是不道德的，这需要根据当时的情况而定	1	2	3	4	5
(4) 忠诚和老实是无用的代名词	1	2	3	4	5
(5) 自力更生，艰苦朴素	1	2	3	4	5
(6) 大力提倡勤俭节约，会抑制消费，不利经济发展	1	2	3	4	5

9. 请您根据自己的情况，在下列备选答案中，选出自己择业时最优先考虑的5个意愿，并按照顺序将其号码填入答案栏中。

A. 大城市　B. 工资待遇　C. 恋人的就业去向　D. 能提供较大的发展空间　E. 自己的专业　F. 国家的需要　G. 服务家乡　H. 自主择业、创业　I. 其他

择业意愿	第一选择	第二选择	第三选择	第四选择	第五选择
答案					

10. 请用√标出您对下列观点态度的选项。

题目	非常同意	比较同意	一般	比较不同意	非常不同意
(1) 做事只能采取合乎道义的行动	1	2	3	4	5
(2) 不管白猫黑猫，捉住老鼠就是好猫	1	2	3	4	5
(3) 世界上没有永远的朋友，只有永远的利益	1	2	3	4	5
(4) 财富的多少和社会地位的高低是衡量一个人成功与否的标准	1	2	3	4	5
(5) 有钱能使鬼推磨	1	2	3	4	5
(6) 正义高于规律	1	2	3	4	5
(7) 是非有曲直，公道在人心	1	2	3	4	5

11. 请用√标出您对下列观点态度的选项。

题目	非常同意	比较同意	一般	比较不同意	非常不同意
（1）在市场经济社会，优胜劣汰才是最大的公平。市场不相信眼泪	1	2	3	4	5
（2）只有彻底私有化，才能解决国企效率低下的问题	1	2	3	4	5
（3）降低社会福利成本是高效社会所必须的	1	2	3	4	5
（4）效率第一，公平第二。没有效率的公平是不能持久的	1	2	3	4	5
（5）社会主义市场经济也需要个人主义	1	2	3	4	5

12. 在社会主义市场经济条件下，人们普遍奉行的原则是什么？（限选1项，打√）

　　A. 功利主义　B. 集体主义　C. 道德主义　D. 个人主义

13. 请用√标出您对下列观点态度的选项。

题目	非常同意	比较同意	一般	比较不同意	非常不同意
（1）宪政是解决当前腐败顽疾的唯一出路	1	2	3	4	5
（2）在华人地区，过去的殖民化程度越高，现在的现代化程度越高	1	2	3	4	5
（3）改革是受资本家剥削，开放是受帝国主义剥削	1	2	3	4	5
（4）解决社会腐败问题的最有效办法是再发动一次"文化大革命"	1	2	3	4	5
（5）开明政治权威是保障发展中国家成功实现社会现代转型的关键	1	2	3	4	5
（6）在当代中国，秩序比自由更重要	1	2	3	4	5
（7）"官二代""富二代"现象在中国很严重，必须彻底根除	1	2	3	4	5
（8）后现代社会没有绝对。在这里，"怎么都可以"，"存在即合理"	1	2	3	4	5
（9）不同的民族文化有着不同的道德标准	1	2	3	4	5
（10）道德规范应该随着具体环境的变化而变化	1	2	3	4	5
（11）一项合法行动哪怕只伤害一个无辜，就不应该采取这项行动	1	2	3	4	5
（12）为了不使中国成为西方文化的殖民地，不仅要践履儒家修身养性的优秀道德传统，更要承继儒家治国平天下的政治理想	1	2	3	4	5

14. 请您将自己对下列社会思潮的认知程度选项的序号用√标出。

题目	非常了解	比较了解	一般	比较不了解	非常不了解
（1）民主社会主义	1	2	3	4	5
（2）历史虚无主义	1	2	3	4	5
（3）"新左派"	1	2	3	4	5
（4）"老左派"	1	2	3	4	5
（5）新权威主义	1	2	3	4	5
（6）民粹主义	1	2	3	4	5
（7）后现代主义	1	2	3	4	5
（8）文化相对主义	1	2	3	4	5
（9）新自由主义	1	2	3	4	5
（10）大陆新儒学	1	2	3	4	5

15. 请用√标出您对下列观点态度的选项。

题目	非常同意	比较同意	一般	比较不同意	非常不同意
（1）圣人务法不务德。故，以法为教，以吏为师。德则无德（韩非）	1	2	3	4	5
（2）绝仁弃义，民复孝慈；绝巧弃利，盗贼无有（老子）	1	2	3	4	5
（3）为善无近名，为恶无近刑。圣人不必受善恶俗见约束（庄子）	1	2	3	4	5
（4）拔一毛利天下不为也（杨朱）	1	2	3	4	5
（5）奢欲，好荣恶辱，好逸恶劳，皆生于自然（嵇康）	1	2	3	4	5
（6）实迷途其未远，觉今是而昨非。（陶渊明）	1	2	3	4	5
（7）为人要做"度外之士"，要做"人中之龙"（陈亮）	1	2	3	4	5
（8）私者，人之心也，人必有私而后其心乃见（李贽）	1	2	3	4	5
（9）我是自己的，他们谁也没有干涉我的权利（鲁迅）	1	2	3	4	5
（10）打倒孔家店（吴虞）	1	2	3	4	5

16. 请用√标出您对下列观点态度的选项。

题目	非常同意	比较同意	一般	比较不同意	非常不同意
（1）对一些人的道德就是对另一些人的不道德	1	2	3	4	5
（2）人是万物的尺度，善和恶由人约定，因人而异	1	2	3	4	5
（3）上升的路和下降的路一样，善和恶是一回事	1	2	3	4	5
（4）人对人是狼，人的自然本性贪得无厌	1	2	3	4	5
（5）人性是非道德的，君王如有必要，可背信弃义，不受道德约束	1	2	3	4	5
（6）道德是奴隶、劣等人的工具。弱肉强食是自然和社会规律	1	2	3	4	5
（7）道德只是生活的工具。合风尚，居心虽恶也是善	1	2	3	4	5
（8）传统善恶观念和所谓人道主义是对于人性的压制	1	2	3	4	5

17. 请您将自己对下列思想家的认知程度序号用√标出。

题目	非常了解	比较了解	一般	比较不了解	非常不了解
（1）诡辩家	1	2	3	4	5
（2）普罗泰戈拉	1	2	3	4	5
（3）赫拉克利特	1	2	3	4	5
（4）霍布斯	1	2	3	4	5
（5）马基雅弗利	1	2	3	4	5
（6）叔本华	1	2	3	4	5
（7）尼采	1	2	3	4	5
（8）萨特	1	2	3	4	5
（9）弗洛伊德	1	2	3	4	5
（10）杜威	1	2	3	4	5
（11）福柯	1	2	3	4	5
（12）德里达	1	2	3	4	5
（13）哈贝马斯	1	2	3	4	5

18. 请排列您的道德知识来源途径的顺序，并将其序号写在表格中。

途径	课堂教学	家庭影响	影视剧作	文学书刊	学术讲座	网络媒体	道德学术著作	同学交流	其他
排序									

19. 您认为道德行为受什么影响最大？（在相应的选项上打√，限选3项，不排序）

A. 个人价值观　B. 经济发展程度　C. 传统文化　D. 社会道德观念　E. 社会风俗　F. 家庭教育　G. 学校教育　H. 其他

20. 金无足赤，人无完人。有时候，自己也会做出一些不合乎道德规范的事情。原因是什么？请在相应的选项打√。

题目	非常同意	比较同意	一般	比较不同意	非常不同意
（1）大家都是这样做的	1	2	3	4	5
（2）如果不这样做，就会被孤立	1	2	3	4	5
（3）对自己有好处，有利于实现自己的目标	1	2	3	4	5
（4）对自己要求不严格，自律性差	1	2	3	4	5
（5）糊涂了，道德判断发生紊乱	1	2	3	4	5
（6）做起来最简单，更具有操作性	1	2	3	4	5
（7）不会受到惩罚	1	2	3	4	5
（8）风俗习惯的影响	1	2	3	4	5
（9）报复或惩罚那些坏人	1	2	3	4	5
（10）自己受到不公正的对待	1	2	3	4	5
（11）省事，图方便	1	2	3	4	5
（12）觉得没有什么实质危害，觉得不必小题大做	1	2	3	4	5
（13）网络社会，反正大家彼此都不认识	1	2	3	4	5

续表

题目	非常同意	比较同意	一般	比较不同意	非常不同意
（14）社会发展了，不必那么太朴素、太辛苦了	1	2	3	4	5
（15）法不责众	1	2	3	4	5

问卷到此结束，再次感谢您的支持和配合！

参考文献

一 中文参考文献

（一）著作类

1. 《马克思恩格斯选集》第1—4卷，人民出版社2012年版。
2. 《马克思恩格斯全集》第1卷，人民出版社1956年版。
3. 《马克思恩格斯全集》第2卷，人民出版社1957年版。
4. 《马克思恩格斯全集》第3卷，人民出版社1960年版。
5. 《马克思恩格斯全集》第21卷，人民出版社1965年版。
6. 《马克思恩格斯全集》第23卷，1972年版。
7. 《马克思恩格斯全集》第46卷上，人民出版社1979年版。
8. ［德］马克思：《1844年经济学哲学手稿》，人民出版社2000年版。
9. 《列宁选集》第1—4卷，人民出版社第3版修订版2012年版。
10. 《列宁全集》第55卷，人民出版社第2版，1990年版。
11. 《毛泽东选集》第1—4卷，人民出版社1991年版。
12. 《毛泽东文集》第3卷，人民出版社1996年版。
13. 《刘少奇选集》上卷，人民出版社1981年版。
14. 萧前、杨耕：《唯物主义的现代形态——实践唯物主义研究》，中国人民大学出版社2012年版。
15. 孙芳：《中国实践唯物主义思潮流变》，上海社会科学院出版社2010年版。
16. 蒋学模：《政治经济学》，上海人民出版社2010年第13版。
17. 宋涛：《政治经济学教程》，中国人民大学出版社2010年第8版。

18. 罗国杰：《伦理学》，人民出版社1989年版。
19. 宋希仁：《马克思恩格斯道德哲学研究》，中国社会科学出版社2012年版。
20. 唐凯麟：《伦理学》，高等教育出版社2001年版。
21. 张耀灿等：《现代思想政治教育学》，人民出版社2006年版。
22. 陈万柏、张耀灿：《思想政治教育原理》，华中师范大学出版社2009年版。
23. 梅荣政：《用马克思主义引领社会思潮》，武汉大学出版社2008年版。
24. ［古希腊］柏拉图：《申辩篇》，王晓朝《柏拉图全集》第1卷，人民出版社2002年版。
25. ［古希腊］修昔底德：《伯罗奔尼撒战争史》，谢德风译，商务印书馆1960年版。
26. 北京大学哲学系外国哲学史教研室：《古希腊罗马哲学》，生活·读书·新知三联书店1957年版。
27. 苗力田：《亚里士多德全集》第8卷，中国人民大学出版社1994年版。
28. ［德］尼采：《权力意志》上、下卷，孙周兴译，商务印书馆2007年版。
29. ［德］尼采：《快乐的科学》，黄明嘉译，华东师范大学出版社2007年版。
30. ［德］尼采：《查拉图斯特拉如是说》，孙周兴译，商务印书馆2010年版。
31. ［德］尼采：《不合时宜的沉思》，李秋零译，华东师范大学出版社2007年版。
32. ［德］尼采：《看哪这人——尼采自述》，张念东、凌素心译，中央编译出版社2010年版。
33. ［德］尼采：《上帝死了》，戚仁译，上海三联书店1997年版。
34. ［德］尼采：《悲剧的诞生》，杨恒达译，译林出版社2009年版。
35. ［德］尼采：《人性的．太人性的》，杨恒达译，中国人民大学出版社 2005 年版。

36. ［德］尼采：《朝霞》，田立年译，华东师范大学出版社 2007 年版。

37. ［德］尼采：《偶像的黄昏——或怎样用锤子从事哲学》，李超杰译，商务印书馆 2009 年版。

39. ［德］尼采：《瓦格纳事件·尼采反瓦格纳》，孙周兴译，商务印书馆 2011 年版。

40. ［德］尼采：《希腊悲剧时代的哲学》，李超杰译，商务印书馆 2006 年版。

41. ［德］尼采：《论道德的谱系》，谢地坤、宋祖良、程志民译，漓江出版社 2007 年版。

42. ［法］伏尔泰：《风俗论》上册，梁守锵译，商务印书馆 1995 年版。

43. ［英］休谟：《人性论》，关文运译，商务印书馆 1980 年版。

44. ［英］休谟：《道德原则研究》，曾晓平译，商务印书馆 2001 年版。

45. ［英］密尔：《论自由》，程崇华译，商务印书馆 1996 年版。

46. ［德］施蒂纳：《唯一者及其所有物》，金海民译，商务印书馆 1989 年版。

47. ［德］康德：《实践理性批判》，邓晓芒译，人民出版社 2003 年版。

48. ［德］康德：《永久和平论》，何兆武译，上海世界出版集团 2005 年版。

49. ［德］黑格尔著：《法哲学原理》，范扬、张企泰译，商务印书馆 1961 年版。

50. ［德］费尔巴哈：《费尔巴哈哲学著作选集》上、下卷，商务印书馆 1984 年版。

51. ［英］赫胥黎：《进化论与伦理学》，科学出版社 1973 年版。

52. ［匈］卢卡奇：《历史与阶级意识》，杜章智译，商务印书馆 1992 年版。

53. ［英］亚当·斯密：《国民财富的性质和原因的研究》下卷，郭大力、王亚南译，商务印书馆1979年版。
54. ［德］海德格尔：《尼采》上、下卷，孙周兴译，商务印书馆2008年版。
55. ［德］海德格尔：《存在与在》，王作虹译，人民出版社2005年版。
56. ［德］海德格尔：《思的经验》，陈春文译，人民出版社2008年版。
57. ［德］海德格尔：《时间概念史导论》，欧东明译，商务印书馆2009年版。
58. ［德］海德格尔：《林中路》，孙周兴译，上海世纪出版集团2008年版。
59. ［德］海德格尔等：《海德格尔与有限性思想》，孙周兴等译，华夏出版社2002年版。
60. ［德］海德格尔：《形而上学导论》，熊伟、王庆节译，商务印书馆1996年版。
61. ［德］海德格尔：《在通向语言的途中》，孙周兴译，商务印书馆2004年版。
62. ［德］海德格尔：《面向思的事情》，陈小文、孙周兴译，商务印书馆1999年版。
63. ［德］海德格尔：《路标》，孙周兴译，商务印书馆2000年版。
64. ［德］伽达默尔：《真理与方法》上、下卷，洪汉鼎译，商务印书馆2007年版。
65. ［法］萨特：《存在与虚无》，陈宣良等译，生活·读书·新知三联书店2007年版。
66. ［法］涂尔干：《道德教育》，陈金光等译，上海人民出版社2006年版。
67. ［法］萨特：《辩证理性批判》上、下册，林骧华等译，安徽文艺出版社1998年版。
68. ［法］萨特：《存在主义是一种人道主义》，周煦良、汤永宽译，上海世纪出版集团 2008 年版。

69. ［德］马克斯·韦伯：《经济行动与社会团体》，康乐、简惠美译，广西师范大学出版社 2004 年版。

70. ［德］列奥·施特劳斯：《自然权利与历史》，彭刚译，生活·读书·新知三联书店 2003 年版。

71. ［美］理查德·沃林：《海德格尔的弟子——阿伦特、勒维特、约纳斯和马尔库塞》，张国清、王大林译，江苏教育出版社 2005 年版。

72. ［美］施特劳斯：《什么是政治哲学》，李世祥译，华夏出版社 2011 年版。

73. ［美］施特劳斯：《古典政治理性主义的重生》，郭振华等译，华夏出版社 2011 年版。

74. ［法］加缪：《尼采和虚无主义》，《文艺理论译丛》第 3 辑，中国文联出版社 1985 年版。

75. ［德］哈贝马斯：《后形而上学思想》，曹卫东、付德根译，译林出版社 2001 年版。

76. ［德］哈贝马斯：《现代性的哲学话语》，曹卫东译，译林出版社 2011 年版。

77. ［德］舍勒：《伦理学中的形式主义与质料的价值论理学》，倪梁康译，商务印书馆 2011 年版。

78. ［美］马歇尔·伯曼：《一切坚固的东西都烟消云散了——现代性体验》，徐大建、张辑译，商务印书馆 2003 年版。

79. ［美］弗朗西斯·福山：《美国处在十字路口——民主、权力与新保守主义的遗产》，周琪译，中国社会科学出版社 2008 年版。

80. ［美］理查德·罗蒂：《哲学和自然之境》，李幼蒸译，商务印书馆 2003 年版。

81. ［美］理查德·罗蒂：《后形而上学希望》，张国清译，上海译文出版社 2009 年版。

82. ［英］齐格蒙特·鲍曼：《生活在碎片中——论后现代道德》，郁建兴等译，学林出版社 2002 年版。

83. ［美］斯图亚特·雷切尔斯：《道德的理由》，杨宗元译，中国人民大学出版社2009年版。

84. ［美］亨廷顿：《文明的冲突与世界秩序的重建》，周琪等译，新华出版社2002年版。

85. ［美］哈罗德·拉斯韦尔：《社会传播的结构与功能》，展江、何道宽译，中国传媒大学出版社2013年版。

86. ［澳］约翰·麦凯：《伦理学——发明对与错》，丁三东译，上海译文出版社2007年版。

87. ［美］曼弗雷德·S. 弗林斯：《舍勒的心灵》，张志平、张任之译，上海三联书店2006年版。

88. ［美］莱斯利·A. 豪：《哈贝马斯》，陈志刚译，中华书局2002年版。

89. ［美］特里·N. 克拉克、文森特·霍夫曼·马丁诺：《新政治文化》，何道宽译，社会科学文献出版社2006年版。

90. ［美］詹姆斯·M. 布坎南、罗杰·D. 康格尔顿：《原则政治而非利益政治——通向非歧视性民主》，社会科学文献出版社2008年版。

91. ［英］理查德·麦尔文·黑尔：《道德语言》，万俊人译，商务印书馆1999年版。

92. ［日］西田几多郎：《善的研究》，何倩译，商务印书馆1965年版。

93. 柳鸣九：《关于萨特的评价问题》，《"存在"的文学与文学中"存在"》，社会科学文献出版社1997年版。

94. ［美］布尔克：《西方伦理学史》，黄慰愿译，华东师范大学出版社2016年版。

95. ［美］阿拉斯代尔·麦金太尔：《伦理学简史》，龚群译，商务印书馆2003年版。

96. ［美］罗伯特·L. 西蒙主编：《社会政治哲学》，陈喜贵译，中国人民大学出版社2009年版。

97. ［美］欧爱玲（Ellen Oxfeld）：《饮水思源——一个中国乡村的道

德话语》，钟晋兰、曹嘉涵译，社会科学文献出版社 2013 年版。

98. ［美］艾伦·格沃斯等：《伦理学要义》，戴杨毅等译，中国社会科学出版社 1991 年版。

99. ［美］诺姆·乔姆斯基：《新自由主义和全球秩序》，徐海铭、季海宏译，江苏人民出版社 2000 年版。

100. ［美］斯蒂芬·霍尔姆斯：《反自由主义剖析》，中国社会科学出版社 2002 年版。

101. ［美］R. W. 米勒：《分析马克思——道德、权利和历史》，张伟译，高等教育出版社 2009 年版。

102. ［英］伯纳德·威廉斯：《羞耻与必然性》，吴天岳译，北京大学出版社 2014 年版。

103. ［德］弗特弗利德·赫费：《作为现代化之代价的道德》，邓安庆等译，上海世纪出版集团 2005 年版。

104. ［美］理查德·J. 伯恩斯坦：《超越客观主义与相对主义》，郭小平、康兴平、赵仁方、李怀林等译，光明日报出版社 1992 年版。

105. ［法］保罗·利科：《历史与真理》，姜志辉译，上海译文出版社 2004 年版。

106. ［美］托德·莱肯：《造就道德——伦理理论的实用主义重构》，陶秀璈等译，北京大学出版社 2010 年版。

107. ［美］塞缪尔·亨廷顿：《变化社会中的政治秩序》，王冠华等译，上海人民出版社 2008 年版。

108. ［澳］安德鲁·文森特：《现代政治意识形态》，袁久红等译，江苏人民出版社 2005 年版。

109. ［德］卡尔·白舍客：《基督宗教伦理学》第 1 卷，静也、常宏等译，上海三联书店 2002 年版。

110. ［比］伊利亚·普利高津：《确定性的终结——时间、混沌与新自然法则》，湛敏译，上海科技教育出版社 1998 年版。

111. ［美］J. 弗莱彻尔：《境遇伦理学》，廖申白等译，中国社会科学出版社 1989 年版。

112. ［印］阿玛蒂亚·森、［阿］贝纳多·克利克斯伯格：《以人为本：全球化世界的发展伦理学》，马春文、李俊江等译，长春出版社 2012 年版。
113. 周辅成：《西方伦理学名著选辑》上卷，商务印书馆 1964 年版。
114. 万俊人：《现代西方伦理学史》上卷，中国人民大学出版社 2011 年版。
115. 梁柱：《历史虚无主义评析》，社会科学文献出版社 2012 年版。
116. 刘建军：《当代中国政治思潮》，复旦大学出版社 2010 年版。
117. 樊纲：《制度改变中国》，中信出版社 2014 年版。
118. 佘双好：《当代社会思潮对高校师生的影响及对策研究》，中央编译出版社 2012 年版。
119. 邹诗鹏：《三十年社会文化思潮》，复旦大学出版社 2012 年版。
120. 马立诚：《当代中国八种社会思潮》，社会科学文献出版社 2012 年版。
121. 陈嘉明：《现代性与后现代性十五讲》，北京大学出版社 2006 年版。
122. 聂文军：《西方伦理相对主义探析》，中国社会科学出版社 2011 年版。
123. 罗骞：《论马克思的现代性批判及其当代意义》，上海人民出版社 2007 年版。
124. 侯才：《马克思的遗产》，黑龙江人民出版社 2009 年版。
125. 孙周兴：《后哲学的哲学问题》，商务印书馆 2009 年版。
126. 王俊：《于"无"深处的历史深渊》，浙江大学出版社 2009 年版。
127. 刘森林：《物与无——物化逻辑与虚无主义》，江苏人民出版社 2013 年版。
128. 吴晓明：《思入时代的深处——马克思哲学与当代世界》，北京师范大学出版社 2006 年版。
129. 杨国荣：《伦理与存在：道德哲学研究》，上海人民出版社 2002 年版。

130. 吴晓明：《形而上学的没落》，人民出版社 2006 年版。
131. 陈嘉映：《海德格尔哲学概论》，生活·读书·新知三联书店 1995 年版。
132. 王伟光：《利益论》，人民出版社 2001 年版。
133. 张江河：《论利益与政治》，北京大学出版社 2002 年版。
134. 柳新元：《利益冲突与制度变迁》，武汉大学出版社 2002 年版。
135. 梁波：《当代中国社会利益结构变化对政治发展的影响》，兰州大学出版社 2007 年版。
136. 叶长茂：《制度转轨的政治艺术：当代中国渐进式政治发展研究》，武汉大学出版社 2009 年版。
137. 孙立平：《博弈——断裂社会的利益冲突与和谐》，社会科学文献出版社 2006 年版。
138. 何雪松：《社会问题导论：以转型为视角》，华东理工大学出版社 2007 年版。
139. 苏洪涛：《走出节俭的误区》，中国城市出版社 1999 年版。
140. 郑红娥：《社会转型与消费革命：中国城市消费观念的变迁》，北京大学出版社 2006 年版。
141. 王彩波：《西方政治思想史——从柏拉图到约翰·密尔》，中国社会科学出版社 2004 年版。
142. 徐大同：《当代西方政治思潮》，天津人民出版社 2010 年版。
143. 张静：《和谐社会之政治文明建设》，武汉大学出版社 2010 年版。
144. 宋希仁：《西方伦理学思想史》，湖南教育出版社 2006 年版。
145. 陈学明等：《二十世纪西方马克思主义》，人民出版社 2009 年版。
146. 王炳林、阚和庆等：《全球化视野下党的社会基础研究》，人民出版社 2009 年版。
147. 夏基松：《现代西方哲学》，上海人民出版社 2009 年版。
148. 何增科：《政治之癌：发展中国家腐化问题研究》，中央编译出版社 2008 年版。

149. 王霁主编:《马克思主义与当代社会思潮》,中国人民大学出版社 1994 年版。
150. 廉思:《中国社会价值观变迁 30 年》,中国社会科学出版社 2008 年版。
151. 贺来:《辩证法与实践理性》,中国社会科学出版社 2011 年版。
152. 阳建国:《波普尔非决定论思想的道德之维》,中国出版集团 2012 年版。
153. 龚群:《社会伦理十讲》,中国人民大学出版社 2008 年版。
154. 朱熹:《四书章句集注》,中华书局 1983 年版。
155. 高明:《帛书老子校注》,中华书局 1996 年版。
156. 方勇:《庄子学史》第 3 册,人民出版社 2008 年版。
157. 杨柳桥译注:《庄子译注》,上海古籍出版社 2007 年版。
158. 国学整理社编:《孟子正义》,中华书局 1996 年版。
159. 国学整理社编:《韩非子集解》,中华书局 1996 年版。
160. 黎靖德编,王星贤点校:《朱子语类》卷一,中华书局 1986 年版。
161. 梁启超:《饮冰室合集》,中华书局 1989 年版。
162. 蔡元培:《中国伦理学史》,中华书局 1999 年版。
163. 沈善洪、王凤贤:《中国伦理思想史》下卷,人民出版社 2005 年版。
164. 李泽厚:《中国现代思想史论》,天津社会科学院出版社 2004 年版。
165. 许全兴、陈战难、宋一秀:《中国现代哲学史》,北京大学出版社 1992 年版。
166. 张岂之:《中国思想史》,西北大学出版社 2003 年版。
167. 刘书林:《社会思潮与青年教育研究》,高等教育出版社 2011 年版。
168. 吴晓明、邹诗鹏:《全球化背景下的现代性问题》,重庆出版社 2009 年版。
169. 张有奎:《现代性的哲学批判》,社会科学文献出版社 2005

年版。

170. 郭湛：《主体性哲学——人的存在及其意义》，云南人民出版社 2001 年版。
171. 陈先达：《走向历史的深处》，中国人民大学出版社 2010 年版。
172. 仰海峰：《形而上学批判》，江苏人民出版社 2006 年版。
173. 张一兵、胡大平：《西方马克思主义哲学的历史逻辑》，南京大学出版社 2003 年版。
174. 蒋俊、李兴芝：《中国近代的无政府主义思潮》，山东人民出版社 1990 年版。
175. 马龙闪、刘建国：《俄国民粹主义及其跨世纪影响》，广西师范大学出版社 2013 年版。
176. ［韩］曹世铉：《清末民初无政府派的文化思想》，社会科学文献出版社 2003 年版。
177. 黄怀军、詹志和：《外国文学史》，湖南师范大学出版社 2015 年版。
178. 解志熙：《生的执著—存在主义与中国现代文学》，人民文学出版社 1999 年版。
179. 刘廷合：《苏东剧变主要原因探析》，山东大学出版社 2008 年版。
180. 高兆明：《道德失范研究——基于制度正义视角》，商务印书馆 2016 年版。
181. 谢泳：《逝去的年代——中国自由知识分子的命运》，文化艺术出版社 1999 年版。
182. 刘志敏：《教育社会学》，吉林大学出版社 2014 年版。
183. 沈云都：《道德何以可教——民族际视野下的生成论道德学》，东南大学出版社 2014 年版。
184. 朱成全：《经济学方法论》第 3 版，东北财经大学出版社 2003 年版。
185. 王健敏：《道德学习论》，浙江教育出版社 2002 年版。
186. 崔志胜：《社会主义核心价值观基本问题研究》，中国社会科学出版社 2014 年版。
187. 戴木才：《中国特色核心价值观的传统、显示与前景》，广西人民出版社 2011 年版。
188. 李建森、周燕来：《实践的道德理性》，陕西人民出版社 2011 年版。
189. 刘智峰：《道德中国——当代中国道德伦理的深重忧思》，第 2 版，中国社会科学出版社 2001 年版。
190. 吴潜涛等：《当代中国公民道德状况调查》，人民出版社 2010 年版。

（二）学术论文类

1. 朱贻庭、赵修义：《评韩非的非道德主义思想》，《中国社会科学》1982 年第 4 期。
2. ［加］凯·尼尔森：《正义之争：马克思主义的非道德主义与道德主义》，《马克思主义与现实》2009 年第 6 期。
3. 万俊人：《道德主义与历史主义之二律背反献疑》，《天津社会科学》1993 年第 2 期。
4. 刘时工：《道德虚无主义和柏拉图的对策》，《华东师范大学学报》（社科版）2003 年第 6 期。
5. 邓晓芒：《欧洲虚无主义及其克服》，《江苏社会科学》2008 年第 2 期。
6. 邹诗鹏：《现时代的历史虚无主义及其成因》，《中国社会科学院报》2009 年第 6 期。
7. 龚书铎：《历史虚无主义二题》，《高校理论战线》2005 年第 5 期。
8. 田居俭：《历史岂容虚无——评史学研究中的若干历史虚无主义论》，《高校理论战线》2005 年第 6 期。
9. 周振华：《应当十分珍惜党和人民奋斗的历史》，《求是》2000 年第 16 期。
10. 梅荣政、杨军：《历史虚无主义重新泛起的透视》，《马克思主义研究》2005 年第 5 期。
11. 佘双好：《社会思潮对高校学生核心价值观形成的影响研究》，

《思想教育研究》2011 年第 6 期。

12. 梁柱：《历史虚无主义思潮的泛起、特点及其危害》，《中共福建省委党校学报》2009 年第 4 期。

13. 沙健孙：《应当珍惜党和人民奋斗的历史》，《思想理论教育导刊》2000 年第 10 期。

14. 陈之骅：《苏联解体前夕的历史虚无主义》，《高校理论战线》2005 年第 8 期。

15. 田海平：《告别"欧洲虚无主义"》，《东南大学学报》（社科版）2001 年第 2 期。

16. 王东辉：《谈后现代主义思潮影响下的大学生社会主义价值观教育》，《教育探索》2010 年第 9 期。

17. 葛红兵：《关于道德主义批评的几个问题》，《南方文艺》2001 年第 3 期。

18. 王晓升：《马克思是反（或非）道德主义者吗?》，《伦理学研究》2012 年第 1 期。

19. 范正宇：《道德主义的疾愤与空虚》，《湖北大学学报》（社科版）1990 年第 5 期。

20. 祁寒：《道德主义的代价》，《读书》1994 年第 3 期。

21. 金可溪：《批判道德虚无主义，提倡共产主义道德》，《中国青年政治学院学报》1997 年第 4 期。

22. 龚云：《中国近现代史研究中历史虚无主义产生的认识根源》，《中国社会科学院报》2008 年第 12 期。

23. 王彬彬：《道德主义的"泛"与"非"》，《长江文艺》1995 年第 7 期。

24. 刘鹏、陈玉照：《"正义之争"与马克思的"非道德论"问题——"塔克尔—伍德命题"引发的争论与思考》，《社会主义研究》2010 年第 4 期。

25. 范志军：《从道德到伦理》，《东南大学学报》（哲学社会科学版）2013 年第 1 期。

26. 余京华：《历史唯物主义与道德'正义——兼评马克思主义的

"道德论"与"反道德论"》,《马克思主义与现实》2013 年第 5 期。

27. 何天杰:《伦理道德的悖论——从〈阅微草堂笔记〉非道德化的一面说起》,《华南师范大学学报》(社会科学版) 2003 年第 5 期。

28. 王泽应:《论道德目的论与道德工具论》,《苏州铁道师范学院学报》(社会科学版) 2001 年第 3 期。

29. 林艳梅:《马克思恩格斯论"恶"的历史作用》,《北方论丛》2003 年第 6 期。

30. 张霄、胡启勇:《马克思主义在伦理学上的"反道德论"问题——当代英美马克思主义伦理学研究中的一个主要问题》,《南京社会科学》2008 年第 6 期。

31. 陈雷生:《当代中国的非道德化倾向》,《黑河学刊》2008 年第 1 期。

32. 杨玲、冯迪:《大学生非道德行为现状及其教育原则探析》,《云南农业大学学报》2008 年第 3 期。

33. 杨深:《从道德虚无主义走向道德秩序重建》,《哲学研究》1999 年第 5 期。

34. 高峰:《现代性的道德异议——施特劳斯论德国虚无主义》,《上海行政学院学报》2013 年第 1 期。

35. 桑志坚:《道德虚无主义和道德教育的可为空间》,《教育学术月刊》2011 年第 12 期。

36. 慈继伟:《虚无主义与伦理多元化》,《哲学研究》2000 年第 5 期。

37. 戴长征:《国家权威碎裂化:成因、影响及对策》,《中国行政管理》2004 年第 6 期。

38. 王立新:《关于苏共执政方式转换失败的思考》,《南京师大学报》(社会科学版) 2006 年第 3 期。

39. 林德山:《欧洲社会民主党思想意识的变化趋势与问题》,《科学社会主义》2004 年第 2 期。

40. 王恒：《虚无主义：尼采与海德格尔》，《南京社会科学》2000 年第 8 期。

41. 何仁富：《上帝之死和虚无主义——尼采价值重估的语境和工具》，《社会科学研究》1999 年第 4 期。

42. 郑永年、吴国光：《论中央—地方关系：中国制度转型中的一个轴心问题》，《当代中国研究》1995 年第 6 期。

43. 张有奎：《资本逻辑与虚无主义的批判》，《哲学动态》2011 年第 8 期。

44. 杨金华：《虚无主义生成的理性逻辑及其超越》，《江汉大学学报》（社会科学版）2013 年第 8 期。

45. 杨丽婷：《虚无主义及其争辩：一种思想性的梳理》，《现代哲学》2012 年第 3 期。

46. 俞吾金：《当代虚无主义省思》，《俞吾金讲演录：时代的哲学沉思》2011 年第 1 期。

47. 黄学胜：《虚无主义的症状、成因与马克思论虚无主义的克服》，《探索》2013 年第 3 期。

48. 杨金华：《当代中国虚无主义思潮的多远透视》，《马克思主义研究》2011 年第 4 期。

49. ［美］斯坦利·罗森：《马克思与虚无主义》，邓先珍译，《现代哲学》2011 年第 2 期。

50. 陆学艺：《当前中国社会生活的主要矛盾与和谐社会建设》，《探索》2010 年第 5 期。

51. 李廷贵：《决不容许虚无主义地对待文化遗产》，《中央民族学院学报》1977 年第 4 期。

52. 梅荣政、杨瑞：《历史虚无主义思潮的泛起与危害》，《思想理论教育导刊》2010 年第 1 期。

53. 梁柱：《历史虚无主义思潮的泛起、特点及其危害》，《中共福建省委党校学报》2009 年第 4 期。

54. 吴亮：《试论革命史观和现代化史观》，《文艺生活》2011 年第 1 期。

55. 黄丝雨：《对"五四新文化运动造成中国传统文化断裂"的驳斥》，《理论界》2005年第10期。

56. 郭世佑：《历史虚无主义的实与虚》，《炎黄春秋》2014年第5期。

57. 尹保云：《要警惕什么样的历史虚无主义》，《炎黄春秋》2014年第5期。

58. 马龙闪：《历史虚无主义的来龙去脉》，《炎黄春秋》2014年第5期。

59. 张海鹏、龚云：《马克思主义是历史虚无主义吗?》，《红旗文稿》2014年第16期。

60. 田心铭：《警惕历史虚无主义的新变种》，《红旗文稿》2014年第13期。

61. 俞吾金：《哲学史：绝对主义与相对主义互动的历史》，《复旦学报》（社会科学版）1996年第5期。

62. 王晓升：《道德相对主义的方法论基础批判》，《哲学研究》2001年第2期。

63. 刘森林：《虚无主义的历史流变与当代表现》，《人民论坛·学术前沿》2015年第5下期。

64. 罗兴萍：《试论"新英雄"人物创作原则的形成》，《中国现代文学研究丛刊》2011年第11期。

65. 刘国光、杨承训：《新自由主义思潮：一个与中国特色社会主义格格不入的意识形态》，《中国社会科学院报》2009年3月3日第4版。

66. 陈尧：《网络民粹主义的躁动：从虚拟集聚到社会运动》，《学术月刊》2011年第6期。

67. 李福岩、袁浩：《马克思主义整体性——认清后现代主义思潮的科学思想武器》，《前沿》2015年第4期。

68. 刘建军：《当代中国政治思潮——根源与演进》，《江苏行政院学报》2009年第4期。

69. 王仕民：《论中国传统美德在现代思想道德教育中的价值意蕴》，

《中国特色社会主义研究》2008 年第 5 期。

70. 樊浩：《走向伦理精神》，《道德与文明》2016 年第 3 期。

71. 张之沧：《后现代的伦理观》，《江苏社会科学》2000 年第 6 期。

72. 聂文军：《道德相对主义的多重合理性、挑战与续思》，《道德与文明》2014 年第 1 期。

73. 郑广怀：《社会转型与个体痛楚——评〈中国制造：全球化工厂下的女工〉》，《社会学研究》2007 年第 2 期。

75. 朱继东：《领导干部道德失范问题的危害、根源和对策》，《理论探讨》2013 年第 6 期。

76. 王伟杰：《试论"道德虚伪"的危害及成因》，《当代教育论坛》2007 年第 12 期。

77. 张庆申：《挑战道德底线社会危害甚烈》，《法制日报》2010 年 8 月 12 日第 7 版。

78. 阎孟伟：《从"感性世界"观念看马克思与费希特的理论关联》，《教学与研究》2013 年第 2 期。

79. 李浩：《充分发挥党团组织在研究生思想政治教育中的作用研究》，《广西大学学报》（哲学社会科学版）2012 年第 6 期。

80. 祖嘉合：《论校园文化环境在大学生道德教育中的作用》，《北京大学学报》（哲学社会科学版）2002 年第 5 期。

81. 俞世伟：《论大学课程道德教育的科学机理与实效性》，《中国高等教育》2009 年第 2 期。

82. ［美］D. C. 霍伊：《后现代主义——一种可供选择的哲学》，王治河译，《国外社会科学》1998 年第 4 期。

83. 秋石：《认清道德主流坚定道德信心——再论正确认识我国社会现阶段道德状况》，《求是》2012 年第 4 期。

84. 戴木才：《全面客观分析当前我国的道德状况》，《红旗文稿》2012 年第 1 期。

85. 宋希仁：《论马克思恩格斯的自律他律思想》，《马克思主义与现实》2014 年第 2 期。

86. 胡菊兰：《恐怖主义、全球化与不可能的交换——鲍德里亚后期思想的一个重要主题》,《哲学动态》2011 年第 4 期。
87. 徐蓉:《社会主义核心价值体系引领舆论导向研究》,《社会主义研究》2009 年第 2 期。
88. 俞可平:《现代化进程中的民粹主义》,《战略与管理》1997 年第 1 期。
89. 任平:《脱域与重构:反思现代性的中国问题与哲学视域》,《新华文摘》2011 年第 5 期。
90. 王飞:《论新生代农民工性问题》,《中国青年政治学院学报》2014 年第 2 期。
91. 王岳川:《90 年代中国的"后现代主义批评"》,《作家》1995 年第 8 期。
92. 甘绍平:《道德概念的两重涵义》,《伦理学研究》2013 年第 5 期。
93. 宋希仁:《"道德"概念的历史回顾——读黑格尔〈法哲学原理〉随想》,《玉溪师范学院学报》2004 年第 4 期。
94. 王小锡:《当代中国企业道德现状及其发展策略分析》,《社会科学战线》2013 年第 2 期。
95. 孙伟平:《论赫尔德普遍规定主义伦理思想》,《求索》2002 年第 2 期。
96. 王海明:《论伦理相对主义与伦理绝对主义》,《思想战线》2004 年第 2 期。
97. 崔雪茹:《西方个人主义源流考》,《武汉科技大学学报》(社会科学版) 2011 年第 2 期。
98. 晏辉:《论道德事实》,《社会科学辑刊》2013 年第 2 期。
99. 徐善广:《二十世纪初无政府主义在中国的传播和五四时期反对无政府主义的斗争》,《江汉论坛》1979 年第 3 期。
100. 李德顺:《全球化与多元化——关于文化普遍主义与文化特殊主义之争的思考》,《求是学刊》2002 年第 2 期。
101. 杨立雄:《"个体主义"抑或"整体主义"》,《经济学家》2000 年第 1 期。

102. 王迎应：《大学生道德观念与行为调查分析》，《思想教育研究》2016年第11期。

103. 韩震：《必须区分核心价值观与道德生活价值观》，《中国特色社会主义研究》2012年第3期。

104. 毛寿龙：《"囚犯的难题"与"地方主义的泥淖"——中央和地方关系的在思考》，《行政论坛》1996年第3期。

105. 王续添：《现代中国地方主义的政治解读》，《史学月刊》2002年第6期。

106. 肖卫：《工业化和城市化过程中的城乡收入差距研究——基于中国改革30年的实证分析》，《产经评论》2010年第3期。

107. 吴新慧：《传统与现代之间——新生代农民工的恋爱和婚姻》，《中国青年研究》2011年第1期。

108. 吴银涛、胡珍：《三角结构视域下的青年农民工婚姻维持研究——基于成都市服务行业青年农民工的实证调查》，《青年研究》2007年第8期。

109. 秋石：《正确认识我国社会现阶段道德状况》，《求是》2012年第1期。

110. 田心铭：《中国特色社会主核心价值观——以人为本、实事求是、独立自主》，《马克思主义研究》2011年第11期。

111. 吴桂韩：《社会主义核心价值观培育的理论逻辑与实践路径》，《中国特色社会主义研究》2013年第3期。

112. 戴木才：《社会主义核心价值观初探》，《道德与文明》2007年第1期。

113. 李义天：《道德之争与语境主义——马克思主义伦理学的初始问题与凯尼尔森的回答》，《马克思主义与现实》2014年第2期。

二 英文参考文献

1. Anthony Giddens, *The Conseqences of Mordernity*, Stanford University Press, 1990.

2. Halper Stefan, *The Beijing Consensus: How China's Authoritarian* Model

Will Dominate the Twenty—First Century, Basic Books, 2010.
3. Hartmut Lange, *Positiver Nihilismus*: *Meine Auseinandersetzung mit Heidegger*, Matthes & Seitz. Berlin, 2012.
4. Jonas, *The Gnostic Religion*: *The Message of the Alien God and the Beginnings of Christianity*, Boston: Beacon Press, 2001.
5. Leo Strauss, *Socrates and Aristophanes*, University of Chicago Press. 1966.
6. Danielle Bromwich, *Motivational Internalism and the Challenge of Amoralism*, Eur J Philos, 2016, Vol. 24 (2).
7. M. S. Bedke, Moral judgment purposivism: saving internalism from amoralism, *Philosophical Studies*, 2009, Vol. 144 (2).
8. Shafer-Landau, R., Moral Motivation and Moral Judgment, *Philosophical Quarterly*, 1998.
9. Zohar Lederman, Amoralist Rationalism? A Response to Joel Marks, *Journal of Bioethical Inquiry*, 2014, Vol. 11 (2).
10. Andrei G. Zavaliy, On Rational Amoralists, *Journal for the Theory of Social Behaviour*, 2012, Vol. 42 (4).
11. Jean Baudrillard, *The Spirit of Terrorism and Other Essays*, Trans. CHris Tumer, London & New York. Versp, 2003.
12. Hardin, G., The Tragedy of the Commons, *Science*, 1968 (3).
13. Jean Francois Lyotard, *The Postmodern Condition*: *A Report on Knowledge*, Translation by Ceoff Bennington and B rian Massumi, Minneapolis: University of Minnesoda Press, 1984.

后 记

这本书修改自本人同名博士学位论文。

当书稿已经整饬得差不多该送走的时候，按道理可以长长舒一口气了，可是，我的心却无论怎样都无法放松，无法平静，无法获得如释重负的感觉。看着窗外秦岭那如黛重峦，眼睛慢慢模糊起来，思绪渐渐飘向远方。

就在四年前，我再次以学生身份，以一名研究生的身份出现在那座熟悉的校园里。我尽情地享受着学生身份所能够体验的一切，倾听，激辩，疯读，抄抄写写，甚至因为上课迟到而被迫用做掩饰的狡黠。可是，在意识的潜流中，景象远非如此酣畅明快。对我这个已执教鞭多年的"大"学生而言，这段求学的日子，放到内心深处来掂量，还真的是一种沉甸甸的别样存在。至少就我自己语言能力还能够捕捉的感觉而言，可以说，这是一次悲壮的浪漫主义自我拯救，是对于自己曾经那无知和俗气的一次征伐。在这个战场，我尽量袖手以待，静静地审验着心海里天真浪花与市侩汹涛之间孤帆的颠簸，还有海鸟盘旋中的风言风语。西北工业大学校园的风景独好。

在我心目中，思想的天地不是混沌江湖，学术的王国当崇尚师道和来路。那些游离师承的知识存在，犹如一朵嫉羡风筝的浮云，婉若一枚难以降落的尘埃，恰似一颗难觅沃土而全是彷徨的种子。我经历过这种无助的感觉，直到拜师秦燕教授门下，才觉得找到了学术的"家"。秦老师经年从事社会史和教育理论研究，论著颇丰，桃李遍天下。她给我的印象，最深刻、最重要的就是那近乎苛刻的理性精神和责任意识了。如果说学问和生活是一体的，那么，这种客观精神和道德境界，我想，就是秦老师人生的元存在，也是我将努力承接并鸡鸣而起孜孜以求的师风。一段时间，她因严重腰疾而被迫休养，可是，即便如此，还是把电脑架在病榻之上一遍遍正我拙作、释我疑云。彼情彼景兮，永难忘怀。师恩浩荡兮，岂止涌泉相报。此书之成绩点滴，奈何以堪图报！

在我写作和学业中遇到的老师宿儒，对我而言，就如同远处望之弥高的巍巍秦岭。感谢他/她们给予我思路、智慧和仁爱。感谢西安理工大学廉永杰教授、西安交通大学卢黎歌教授、李景平教授、陕西师范大学陈答才教授、西北大学陈国庆教授、西北工业大学丁社教教授、负智凯教授、樊明方教授、肖周录教授、崔华华教授、郭慧敏教授、杨云霞教授、胡红安教授、蒲瑶教授、高旭红教授和宋美盈副教授！

感谢西北大学马克思主义学院杨洪院长、马朝琦书记和王强副院长给予的帮助和支持。感谢西北大学社科处给予本书的经费保障。感谢本书编审郭鹏老师的辛勤劳动、帮助和支持。他们的爱心、细心、专心、耐心和慧心，不仅使本书顺利出版，而且让本书增色不少。

在我看来，道别和致谢应该总在一起。此刻，挥手道别之际，虽然心扉已见扰乱，即使思想尚要继续远足，可我剩下的唯一选择，只能是道谢。现在，轮到我要对着窗外秦岭最高处的那一抹黛岚说，谢谢！

李建森
2017 年 3 月